처음 배우는
플러터

처음 배우는 플러터

예제로 배우는 크로스 플랫폼 애플리케이션 개발

초판 1쇄 발행 2020년 3월 1일

지은이 유동환 / **펴낸이** 김태헌

펴낸곳 한빛미디어(주) / **주소** 서울시 서대문구 연희로2길 62 한빛미디어(주) IT출판부
전화 02-325-5544 / **팩스** 02-336-7124
등록 1999년 6월 24일 제25100-2017-000058호 / **ISBN** 979-11-6224-285-8 93000

총괄 전정아 / **책임편집** 이상복 / **기획 · 편집** 홍성신
디자인 표지 이아란 내지 김연정 조판 이경숙
영업 김형진, 김진불, 조유미 / **마케팅** 박상용, 송경석, 조수현, 이행은, 홍혜은 / **제작** 박성우, 김정우

이 책에 대한 의견이나 오탈자 및 잘못된 내용에 대한 수정 정보는 한빛미디어(주)의 홈페이지나 아래 이메일로 알려주십시오. 잘못된 책은 구입하신 서점에서 교환해드립니다. 책값은 뒤표지에 표시되어 있습니다.
한빛미디어 홈페이지 www.hanbit.co.kr / 이메일 ask@hanbit.co.kr

Published by Hanbit Media, Inc. Printed in Korea

지금 하지 않으면 할 수 없는 일이 있습니다.
책으로 펴내고 싶은 아이디어나 원고를 메일(writer@hanbit.co.kr)로 보내주세요.
한빛미디어(주)는 여러분의 소중한 경험과 지식을 기다리고 있습니다.

처음 배우는 플러터

예제로 배우는

크로스 플랫폼 애플리케이션 개발

유동환 지음

한빛미디어
Hanbit Media, Inc.

지은이 소개

지은이 **유동환** koreacio@gmail.com

책 쓰는 프로그래머. 연세대학교 정보대학원에서 경영정보학을 전공한 후 LG전자에서 안드로이드 앱을 개발했다. 최근에는 선행플랫폼개발팀으로 자리를 옮겨 차세대 모바일 기술 프로젝트를 진행하고 있다. 자바카페와 한국자바개발자협의회(JCO)에서 초기 멤버로서 수년간 활동했다. 집필한 책으로는 『안드로이드를 위한 Gradle』과 『RxJava 프로그래밍』(공저, 이상 한빛미디어)이 있고, 번역한 책으로는 『Java 9 모듈 프로그래밍』『그레이들 레시피』『자바로 배우는 핵심 자료구조와 알고리즘』(이상 한빛미디어)』과 『Professional Java Web Services』(정보문화사), 『자바와 JUnit을 활용한 실용주의 단위 테스트』(길벗) 등이 있다.

베타리더의 말

이 책은 1년간 플러터 스터디를 진행하면서 구성원들이 어려워했던 부분이나 중요하게 생각한 부분, 응용할 수 있는 부분 등 여러 중요한 내용을 정리한 책입니다. 독자는 책이 알려주는 순서대로 플러터의 다양한 정보와 팁을 잘 습득하면 스터디 그룹에 참여하여 함께 공부하는 것처럼 플러터 활용 기술을 얻을 수 있을 것입니다.

_김진형 메이크아이티 CEO

플러터가 공식 매뉴얼이 잘 되어 있고 웹에 학습 자료가 많다고 해도 입문자가 웹에 있는 자료로만 학습하는 데는 한계가 있습니다. 효율적인 학습을 안내하는 가이드가 없기 때문입니다. 이 책은 플러터의 모든 것을 담고 있지 않아 내용이 적어 보일 수 있습니다. 하지만 이 점이 입문자에게 이 책을 추천하는 이유입니다. 학습자를 혼란하게 하는 내용은 빼고 입문자에게 꼭 필요한 내용만 골라 효율적으로 학습할 수 있도록 구성됐습니다. 플러터로 앱을 개발하는 것이 무엇인지 빠르게 감을 잡고자 하는 분에게 추천합니다.

_이현석 업투데이트북스 대표

꼭 필요한 부분을 요약, 정리하여 플러터의 기본 흐름을 빠르게 알 수 있습니다. 개발 기초 지식이 있는 분, 안드로이드와 iOS에서 동시에 개발하기 어려워 크로스 폴랫폼을 찾는 분, 플러터가 어떤 것인지 알고자 입문하는 분에게 추천합니다.

_허지훈 드림인사이트 백엔드 개발자

플러터는 강력한 모바일 크로스 플랫폼 프레임워크입니다. 안드로이드와 iOS에서 네이티브 성능을 잃지 않고도 빠르고 생산적인 개발이 가능합니다. 플러터가 사용하는 언어인 다트 하나만으로 오브젝티브 C, 스위프트, 자바, 코틀린 등 여러 언어를 배워야 할 수고가 줄고 단일 코드 베이스로 앱 관리를 할 수 있다면 더 고민할 필요가 있을까요? 이 책은 앱 개발을 처음 시작하는 독자에게 훌륭한 지침서가 됩니다. 파이썬과 같은 스크립트 언어만 다룬 입장에서 다트에 대한 막연한 두려움이 있었지만, 주제에 맞게 잘 구성된 책의 예제를 따라서 직접 코드를 입력하고 결과를 확인하다 보니 생각했던 것보다 쉽고 재미있었습니다.

_이완선 유니드컴즈 데이터 분석가

지은이의 말

플러터를 처음 접한 것은 2018년 3월입니다. 두 번째 집필서인 『RxJava 프로그래밍』을 출간하고 다음 주제를 물색하던 중 안드로이드와 iOS 모바일 앱 개발을 한 번에 할 수 있는 플러터의 매력을 알게 되었습니다.

당시에는 리액트 네이티브(RN)도 국내에는 그다지 활발하지 않았습니다. 그리고 플러터에서 활용하는 다트(Dart)도 개발자들 사이에 생소한 언어였습니다.

시간이 흘러 2019년에 플러터는 날아오릅니다. 2019 구글 I/O에서는 플러터를 대대적으로 홍보하였고 다트도 2.0으로 버전이 올라가면서 웹 언어에서 클라이언트용 언어로서 중요 기능을 대거 탑재합니다. 2018년 12월에는 플러터 1.0 정식 버전이 발표되었습니다.

이제 많은 개발자들이 플러터를 주목하고 있습니다. 아름다운 UI, 빠른 성능과 더불어 자바 혹은 자바스크립트 개발자들이 쉽게 배울 수 있는 다트 언어까지 플러터의 앞날은 밝습니다.

이 책은 플러터를 처음 배우는 사람들을 위한 입문서입니다. 프로그래밍에 대한 기초를 알고 있다면 모바일 개발의 기본 개념은 몰라도 따라올 수 있도록 구성하였습니다. 사실 모바일 개발 경력이 많은 개발자라면 공식 홈페이지에 있는 예제를 빠르게 훑어볼 것을 추천합니다.

이 책은 처음 모바일 개발을 시작하는 학생과 입문 개발자들에게는 도움이 되도록 빠르고 쉽게 익히는 방향으로 구성했습니다. 이 책을 통해 플러터의 매력에 흠뻑 빠져보시길 바랍니다.

사랑하는 아내 지영과 베타리딩으로 힘껏 도와준 '홍대 플러터 스터디' 회원들 그리고 처음 호흡을 맞춘 홍성신 편집자에게 고마운 마음을 전합니다.

_유동환

대상 독자

이 책은 C나 파이썬 같은 기초 프로그래밍을 학습한 프로그래밍 기본 지식이 있는 독자를 대상으로 합니다. 모바일 프로그래밍에 대한 지식은 없어도 무방하며, 모바일 프로그래밍에 반드시 필요한 내용 위주로 정리했습니다. 현대 프로그래밍 언어에서 필수로 다루고 있는 객체지향 프로그래밍과 비동기 프로그래밍의 기본 개념은 다루지만 함수형 프로그래밍과 스트림 API에 대해서는 다루지 않습니다. 함수형 프로그래밍이나 스트림 API는 알면 좋지만 모바일 프로그래밍을 처음 시작하는 독자에게는 원하는 앱을 빠르게 개발하는 경험이 더 중요하다고 생각하기 때문입니다.

이 책의 구성

이 책은 플러터 개발을 하면서 필요한 내용을 빠르게 찾아볼 수 있는 공구 상자 역할을 하는 것을 목표로 합니다. 글보다는 소스코드로 이해할 수 있도록 단순하지만 바로 실행할 수 있는 예제를 제공합니다.

1 플러터의 기본 개념을 배우고
2 모바일 프로그래밍에 필요한 다트 언어를 배운 다음
3 소규모 모바일 애플리케이션을 만들어봅니다.

마지막으로는 만든 앱이 정상 동작하는지 알 수 있는 테스트에 대해서도 다룹니다.

1장_ 플러터 입문하기

플러터를 소개하고 기술적인 특성과 개발자가 느낄 수 있는 플러터의 매력을 알아봅니다. 앞으로 실습할 개발 환경을 설치합니다.

2장_ 처음 만드는 플러터 앱

안드로이드 스튜디오를 기반으로 첫 플러터 프로젝트를 만듭니다. 플러터 프로젝트의 구성 요소를 알아보고 핫 리로드를 실습합니다. 플러터 앱의 기본 요소인 위젯(Widget)의 개념을 알아봅니다.

3장_ 다트 언어 소개

플러터 앱은 다트 언어로 작성합니다. 언어에 대해 알아야 내가 만들고 싶은 로직을 구현할 수 있습니다. Hello Dart 프로그램을 시작으로 다트 언어의 다양한 키워드를 알아봅니다. 기본 자료구조와 표준 라이브러리를 빠르게 실습합니다.

4장_ 레이아웃과 위젯

다양한 위젯들을 알아봅니다. 텍스트와 이미지를 표시하는 Text, Image 위젯부터 버튼 위젯과 레이아웃 위젯을 배웁니다. 보다 도전적인 ListView 위젯과 마지막으로 공식처럼 활용하는 MaterialApp과 Scaffold 위젯도 알아봅니다.

5장_ 화면 이동과 상태 관리

새로운 화면을 추가하고 다른 화면으로 이동하는 방법을 알아봅니다. 정적 Routes와 동적 Routes 개념을 배웁니다. 마지막으로 Provider를 활용한 앱의 상태 관리(State Management)를 실습합니다.

6장_ HTTP/JSON 프로그래밍

HTTP 네트워크 프로그래밍을 배웁니다. 서버와 통신하여 JSON 데이터를 받아 파싱해봅니다. 마지막으로 공공 API를 연동하여 지하철 교통정보를 표시하는 앱을 만들어봅니다.

7장_ 안드로이드 채널 프로그래밍

플러터는 안드로이드와 iOS 모바일 기기의 내부 정보에 접근하는 채널(Channel)을 제공합니다. 배터리 정보와 현재 위치 정보 사례를 통해 채널 프로그래밍을 실습합니다.

8장_ 테스트

플러터에서 제공하는 다양한 테스트 도구를 알아봅니다. 다트 언어를 테스트하는 다트 테스트, 개별 위젯을 테스트하는 위젯 테스트와 실제 사용자 환경에서 앱을 실행시키는 통합 테스트를 배웁니다.

개발 환경

도구	버전
SDK	Flutter SDK 1.12.13
IDE	안드로이드 스튜디오 3.5
에뮬레이터	Pixel 3a API 29(안드로이드 10)
운영체제	윈도우 10, 맥OS

예제 소스

각 장에 맞는 예제 프로젝트를 이 책의 깃허브 저장소에서 받을 수 있습니다.

```
https://github.com/yudong80/flutter_programming
```

대부분 실행 가능한 main() 함수를 포함하고 있으며, 특히 _demo로 끝나거나 _example로 끝나는 경우는 바로 실행해볼 수 있습니다. page_로 시작되는 파일은 개별 앱 내의 특정 화면을 의미합니다.

장	플러터 프로젝트	예제 파일	내용
2장	hello_flutter	main.dart	카운터
		simple_app.dart	헬로 플러터
		stateless_widget_demo.dart	Stateless 위젯
		stateless_to_stateful_widget_demo.dart	Stateful 위젯으로 변환
		stateful_widget_lifecycle_demo.dart	Stateful 위젯 생명주기

3장	dart_lang	hello_dart.dart	헬로 다트
		lang_basic_01.dart	언어 기본
		data_type_example.dart	데이터 타입
		operator_basic.dart	기본 연산자
		operator_ext.dart	응용 연산자
		control_flows.dart	제어 흐름
		final_const_static.dart	final, const, static 키워드
		function_example.dart	함수
		class_exmaple.dart	클래스
		atm_v1.dart	ATM v1
		list_example.dart	리스트
		set_example.dart	집합
		map_example.dart	맵
	std_library	core_package.dart	core 패키지
		io_user_input.dart	사용자 입력
		io_read_write_file_sync.dart	파일 I/O
		math_examples.dart	math 패키지
		json_example.dart	JSON 활용
4장	layout_ widgets	text_demo.dart	Text 위젯
		image_demo.dart	Image 위젯
		button_demo.dart	RaisedButton 위젯
		container_demo.dart	Container 위젯
		login_form_demo_v1.dart	로그인 폼 v1
		listview_static_demo.dart	정적 리스트뷰
		contacts_demo_v1.dart	주소록 v1
		contacts_demo_v2.dart	주소록 v2
		no_material_app_demo.dart	MaterialApp 미사용
		material_app_demo.dart	MaterialApp 사용
		material_scaffold_app_demo.dart	MaterialApp, Scaffold 사용
		simple_theme_demo.dart	테마 활용

5장	navigation_ state	navigator_push_demo.dart	화면 이동
		navigator_routes_demo.dart	화면 이동(Routes 활용)
		contacts_demo_v3.dart	주소록 v3
		– page_contact_list.dart	– 주소록 목록 화면
		– page_contact_detail.dart	– 주소록 상세 화면
		login_form_demo_v2.dart	로그인 폼 v2
		– page_login.dart	– 로그인 화면
		– page_main.dart	– 메인 화면
6장	network_ async	http_basic_demo.dart	HTTP 기본
		http_json_demo.dart	HTTP/JSON 파싱
		json_parsing_demo.dart	JSON 파싱
		http_subway_demo_v1.dart	지하철 공공 API 활용 v1
		http_subway_demo_v2.dart	지하철 공공 API 활용 v2
		– page_subway_main.dart	– 정보 화면
		http_subway_demo_v3.dart	지하철 공공 API 활용 v3
		– page_subway_info.dart	– 정보 화면
7장	platform_ channels	battery_channel_demo_v1.dart	배터리 정보 v1
		battery_channel_demo_v2.dart	배터리 정보 v2
		location_channel_demo_v1.dart	현재 위치 정보 v1
		location_channel_demo_v2.dart	현재 위치 정보 v2
8장	(프로젝트 없음)	dart_lang/test/atm_v1_test_single.dart	ATM v1 단일 테스트
		dart_lang/test/atm_v1_test_all.dart	ATM v1 전체 테스트
		navigation_state/test/login_form_ demo_v2_test.dart	로그인 폼 v2 위젯 테스트
		navigation_state/test/login_form_ demo_v2_app.dart	로그인 폼 v2 위젯 테스트 드라이버
		– navigation_state/test/login_form_ demo_v2_app_test.dart	– 테스트 파일

한 번으로 끝나는 것이 아니라 발전하는 예제들이 있습니다. 장이 넘어가면서 어떤 기능과 개념이 추가되는지 확인하기 바랍니다.

주제	예제 파일	비고
ATM 예제	atm_v1.dart	3장
	atm_v1_test_single.dart(테스트)	8장(dart_lang 프로젝트)
	atm_v1_test_all.dart(테스트)	8장(dart_lang 프로젝트)
로그인 폼	login_form_demo_v1.dart	4장
	login_form_demo_v2.dart	5장
	login_form_demo_v2_test.dart(테스트)	8장(navigation_state 프로젝트)
	login_form_demo_v2_app.dart(테스트)	8장(navigation_state 프로젝트)
	login_form_demo_v2_app_test.dart(테스트)	8장(navigation_state 프로젝트)
주소록	contacts_demo_v1.dart	4장
	contacts_demo_v2.dart	4장
	contacts_demo_v3.dart	5장
지하철 공공 API	http_subway_demo_v1.dart	6장
	http_subway_demo_v2.dart	6장
	http_subway_demo_v3.dart	6장
플랫폼 채널	battery_channel_demo_v1	7장
	battery_channel_demo_v2	7장
	location_channel_demo_v1	7장
	location_channel_demo_v2	7장

외부 패키지(개발 환경, 예제 소스 스타일)

패키지	최신 버전	비고
flutter_launcher_icons	0.7.4	4장
contacts_service	0.3.10	4장
permission_handler	4.2.0	4장
provider	4.0.2	5장
http	0.12.0	6장
geolocator	5.2.0	7장
test	1.11.0	8장(dart_lang 프로젝트)

CONTENTS

CHAPTER 4 레이아웃과 위젯

CHAPTER 5 화면 이동과 상태 관리

CONTENTS

CHAPTER 6 HTTP/JSON 프로그래밍

CHAPTER 7 안드로이드 채널 프로그래밍

CHAPTER 8 테스트

CHAPTER 1

플러터 입문하기

이 장의 내용

- 플러터 소개
- 플러터 시스템 구조
- 다른 플랫폼과의 비교
- 플러터 설치 환경

플러터에 입문하신 것을 환영합니다. 이 장에서는 모바일 애플리케이션 개발에 앞서 플러터 기본 정보와 기술 구조를 알아봅니다. 크로스 플랫폼이 다른 경쟁 기술과 어떤 차별점이 있는지 살펴보면 플러터의 매력을 발견할 수 있습니다. 안드로이드 스튜디오라는 IDE 기반의 플러터 개발 환경도 설정합니다.

1.1 플러터 소개

플러터는 안드로이드와 iOS 모바일 애플리케이션을 단일 소스코드one source로 개발할 수 있는 UI 프레임워크입니다. 플러터로 개발하면 안드로이드 기기와 iOS 기기에 동시에 배포할 수 있습니다. 이를 크로스 플랫폼cross platform 개발이라고 하는데 사실 플러터가 최초는 아닙니다. 1990년대 초반 노르웨이의 트롤텍Trolltech이라는 회사에서 개발한 Qt가 최초입니다. 하지만 Qt를 더이상 핫하다고 하지 않습니다. 이후에는 페이스북 리액트 네이티브React Native, 마이크로소프트의 자마린Xamarin, 어도비 폰갭PhoneGap 등이 대표적인 경쟁 기술입니다.

플러터로는 어떤 앱을 만들 수 있을까요? 플러터 공식 홈페이지[1]에 소개된 쇼케이스[2]에는 미국 부동산 앱인 리얼터닷컴realtor.com 앱과 텐센트 사례를 영상으로 소개하고 있습니다. 저는 리얼터닷컴 앱으로 미래에 살고 싶은 싶은 뉴욕의 부동산을 검색해봤습니다(안드로이드, iOS 모두 다운로드 가능). 상용 앱으로 손색 없는 기능과 미관, 성능을 보여줬습니다.

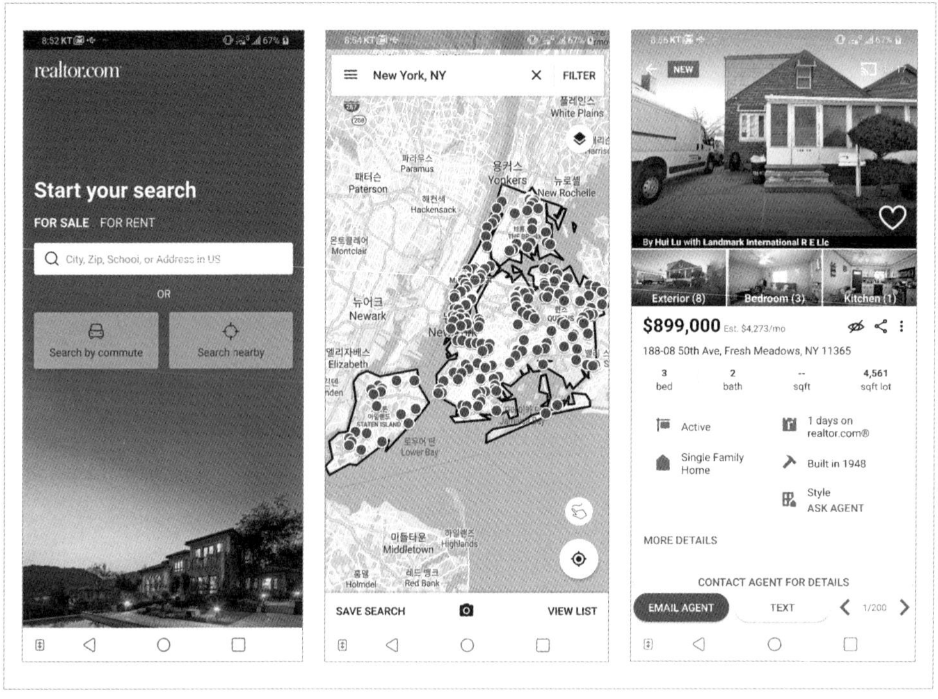

그림 1-1 플러터로 만든 리얼터닷컴 앱

국내에서는 네이버 지식인 앱이 플러터로 전면 개편했습니다.[3] 구글 플레이와 애플 앱스토어에서 다운받아 확인해보기를 권합니다.

플러터로 모바일 앱 개발을 시작하기 위해 알아야 할 내용을 요약하면 다음과 같습니다.

1 플러터는 구글에서 만들었다.

2 플러터는 다트(Dart) 언어로 개발한다.

---

1 https://flutter.dev/

2 https://flutter.dev/showcase

3 https://m.blog.naver.com/kin_friend/221673683108

3 권장 IDE는 안드로이드 스튜디오[4]와 VSCode다.

4 플러터는 공식 홈페이지와 유튜브 채널[5]을 통해 다양한 정보를 제공한다.

5 플러터는 UI 프레임워크다.

첫째, 플러터는 구글에서 만들었습니다. 요즘 최신 기술은 누가 만들었는지도 중요합니다. 아무리 기술이 훌륭하고 멋있어도 만든 회사가 없어지거나 개발자 커뮤니티의 지원을 받지 못하면 금세 사라집니다. 플러터는 이미 안드로이드 운영체제를 가지고 있는 구글에서 만든 만큼 안심할 수 있습니다. 더구나 차세대 모바일 OS인 퓨시아Fuchsia에도 기본 탑재될 예정입니다.

두 번째는 개발 언어입니다. 개발자는 새로운 언어를 배우는 데 많은 시간이 필요합니다. 저 또한 자바로 안드로이드 개발을 하고 있지만 또 다른 안드로이드 개발 언어인 코틀린(Kotlin)이 나왔을 때 '언제 이걸 공부하지?' 이런 생각을 했습니다. 플러터는 다트라는 언어로 개발합니다. 다트는 배우기 쉽고 강력한 기능을 제공하고 있습니다. 무엇보다도 언어 자체를 그리 깊게 학습하지 않아도 앱을 개발하는 데 어렵지 않습니다.

세 번째는 통합개발환경Integrated Development Environment, IDE입니다. 이 부분 또한 언어만큼 민감합니다. 처음 배울 때는 공식 IDE를 사용하는 것이 가장 좋습니다. 플러터 공식 IDE는 안드로이드 스튜디오입니다. 그 외 IntelliJ IDEA나 마이크로소프트의 VSCode로 개발해도 됩니다. 플러터는 구성이 가볍기 때문에 주로 사용하는 IDE로 활용하면 되며 처음 시작하는 독자는 안드로이드 스튜디오로 개발할 것을 권합니다. 이 책은 안드로이드 스튜디오[6]를 기반으로 합니다.

네 번째는 개발자 지원 부분입니다. 플러터는 많은 예제와 개발자 문서가 공개되어 있습니다. 구글에서 flutter로 검색하면 수많은 기사와 깃허브 소스코드를 확인할 수 있습니다. 공식 유튜브 채널도 지원하고 있어 구글 IO나 플러터 개발자가 직접 들려주는 다양한 동영상을 볼 수 있습니다.

마지막으로 플러터는 UI 프레임워크입니다. UI 프레임워크는 사용자가 UI를 만들 수 있도록 위젯과 레이아웃을 제공하는 것을 말합니다. 처음부터 전부 개발하는 것이 아니라 화면을 구성하고 그 안에 들어가는 UI 컴포넌트(위젯)를 배치하고 기기와 UI 컴포넌트에서 발생하는 다양한 사용자 이벤트를 처리할 수 있도록 해줍니다. 개발자가 화면을 개발하면 앱이 실행되었을 때 프레임워크가 내가 만든 화면을 호출해줍니다.

4 이 책에서는 안드로이드 공식 IDE인 안드로이드 스튜디오를 기준으로 합니다.

5 https://www.youtube.com/channel/UCwXdFgeE9KYzlDdR7TG9cMw

6 개발자들 사이에서는 '안스'라고 부르기도 한다.

1.2 플러터 시스템 구조

기술적인 면에서 플러터를 알아보겠습니다. [그림 1-2]는 플러터의 전체 시스템 구조입니다.

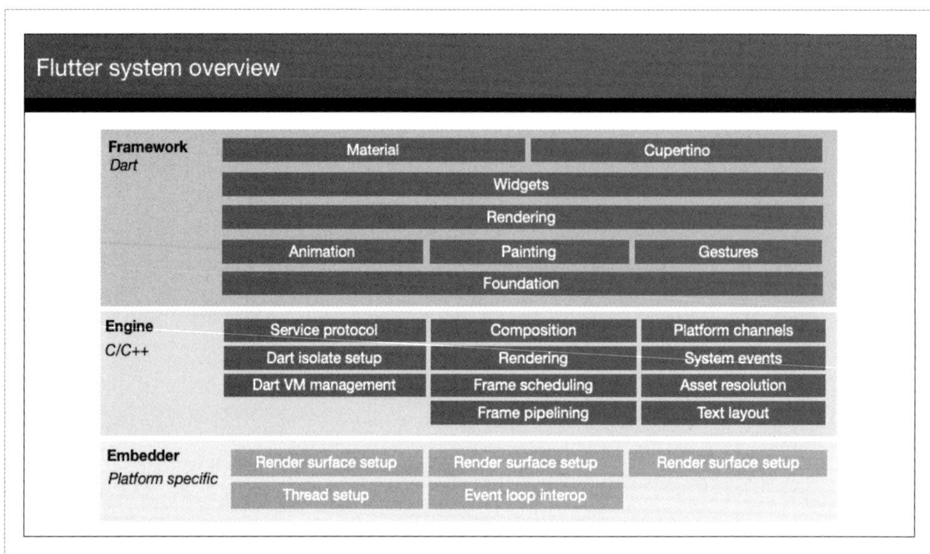

그림 1-2 플러터 시스템 구조[7]

복잡해보이지만 위에서부터 하나씩 뜯어보면 그리 어렵지 않습니다. 플러터는 프레임워크(Framework), 엔진(Engine), 임베더(Embedder) 계층으로 구성되어 있습니다.

먼저 개발자가 마주하게 되는 프레임워크입니다. 이것은 3장에서 배우는 다트 언어로 되어 있습니다. 플러터는 구글 머티리얼 디자인Materal Design과 애플 쿠퍼티노Cupertino UI를 지원합니다. 놀랍게도 동일한 소스코드에서 임포트문을 변경하면 앱의 전체 룩앤필look and feel을 바꿀 수 있습니다.

그 아래는 위젯(Widget)입니다. 플러터에서는 모든 것이 위젯으로 이루어집니다. 안드로이드 네이티브 개발에 비해 단순한 구조로 되어 있기 때문에 플러터는 빠르게 학습할 수 있습니다. "모든 것은 위젯이다Everything is a widget"[8] 이렇게 생각하세요(자세한 내용은 2장에서 다룹

---

7 https://flutter.dev/docs/resources/technical-overview

8 공식 문서에서 언급하는 내용입니다.
https://flutter.dev/docs/resources/technical-overview#everythings-a-widget

니다).

렌더링(Rendering) 항목은 두 번째 계층인 엔진과 관련이 있습니다. 엔진에서 그려주는 내용이 이 영역에서 표현됩니다. 제스처(Gesture) 항목은 모바일 기기에서 제공하는 사용자 이벤트와 관련이 있습니다. 터치하거나 스와이프 동작에 반응할 수 있습니다. 그 외 애니메이션(Animation), 페인팅(Painting), 기초(Foundation) 등은 플러터 프레임워크가 동작하기 위한 내부 구조입니다.

두 번째 계층은 엔진으로 C/C++로 구현되어 있습니다. 엔진의 주 역할은 렌더링이며 일종의 그래픽 엔진입니다. 렌더링은 기술적으로 어떤 것을 화면에 그린다는 의미입니다. 플러터는 단지 개발자를 위한 위젯만을 제공하는 것이 아니라 저수준에서 모바일 화면을 일종의 도화지라고 생각하고 화면에 내용을 직접 그려줍니다. 고성능 자체 렌더링 엔진을 통해 플러터 앱이 안드로이드와 iOS에서 네이티브 못지않게 가볍고 빠른 성능을 보여줍니다. 과거 크로스 플랫폼 기술은 느린 성능으로 많은 개발자에게 고통을 안겨준 것을 기억하면 획기적인 성과입니다.

마지막 계층은 임베더(Embedder)입니다. 아무리 크로스 플랫폼 기술이라고 하더라도 결국은 안드로이드나 iOS 네이티브 환경에서 동작해야 합니다. 각 플랫폼에 의존적인 내용을 담고 있는 계층입니다.

위의 내용을 모두 알아야 플러터 앱을 개발할 수 있는 것은 아닙니다. 실질적으로 앱 개발자는 위젯 부분까지만 알고 있으면 충분합니다. 이것만 기억하세요. “모든 것은 위젯이다.”

1.3 플러터의 매력

현직 안드로이드 프로그래머로서 체감하는 플러터의 매력은 다음과 같습니다.

첫째는 한 벌의 소스코드로 안드로이드와 iOS 모두 개발할 수 있습니다. 사실 안드로이드 프로그래밍과 iOS 프로그래밍은 언어와 기기 특성이 달라서 따로 배워야 하지만 플러터로 앱을 만들면 두 번 배우는 수고를 줄일 수 있습니다.

표 1-1 네이티브 앱과 플러터 앱 비교

	안드로이드 네이티브 앱	iOS 네이티브 앱	플러터 앱
개발 언어	코틀린	스위프트	다트
	자바	오브젝티브 C	
	C/C++(NDK 연동)		
UI 디자인	머티리얼	쿠퍼티노	머티리얼
			쿠퍼티노 모두 지원

두 번째는 가볍습니다. 안드로이드 개발을 위해서는 코틀린이나 자바 언어를 알아야 하고 UI 구성을 위해 XML 파일을 작성해야 합니다. 빌드 도구인 그레이들Gradle을 배워야 합니다. 액티비티, 서비스와 같은 안드로이드 앱의 기본 구성요소와 액티비티 라이프사이클 등 처음에 배워야 할 것이 많습니다. 하지만 플러터는 모든 것이 위젯으로 구성되어 있고 `main.dart` 파일 하나만 있으면 안드로이드와 iOS 앱으로 자동 변환되어 실행할 수 있습니다. 위젯의 개념을 알고 `main.dart` 파일만 작성하면 간단한 앱을 만들 수 있습니다. 또한 개발 시 필수로 고쳐야 하는 파일 개수도 차이가 납니다.

표 1-2 안드로이드 앱과 플러터 앱 비교[9]

	안드로이드 네이티브 앱	플러터 앱
앱 구성요소	액티비티(Activity)	위젯
	서비스(Service)	
	컨텐트 프로바이더(Content Provider)	
	브로드캐스트 리시버(Broadcast Receiver)	
소스코드	MainActivity.java	main.dart
레이아웃 XML	activity_main.xml	불필요
설정 XML	AndroidManifest.xml	불필요[9]
빌드 XML	build.gradle(프로젝트)	pubspec.yaml
(그레이들 기준)	build.gradle(앱 모듈)	

세 번째는 빠르고 아름다운 앱을 만들 수 있습니다. 플러터는 다양한 위젯을 기본으로 제공하고 있기 때문에 애니메이션이 살아 있는 감성적인 앱을 손쉽게 만들 수 있습니다. 또한 초당 60 프레임의 빠른 화면 표시를 제공합니다. 예를 들어 아래 카드 뷰로 이루어진 화면을 개발하는

9 안드로이드 기기의 자원을 활용하는 경우 `AndroidManifest.xml` 수정이 필요합니다.

경우 플러터에서는 기본 위젯으로 만들 수 있지만 안드로이드 네이티브 앱으로 개발하려면 공수가 더 많이 듭니다. UI 구성에는 플러터가 장점이 있습니다.

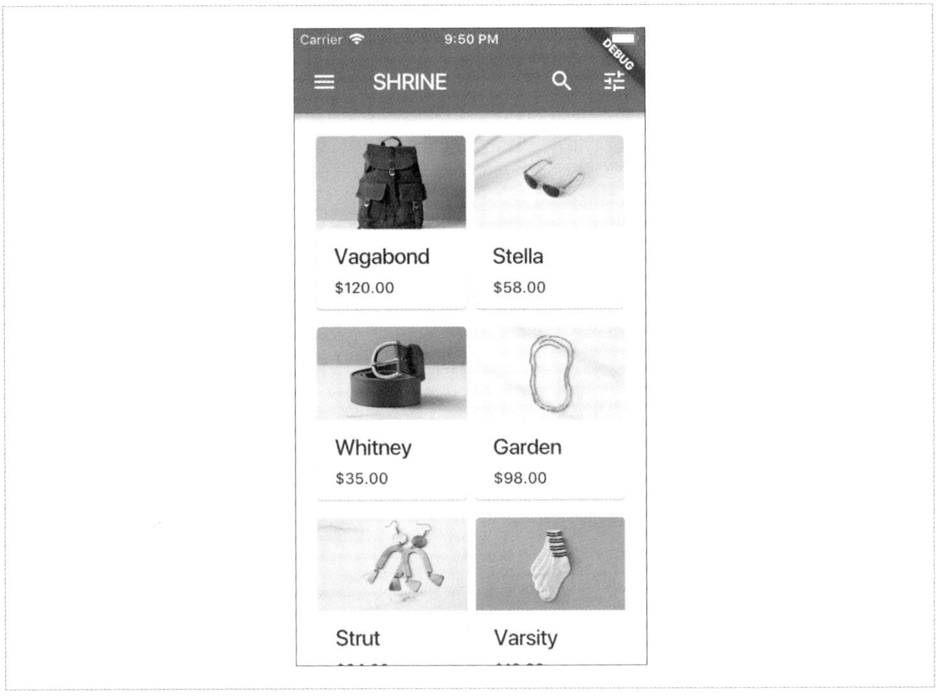

그림 1-3 카드 뷰를 활용한 플러터 앱[10]

네 번째는 다양한 배경을 가진 개발자들이 협업하기 좋습니다. 플러터의 전통은 다트 언어에서 시작되는데 다트는 웹 개발을 위해 만들어졌습니다. 플러터의 많은 동작 방식은 웹과 비슷합니다. 따라서 기존 웹 개발자나 CSS 개발자도 손쉽게 플러터를 시작할 수 있습니다.

다섯 번째는 구글의 전폭적인 지원입니다. 플러터 1.0 정식 버전이 2018년 12월에 나온 지 1년 만에 현재 최신 버전이 1.12.X입니다. 빠르게 기능을 확장하고 있으며 공식 홈페이지를 통해 풍부한 개발자 문서를 제공하고 있습니다. 깃허브와 같은 오픈소스 저장소에도 다트의 증가율이 빠르게 올라가고 있습니다.

예를 들어 구글의 대표 개발자 행사인 구글 I/O 2019에서 열린 플러터 기술 세션은 전 세계 개

10 https://kiosk-dot-codelabs-site.appspot.com/codelabs/mdc-102-flutter/#0

발자에게 많은 관심을 받았습니다.[11] 참고로 구글 I/O 2019 플러터 세션 주요 내용은 다음과 같습니다.

1 모바일을 넘어서 : 머티리얼 디자인, 반응형 UI와 플러터
2 플러터로 iOS 앱 만들기
3 플러터에서 실용적 상태 관리 방법
4 모바일을 넘어서 : iOS, 안드로이드, 크롬 OS와 앱 기반으로 플러터 앱 만들기
5 다트 언어 : 생산적이고, 빠르고 멀티 플랫폼을 지원

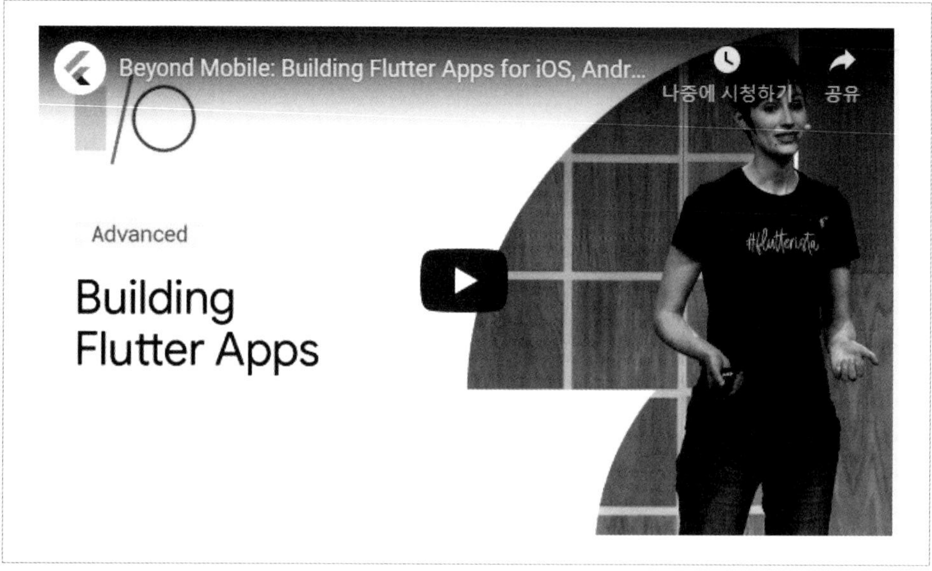

그림 1-4 구글 I/O 2019 플러터 세션[12]

국내에서도 페이스북 개발자 그룹[13]이 있으며 플러터 단체 카톡방[14]에서는 약 600명의 개발자가 활발하게 토론하고 서로 질문과 답변 그리고 유용한 정보를 실시간으로 소통하고 있습니다.

---

11 https://www.youtube.com/playlist?list=PLjxrf2q8roU2no7yROrcQSVtwbYyxAGZV

12 https://proandroiddev.com/google-i-o-2019-flutter-recap-c4e33ef5c47b

13 https://www.facebook.com/groups/flutterkorea/

14 https://open.kakao.com/o/gsshoXJ

1.4 다른 플랫폼과 비교

현재 플러터와 비교될 경쟁 크로스 플랫폼 기술로는 마이크로소프트의 자마린과 페이스북의 리액트 네이티브가 있습니다.

먼저 자마린입니다. 개발 언어는 C#이며 과거 C#과 닷넷 프레임워크를 리눅스에서도 사용할 수 있도록 해주는 Mono 프로젝트에서 시작됐습니다. 2011년에 시작되어 2016년 마이크로소프트에서 Mono를 인수하면서 성징했습니다. 마이크로소프트는 과거 윈도우 모바일이라는 모바일 운영체제가 있었으나 시장에서 사라지고 안드로이드와 iOS로 양분되었는데, 그러한 부분을 만회하기 위해 자마린을 적극 지원했습니다. 전 세계 120개국 160만 개발자들이 사용하고 있습니다.[15] 하지만 국내에서 자마린이 활용될 가능성은 커보이지 않습니다.

1 국내에는 C# 시장 규모가 크지 않다.

2 이미 더 좋은 대안이 존재한다.

두 번째는 리액트 네이티브입니다. 리액트 혹은 React.JS라는 이름에서 알 수 있듯이 자바스크립트로 되어 있습니다. 자바스크립트는 이미 웹의 프론트 개발에서 주 언어가 됐습니다. 웹 개발 전통을 그대로 가져왔기 때문에 웹 개발자가 모바일 개발을 시작하는 데 유리합니다. 현재 플러터의 가장 강력한 경쟁자이기도 합니다. 리액트 네이티브의 장점은 다음과 같습니다.

1 웹 개발자에게 친숙하다(자바스크립트와 리액트).

2 핫 리로드와 라이브 리로드 지원으로 개발 속도를 향상했다.

리액트 네이티브의 단점도 있습니다.

1 웹 개발자 아닌 사람에게는 오히려 진입장벽이 높다.

2 자바스크립트 브리지를 사용하기 때문에 성능이 저하된다.

---

15 https://towardsdatascience.com/flutter-vs-react-native-vs-xamarin-which-is-the-best-choice-for-2019-2bc30fc76442

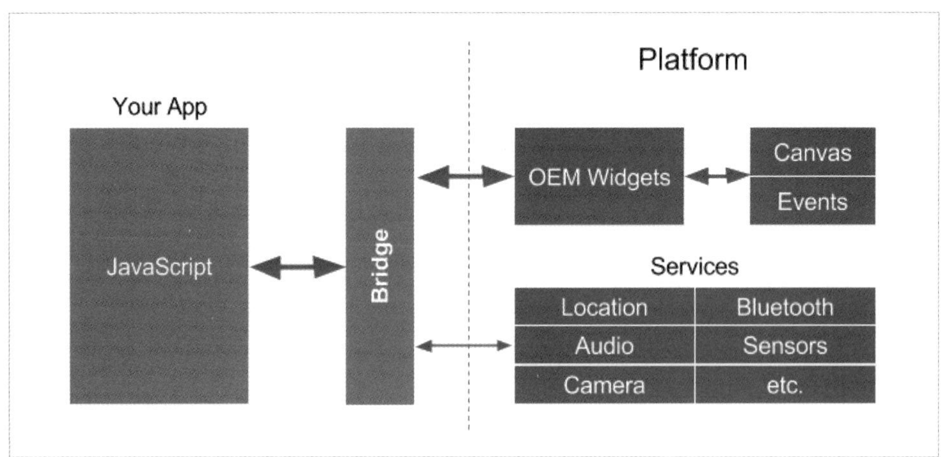

그림 1-5 리액트 네이티브 구조(브리지에 의한 성능 병목)[16]

[그림 1-5]처럼 자바스크립트로 작성한 앱이 브리지(Bridge)를 통해 안드로이드나 iOS의 UI 컴포넌트(OEM Widgets)와 잦은 통신을 하기 때문에 성능 병목이 발생합니다. 요약하면 [표 1-3]과 같습니다.

표 1-3 다른 크로스 플랫폼과 플러터 비교

	자마린 Xamarin	리액트 네이티브 React Native	플러터 Flutter
개발 언어	C#	자바스크립트	다트
출시 연도	2011년	2015년	2017년
지원 플랫폼	안드로이드, iOS, 맥OS 등	안드로이드, iOS, 웹 등	안드로이드, iOS, 웹, 데스크톱
장점	닷넷 연계성 좋음	웹 개발자에게 친숙함 핫 리로드 코드 푸시[17]	빠른 성능 핫 리로드
단점	국내 활용도 낮음	웹 개발을 모르면 진입장벽 높음 성능 병목 발생	최근 출시 지원 라이브러리가 적음

16 https://hackernoon.com/whats-revolutionary-about-flutter-946915b09514

17 자바스크립트 단의 코드, 이미지, 폰트 등의 요소를 마켓 심사 없이 업데이트할 수 있는 기능.

1.5 플러터 설치 및 환경 설정

플러터 SDK를 설치하고 안드로이드 개발에 필요한 IDE 설정을 합니다. 총 세 가지를 설치합니다.

1 플러터 SDK : 플러터 개발을 위한 개발자 킷
2 안드로이드 스튜디오 : 안드로이드 개발을 위한 IDE
3 안드로이드 SDK : 안드로이드 개발을 위한 SDK

전체 과정이 다소 길지만 스크린샷을 확인하면서 하나씩 따라하다보면 어느새 설정을 완료할 수 있습니다. 다운로드 파일은 2개로 마지막 안드로이드 SDK는 자동으로 다운로드됩니다.

플러터 SDK를 설치하기 위해 다음 사이트로 이동합니다.

```
https://flutter.dev/docs/get-started/install
```

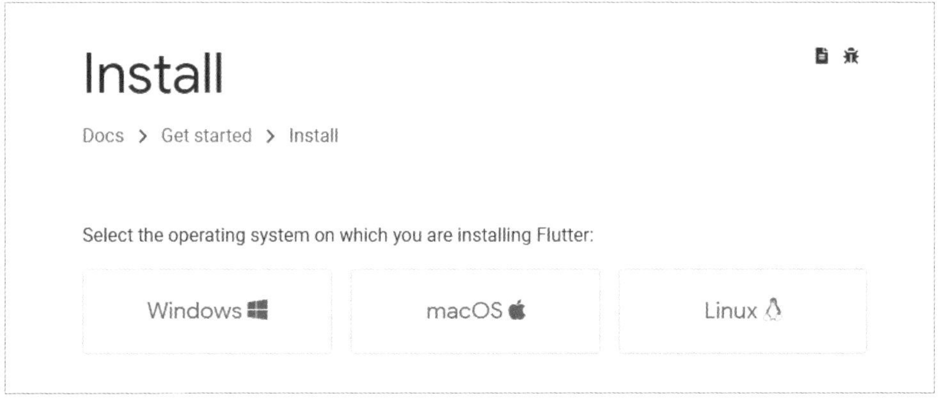

그림 1-6 플러터 SDK 설치 화면

그림 1-7 윈도우용 플러터 SDK 선택

설치 화면에서 자신의 PC에 맞는 운영체제를 선택합니다. 이 책은 윈도우를 기준으로 합니다. 2020년 2월 현재 플러터 SDK 최신 버전은 1.12.13입니다. zip 파일을 다운로드합니다.

다운로드한 zip 파일의 압축을 풀고 경로를 `D:\work\flutter`로 합니다. 그 다음 환경변수를 설정합니다.

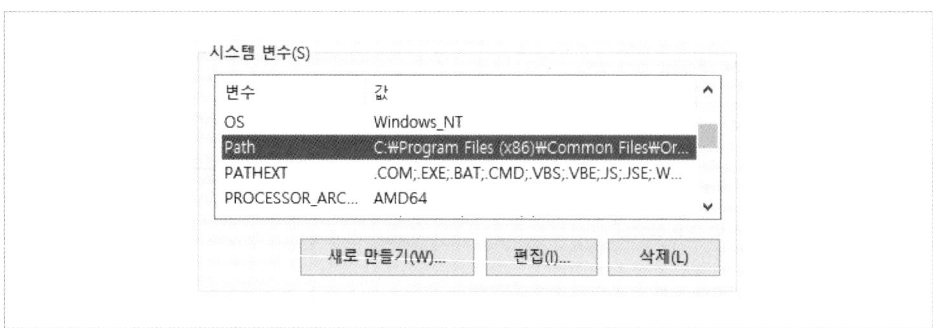

그림 1-8 시스템 환경변수 설정

그림 1-9 PATH 환경변수에 /flutter/bin 폴더 추가

[그림 1-9] 화면에서 [편집] 버튼을 누르고 D:\work\flutter\bin 폴더를 PATH 환경변수에 추가합니다.

```
D:₩work₩flutter>flutter doctor
Doctor summary (to see all details, run flutter doctor -v):
[√] Flutter (Channel stable, v1.12.13+hotfix.7, on Microsoft Windows [Version 10.0.18363.592], locale ko-KR)
[X] Android toolchain - develop for Android devices
    X Unable to locate Android SDK.
      Install Android Studio from: https://developer.android.com/studio/index.html
      On first launch it will assist you in installing the Android SDK components.
      (or visit https://flutter.dev/setup/#android-setup for detailed instructions).
      If the Android SDK has been installed to a custom location, set ANDROID_HOME to that location.
      You may also want to add it to your PATH environment variable.

[!] Android Studio (not installed)
[!] Connected device
    ! No devices available

! Doctor found issues in 3 categories.
```

그림 1-10 플러터 닥터 실행 화면(플러터 SDK만 있는 상태)

명령창을 열어서 D:\work\flutter 폴더로 이동합니다. flutter doctor 명령을 실행합니다. flutter doctor 명령은 플러터 설치에 필요한 안드로이드 SDK와 그 외 파일을 확인합니다.

플러터 닥터로 확인된 결과는 다음과 같습니다.

- 플러터 SDK 1.12.13 버전이 설치되어 있음
- 안드로이드 SDK가 없음
- 안드로이드 스튜디오가 없음

이제 IDE(통합개발환경)인 안드로이드 스튜디오를 설치합니다. 스튜디오를 설치하면 안드로이드 SDK도 함께 설치됩니다. 안드로이드 스튜디오 설치 페이지로 이동합니다.

https://developer.android.com/studio

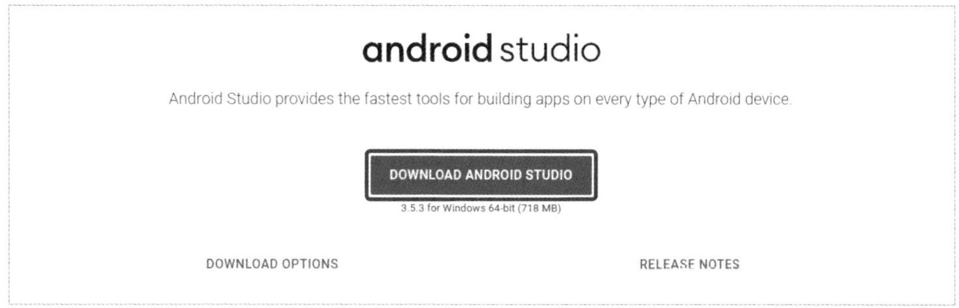

그림 1-11 안드로이드 스튜디오 다운로드 화면

여기에서 [DOWNLOAD ANDROID STUDIO] 버튼을 누릅니다. 최신 버전은 3.5.3입니다. 사용 약관에 동의하고 다운로드합니다.

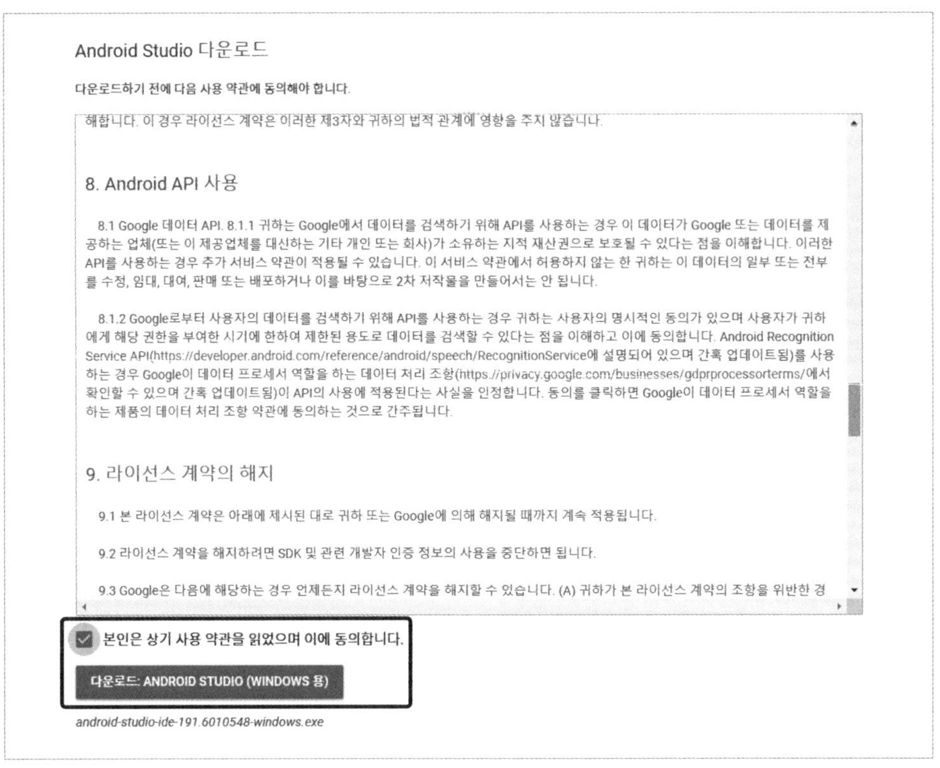

그림 1-12 약관 동의 후 다운로드

그림 1-13 안드로이드 스튜디오 설치 시작

다운로드한 exe 파일을 실행하고 [Next] 버튼을 누릅니다.

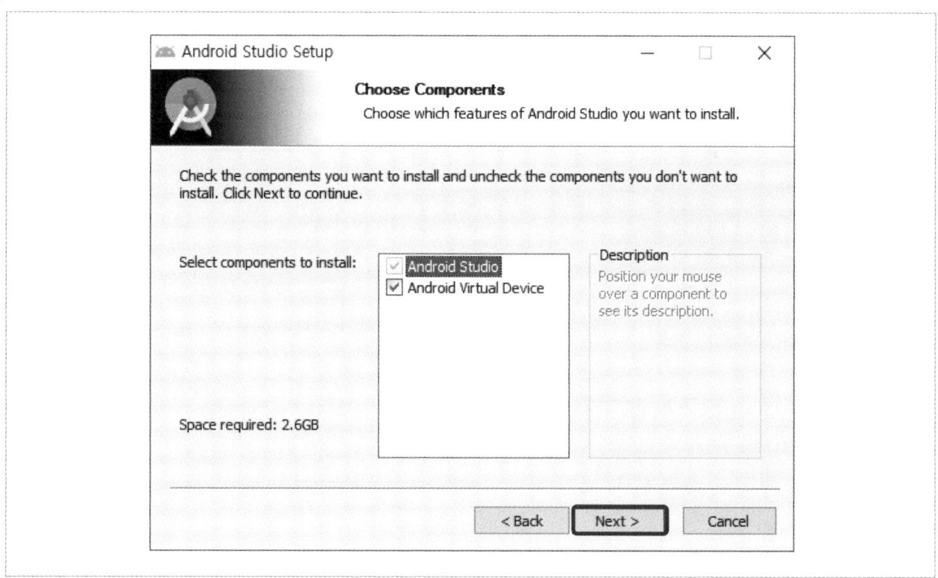

그림 1-14 설치 과정

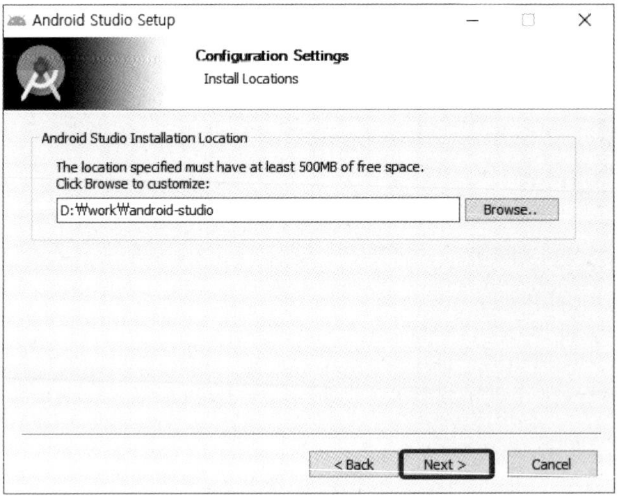

그림 1-15 안드로이드 스튜디오 설치 폴더 지정(D:\work\android-studio)

[Next] 버튼을 누르고 안드로이드 스튜디오 설치 폴더를 지정합니다. 보통 기본값을 그대로 하기도 하지만 시간이 지나면서 안드로이드 스튜디오가 많은 용량을 차지하게 되므로 C 드라이브보다는 D 드라이브에 설치하는 것을 권장합니다. 여기에서는 D:\work\android-studio 폴더로 지정합니다.

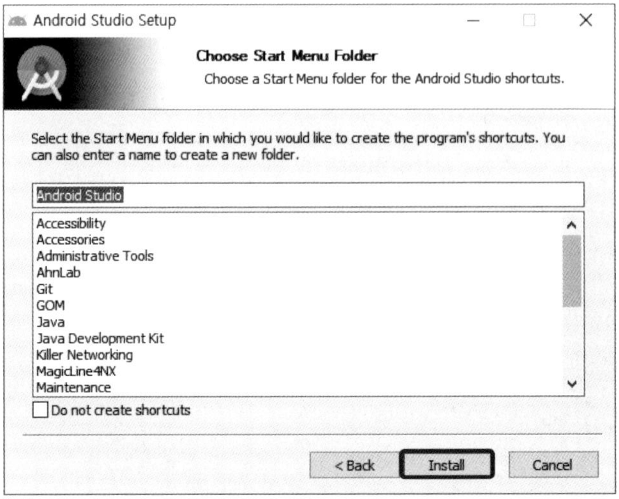

그림 1-16 시작 메뉴 설정

시작 메뉴 설정 화면에서 [Install] 버튼을 누르면 설치가 시작됩니다.

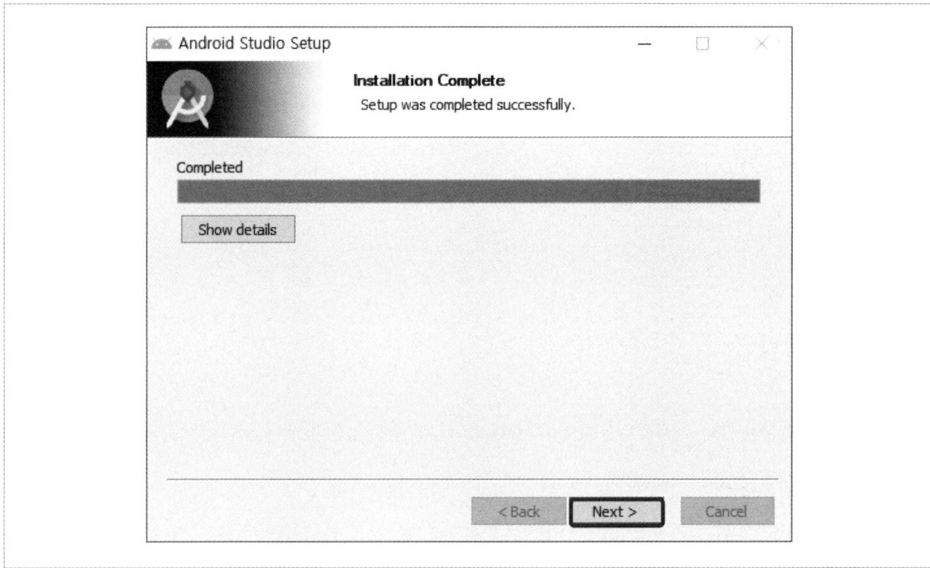

그림 1-17 안드로이드 스튜디오 설치 완료

설치가 완료되면 [Next] 버튼을 누릅니다.

그림 1-18 설치 완료

[Finish] 버튼을 누릅니다. 이제 안드로이드 스튜디오를 시작합니다.

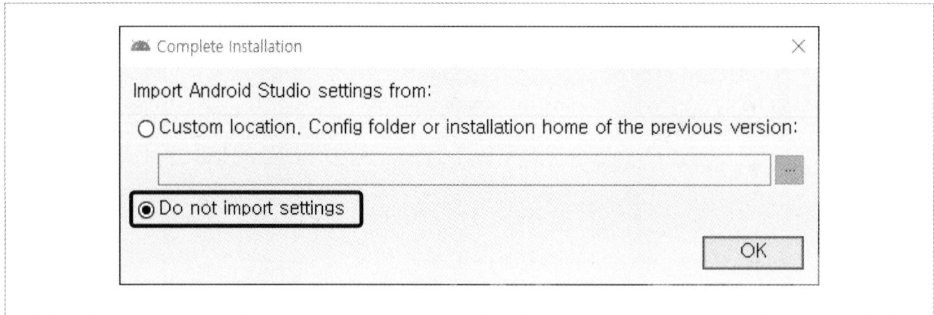

그림 1-19 시작 화면

시작하면 [그림 1-19]와 같은 화면이 나옵니다. 여기에서는 기본값(Do not import settings)을 선택합니다.

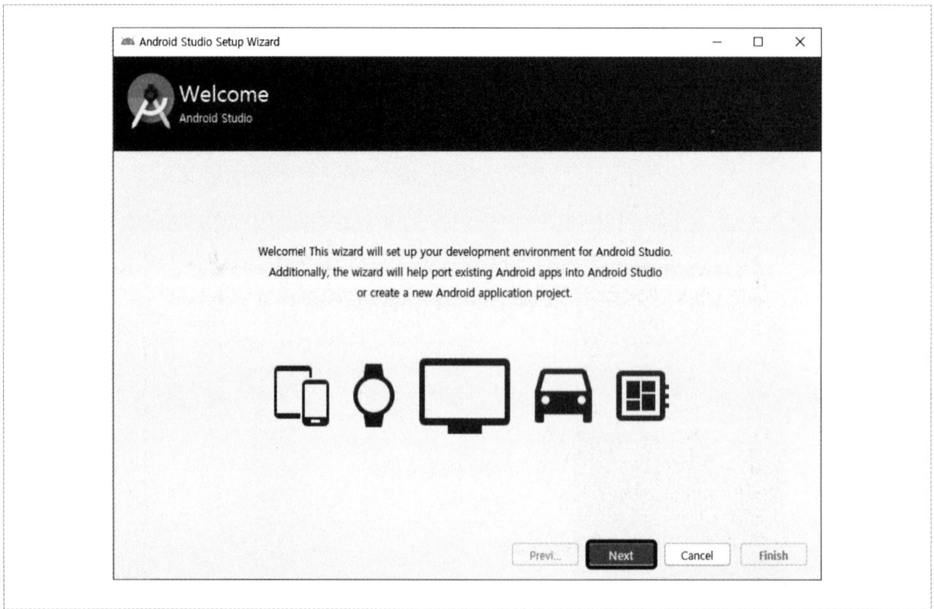

그림 1-20 안드로이드 설정 마법사

안드로이드 SDK가 설치되지 않았으므로 IDE 시작 전 안드로이드 SDK를 설치합니다. [그림 1-20] 화면이 나오면 [Next] 버튼을 누릅니다.

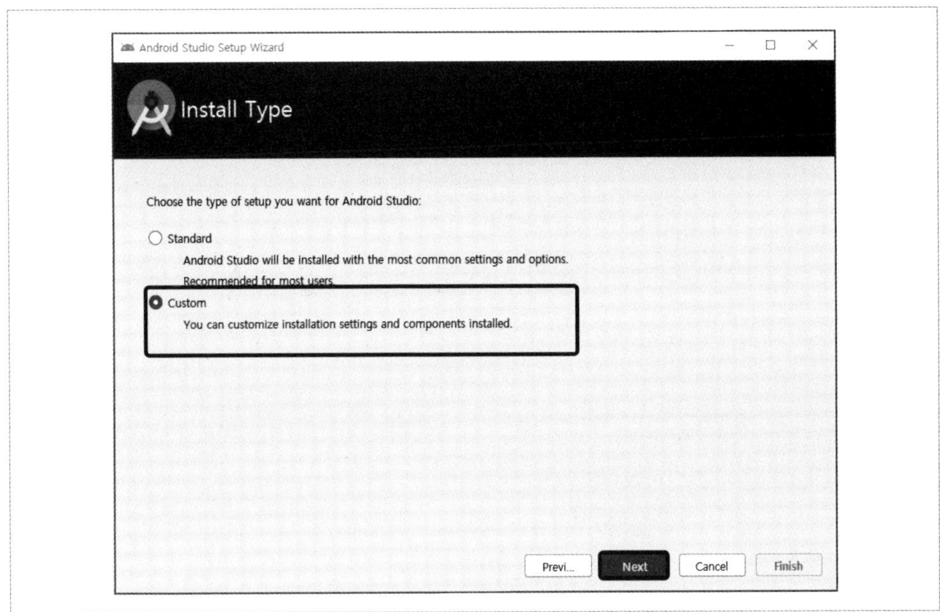

그림 1-21 안드로이드 스튜디오 설정 마법사 – 설정 타입 선택

사용자 정의(Custom)를 선택하고 [Next] 버튼을 누릅니다.

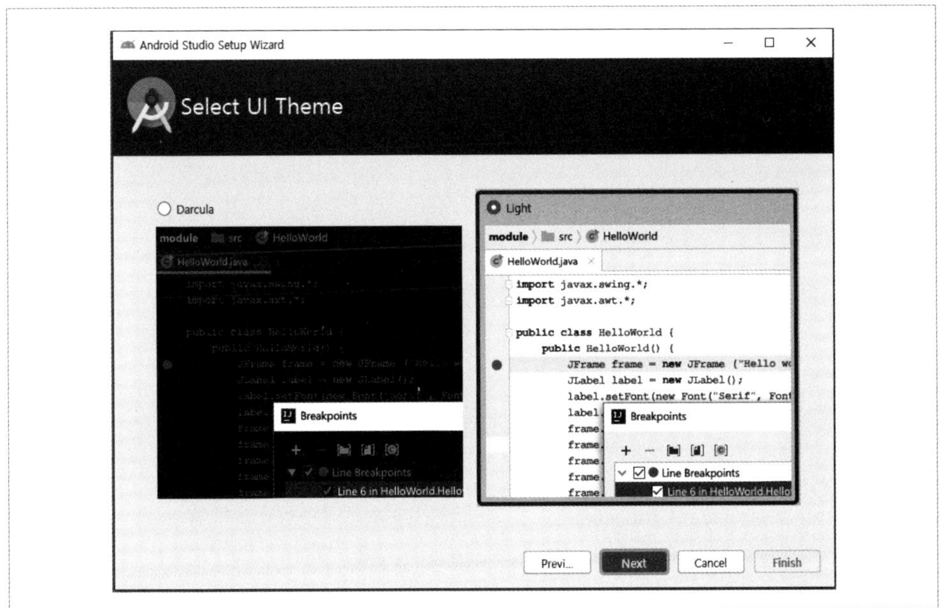

그림 1-22 UI 테마 선택

다음은 UI 테마를 선택합니다. 책에서는 기본값인 Light로 진행하지만 실무 개발자들은 대부분 어두운 테마인 Darcula를 선호합니다.

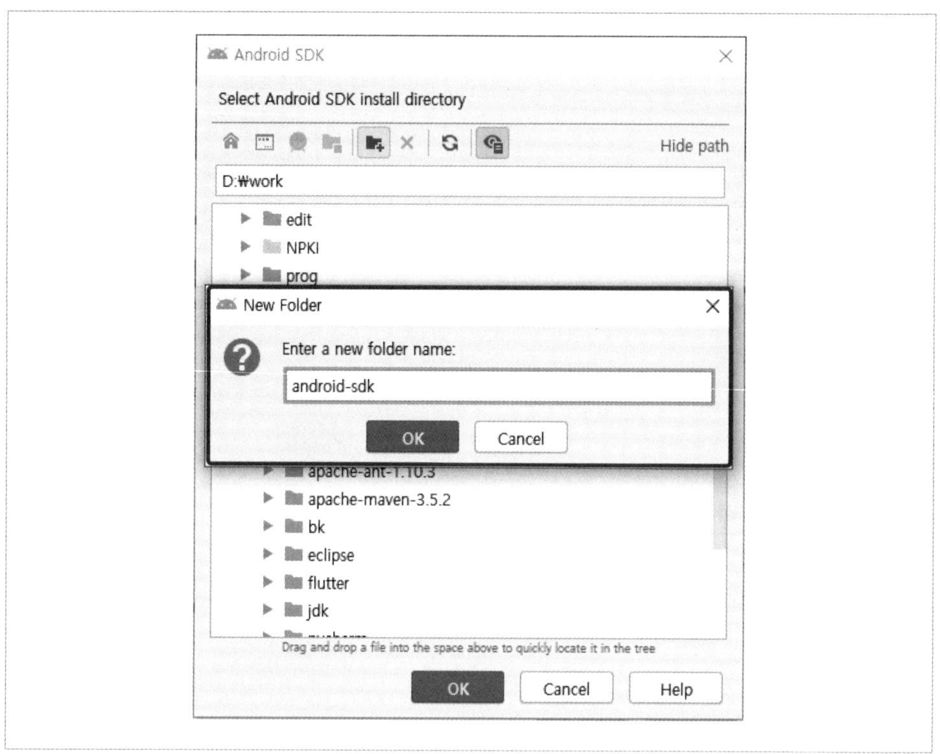

그림 1-23 android-sdk 폴더 새로 만들기

안드로이드 SDK를 설치할 폴더를 지정합니다. 여기서는 `D:\work\android-sdk`로 지정합니다. 앞서 플러터 SDK, 안드로이드 스튜디오와 안드로이드 SDK를 모두 같은 부모 폴더에 넣으면 개발할 때 편리합니다. `android-sdk` 폴더가 없으므로 새로 만듭니다.

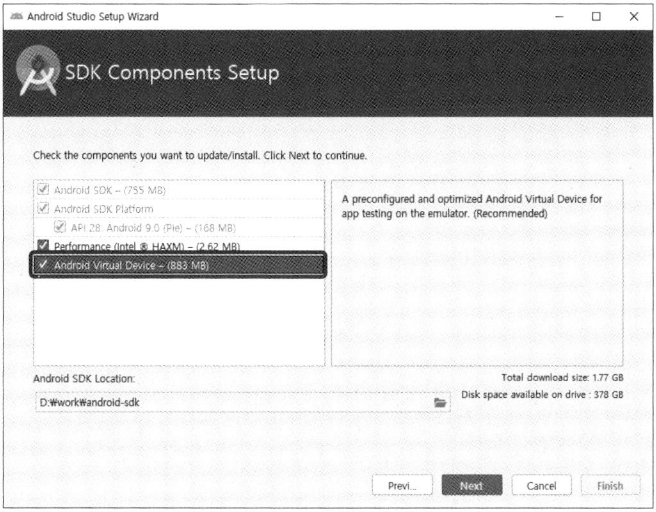

그림 1-24 SDK 컴포넌트 설정

안드로이드를 실행하기 위해서는 타깃 기기가 있으면 좋지만 없을 수도 있기 때문에 안드로이드 가상 기기(Android Virtual Device)도 함께 선택합니다. [Next] 버튼을 누릅니다.

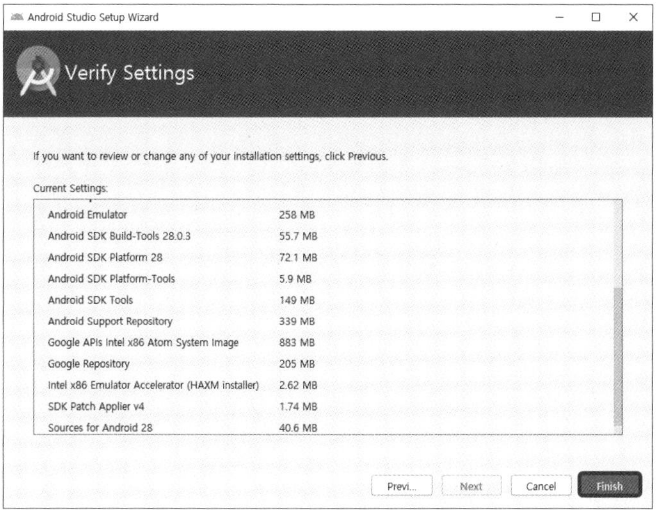

그림 1-25 안드로이드 스튜디오 설정 확인

환경 설정의 최종 확인 화면입니다. [Finish]를 눌러 안드로이드 SDK 설치를 시작합니다.

안드로이드 SDK는 용량이 크기 때문에 다운로드하는 데 10분 이상 소요됩니다. 다운로드가 완료되면 안드로이드 스튜디오를 실행합니다.

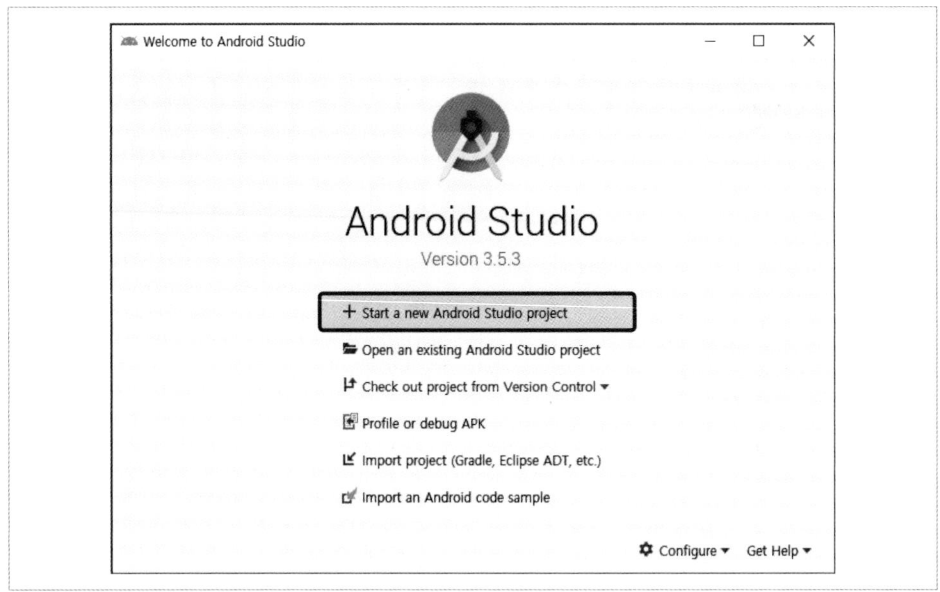

그림 1-26 안드로이드 스튜디오 실행 첫 화면

[Start a new Android Studio project]를 실행합니다.

다음은 안드로이드 스튜디오를 실행하기 위해서 필요한 절차일 뿐 일반 안드로이드 프로젝트를 생성하는 것이 목적은 아닙니다. 안드로이드 스튜디오가 실행된 상태에서 File 〉 Settings 메뉴로 들어가면 설정 화면이 나옵니다. 여기에서 Plugins를 선택합니다.

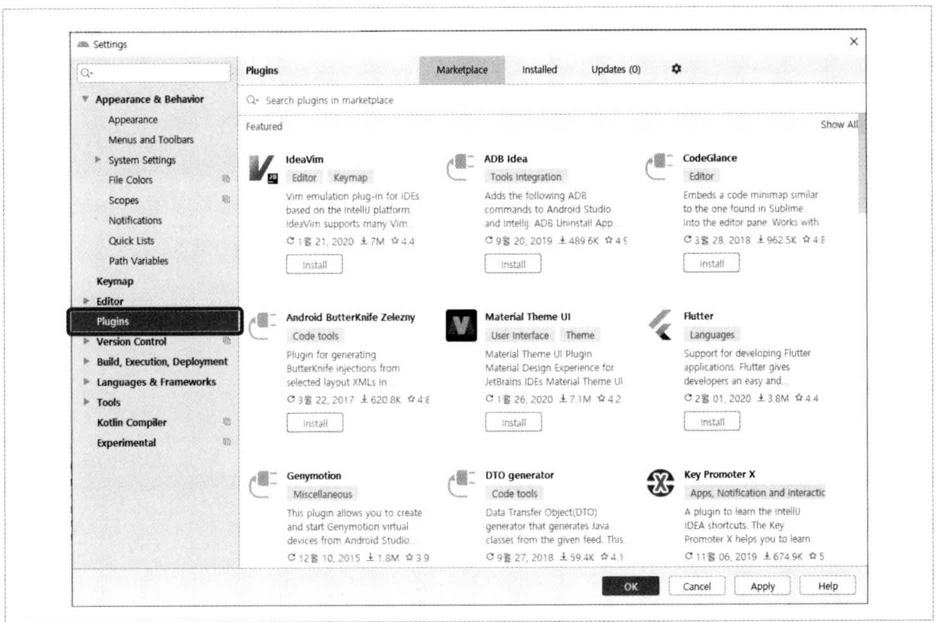

그림 1-27 File 〉 Settings 화면의 좌측 Plugins 메뉴 선택

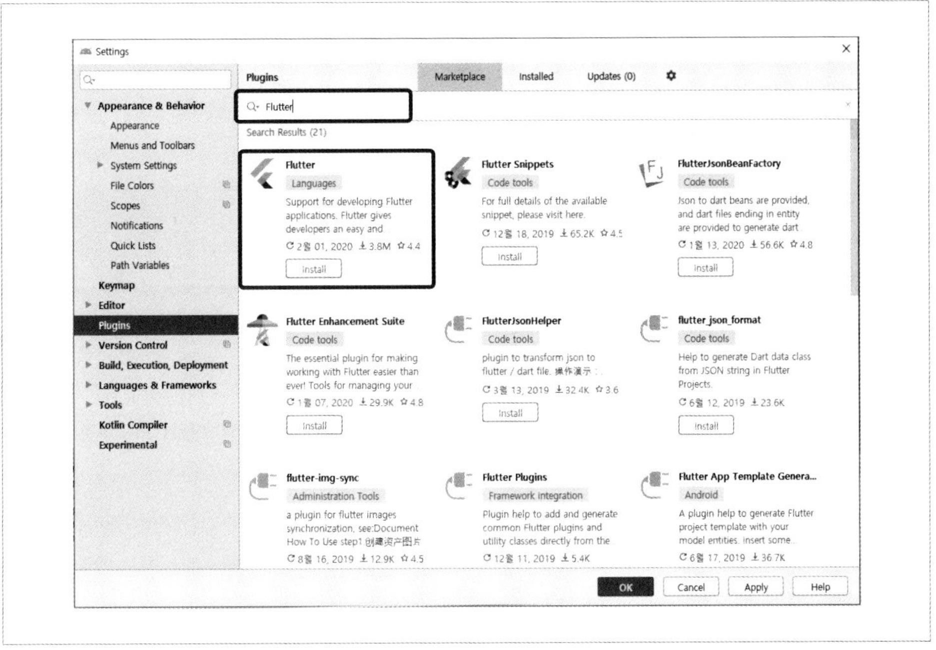

그림 1-28 플러터 플러그인 다운로드

[그림 1-28]에서 검색창에 Flutter를 입력하고 새로운 창에서 Flutter를 설치합니다.

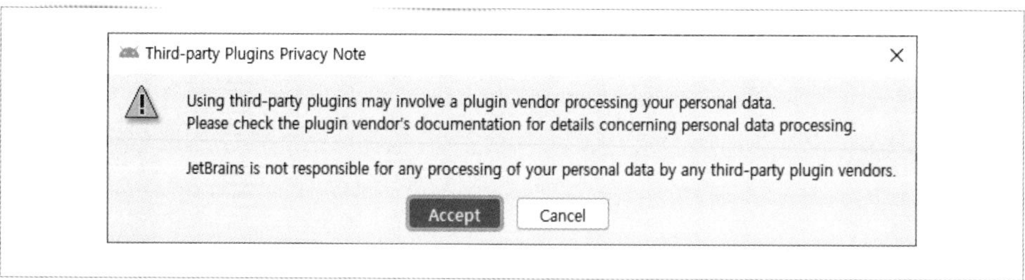

그림 1-29 플러그인 개인정보 약관 수락

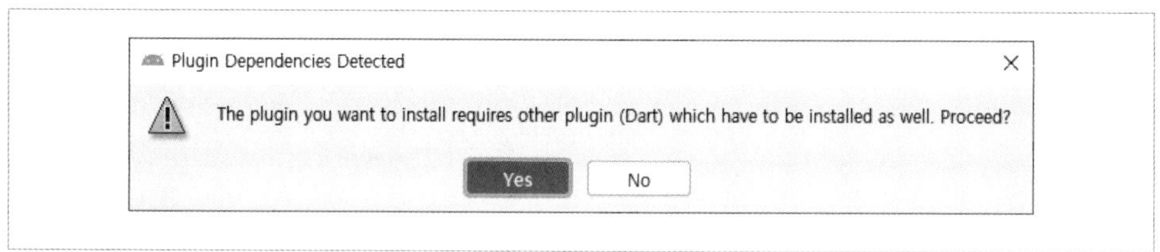

그림 1-30 플러그인 의존성 추가 다운로드 수락

플러그인 개인정보 약관을 수락합니다(그림 1-29). 다트 플러그인도 함께 설치하도록 동의합니다(그림 1-30).

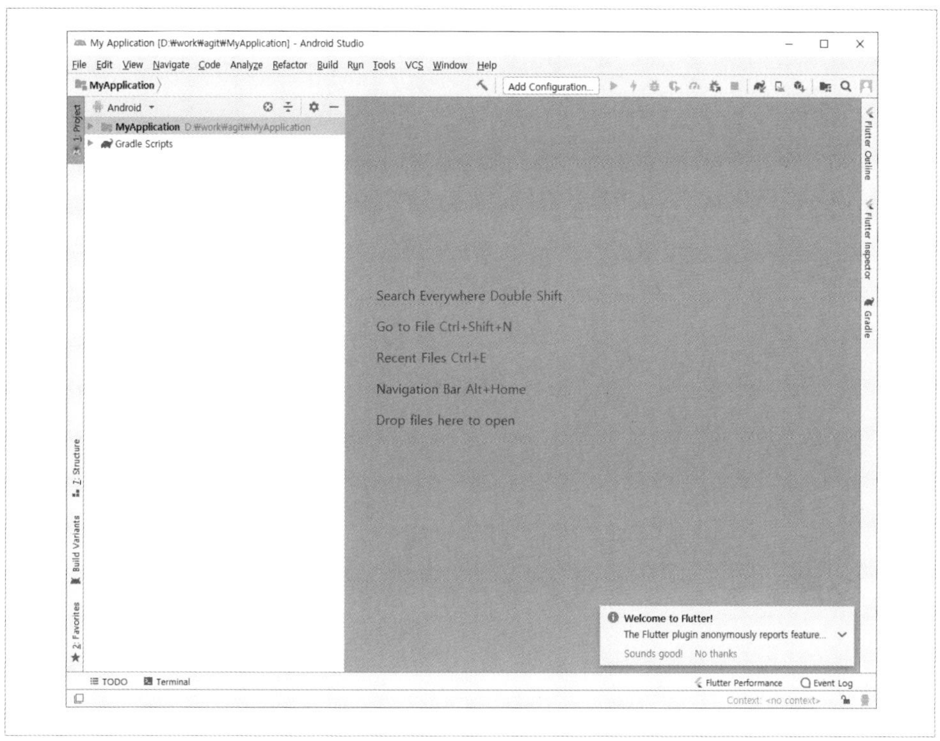

그림 1-31 모든 설치 완료

모든 설치 과정이 완료되었습니다. 설치된 플러그인 적용을 위해 안드로이드 스튜디오를 재시작합니다.

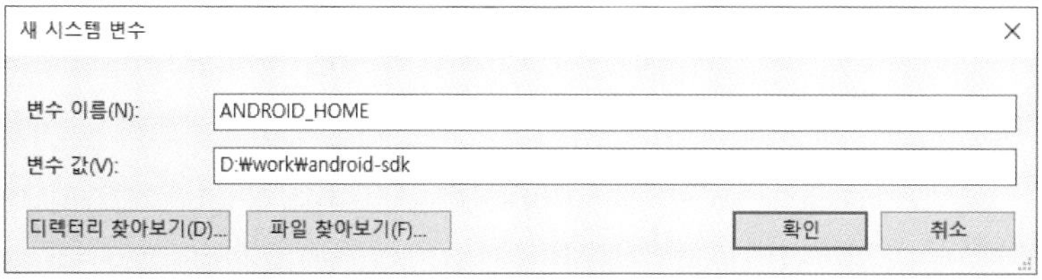

새 시스템 변수

변수 이름(N): ANDROID_HOME

변수 값(V): D:₩work₩android-sdk

디렉터리 찾아보기(D)... 파일 찾아보기(F)... 확인 취소

그림 1-32 ANDROID_HOME 환경 변수 설정

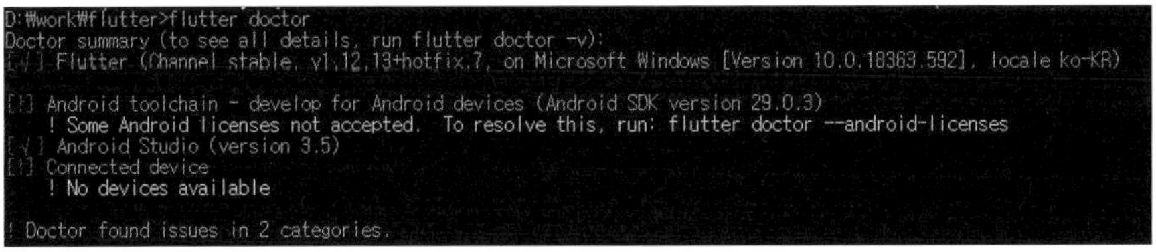

```
D:₩work₩flutter>flutter doctor
Doctor summary (to see all details, run flutter doctor -v):
[√] Flutter (Channel stable, v1.12.13+hotfix.7, on Microsoft Windows [Version 10.0.18363.592], locale ko-KR)

[!] Android toolchain - develop for Android devices (Android SDK version 29.0.3)
    ! Some Android licenses not accepted.  To resolve this, run: flutter doctor --android-licenses
[√] Android Studio (version 3.5)
[!] Connected device
    ! No devices available

! Doctor found issues in 2 categories.
```

그림 1-33 flutter doctor 명령으로 ANDROID SDK 설치 확인

마지막으로 ANDROID_HOME 환경 변수를 설정합니다(그림 1-32). 그 다음 명령창에서 `flutter doctor`를 실행하여 안드로이드 SDK 설치를 확인합니다(그림 1-33).

1.6 마치며

이번 장에서는 플러터 소개와 기술 구조에 대해서 알아봤습니다. 크로스 플랫폼 개발에 있어 경쟁 기술에 비해 비해 플러터는 어떤 매력이 있는지 정리했습니다. 마지막으로 플러터 SDK와 안드로이드 스튜디오을 설치하고 개발 환경을 설정했습니다.

다음 장에서는 첫 플러터 앱을 직접 만들어보겠습니다.

CHAPTER 2

처음 만드는 플러터 앱

이 장의 내용

- Hello Flutter 프로젝트 생성하기
- 핫 리로드 실습
- 플러터 프로젝트 구성요소
- 더 단순한 앱 만들기
- 위젯의 개념과 생명주기

이번 장에서는 안드로이드 스튜디오에서 첫 번째 플러터 앱을 만들어봅니다. 플러터 프로젝트를 새로 생성하고 프로젝트의 구조와 구성요소에 대해 알아보고, 이를 기반으로 더 단순한 나만의 앱을 만듭니다. 앱 개발을 빠르게 해주는 핫 리로드 기능을 실습하고 마지막으로 플러터의 기본 구성요소인 위젯의 개념과 생명주기를 살펴봅니다.

2.1 Hello Flutter 프로젝트 생성하기

새로운 앱을 만들기 위해서는 File 〉 New 〉 New Flutter Project를 선택합니다.

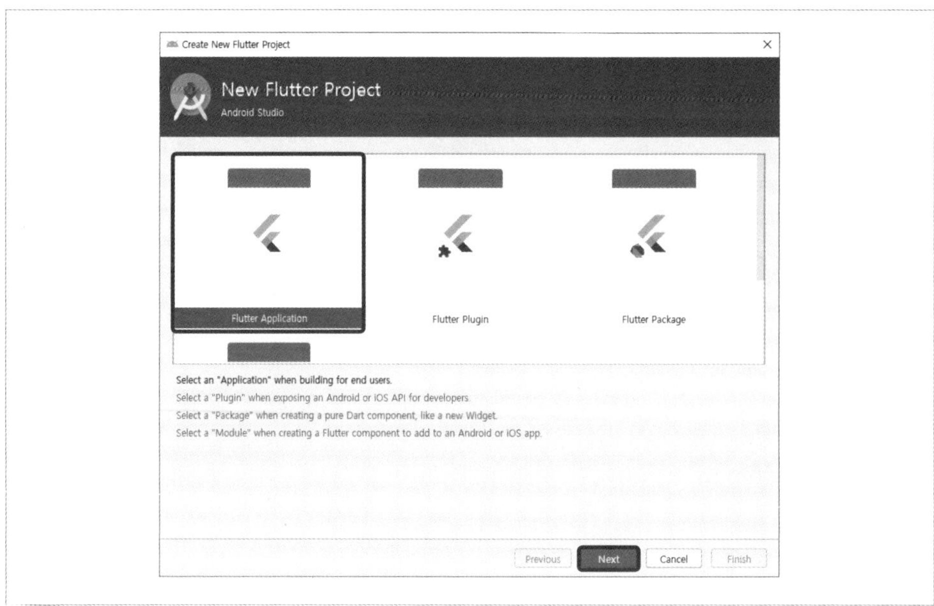

그림 2-1 새로운 플러터 프로젝트 만들기

기본값인 Flutter Application을 확인하고 [Next] 버튼을 누릅니다.

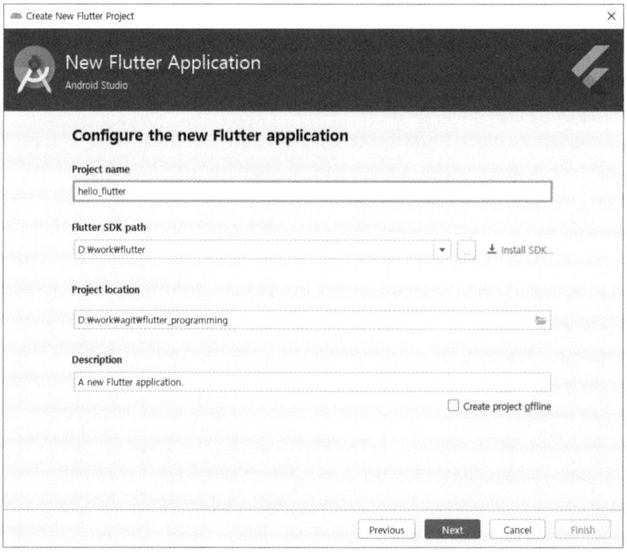

그림 2-2 신규 플러터 프로젝트 설정 화면

프로젝트 이름은 hello_flutter로 지정합니다. Flutter SDK 경로는 앞서 플러터 SDK를 설치했던 경로인 D:\work\flutter를 선택합니다. Project location은 적절한 곳으로 선택하되, 플러터 프로젝트는 같은 부모 폴더 아래로 모으는 것이 편리합니다.

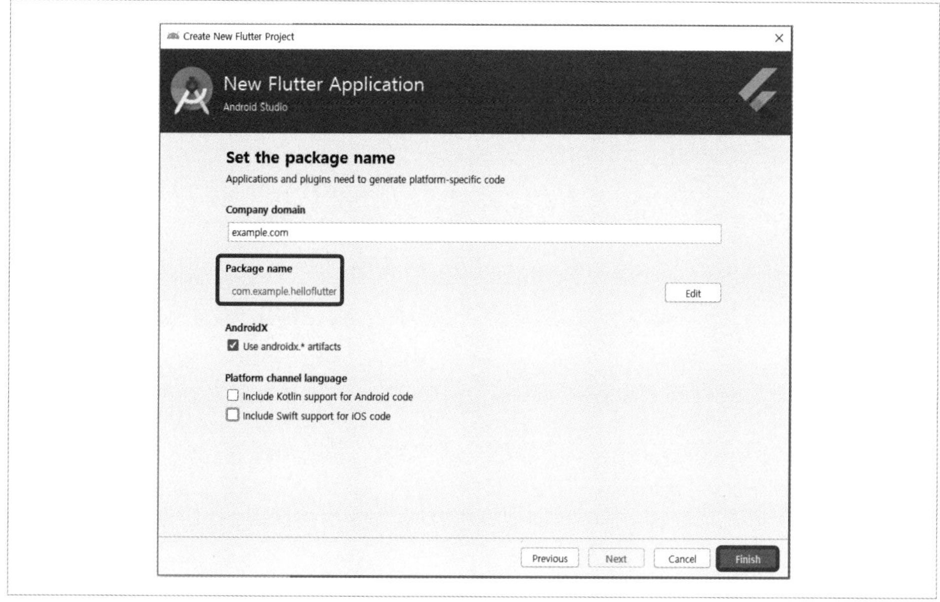

그림 2-3 패키지 이름 지정

패키지 이름은 기본값으로 두고 [Finish] 버튼을 누릅니다.

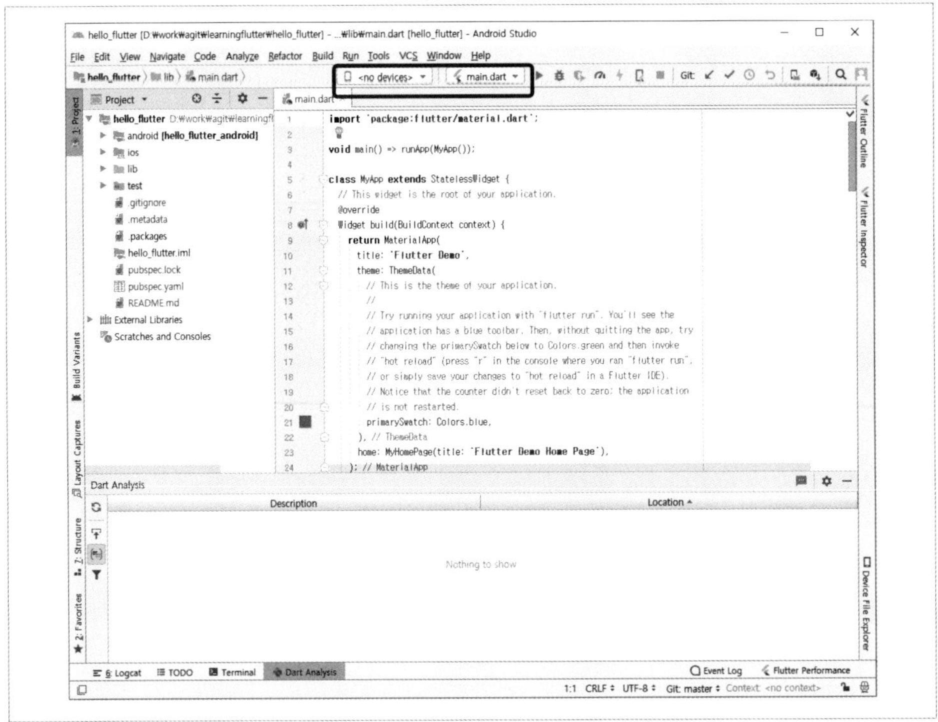

그림 2-4 hello_flutter 프로젝트 생성 완료

첫 플러터 프로젝트가 생성되었습니다. 바로 실행해보겠습니다. 안드로이드 스튜디오 상단을 보면 실행 기기와 프로젝트를 선택할 수 있는 도구가 있습니다.

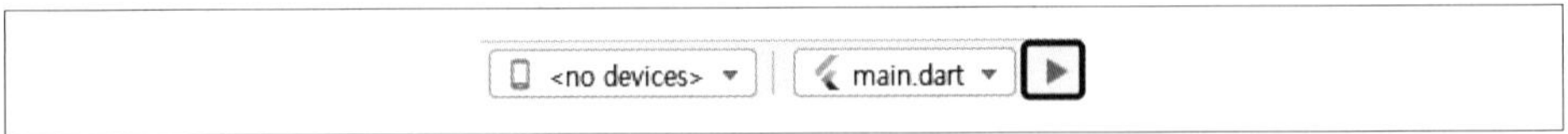

그림 2-5 플러터를 실행할 기기와 프로젝트 선택 툴바

여기에서 실행 버튼(▶)을 누릅니다.

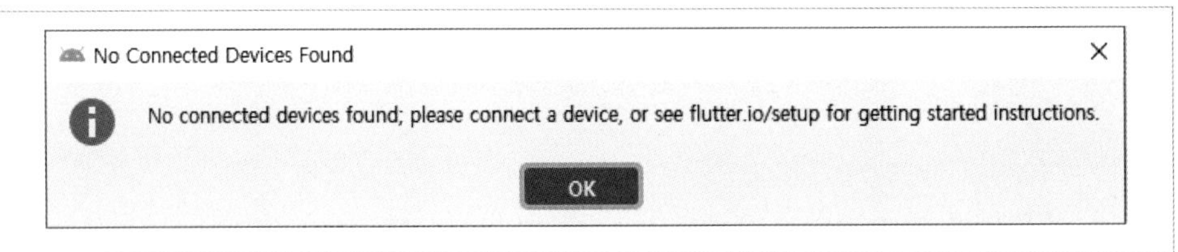

그림 2-6 연결된 기기가 없다는 대화창

연결된 기기가 없다는 대화창이 표시됩니다. 안드로이드 앱 프로젝트를 실행할 때는 실제 안드로이드 폰(대상 기기target device)이 있거나 안드로이드 에뮬레이터가 필요한데, 여기에서는 안드로이드 에뮬레이터로 첫 플러터 앱을 실행해보겠습니다.

NOTE_ 안드로이드 개발할 때 대상 기기가 반드시 있어야 하나요?

꼭 그렇지는 않습니다. 하지만 제대로 개발을 하기 위해서는 에뮬레이터로는 부족한 점이 많습니다. 요즘은 안드로이드 에뮬레이터의 속도가 많이 좋아졌지만 여전히 실제 기기를 100% 대신할 수는 없습니다. PC 메모리가 8GB 이하라면 에뮬레이터와 안드로이드 스튜디오를 함께 띄우면 PC가 느려지는 것이 느껴집니다. 처음에는 에뮬레이터로 시작하지만 조금 익숙해지면 대상 기기로 개발하는 것이 더 편합니다. 특히 안드로이드는 다양한 OS 버전과 기기의 화면 크기가 서로 다르기 때문에 더욱 실제 기기를 PC에 연결하여 사용하는 것이 좋습니다.

툴바에 있는 다른 버튼을 주목합니다. 안드로이드 스튜디오의 장점은 메뉴를 들어가지 않아도 IDE 사방으로 필요한 버튼과 메뉴가 배치되어 있다는 점입니다. 툴바의 AVD Manager( ) 버튼을 누릅니다.

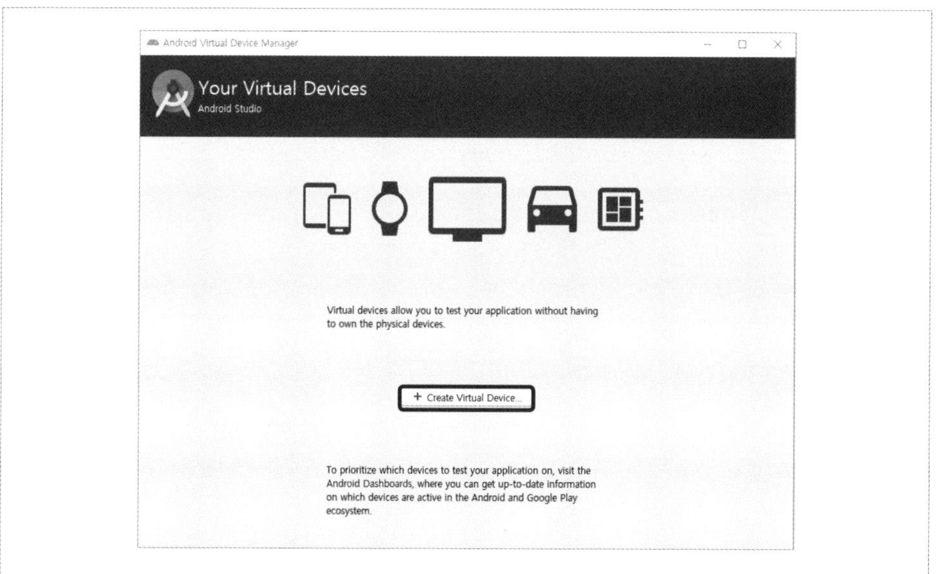

그림 2-7 안드로이드 가상 기기 관리자(AVD Manager)

[Create Virtual Device...] 버튼을 누릅니다.

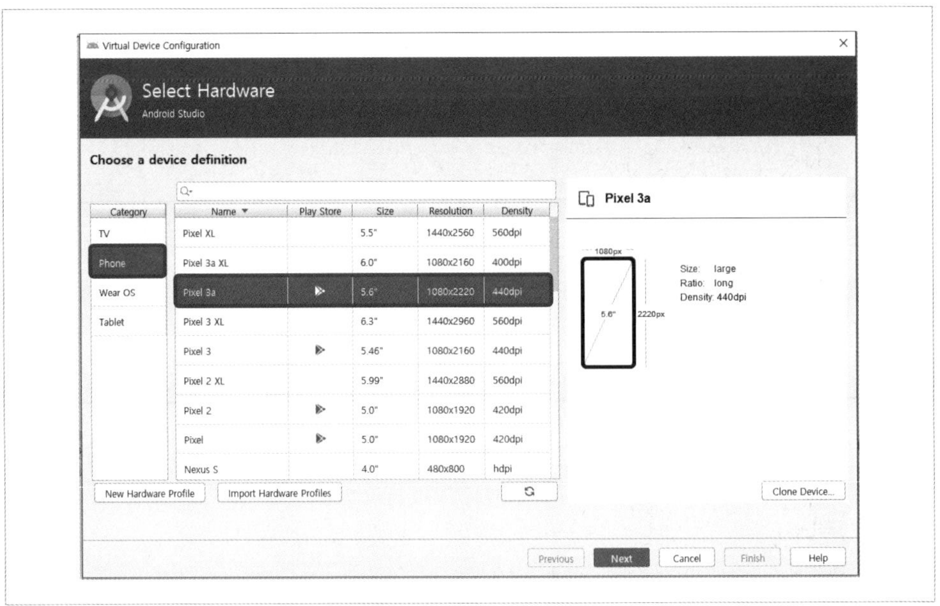

그림 2-8 생성할 기기 선택하기(픽셀 3a 모델 기준)

Category에서 Phone을 선택하고 기기는 구글 플레이()가 포함된 Pixel 3a를 선택하고 [Next] 버튼을 누릅니다.

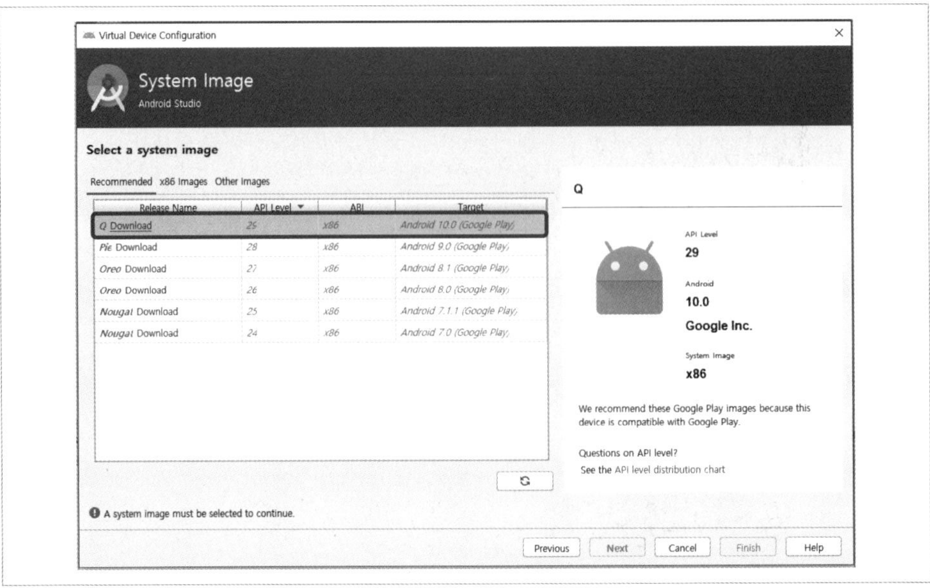

그림 2-9 대상 기기의 안드로이드 OS 선택

안드로이드 OS를 선택합니다. 최신 OS인 Q를 다운로드한 후 [Next] 버튼을 누릅니다.

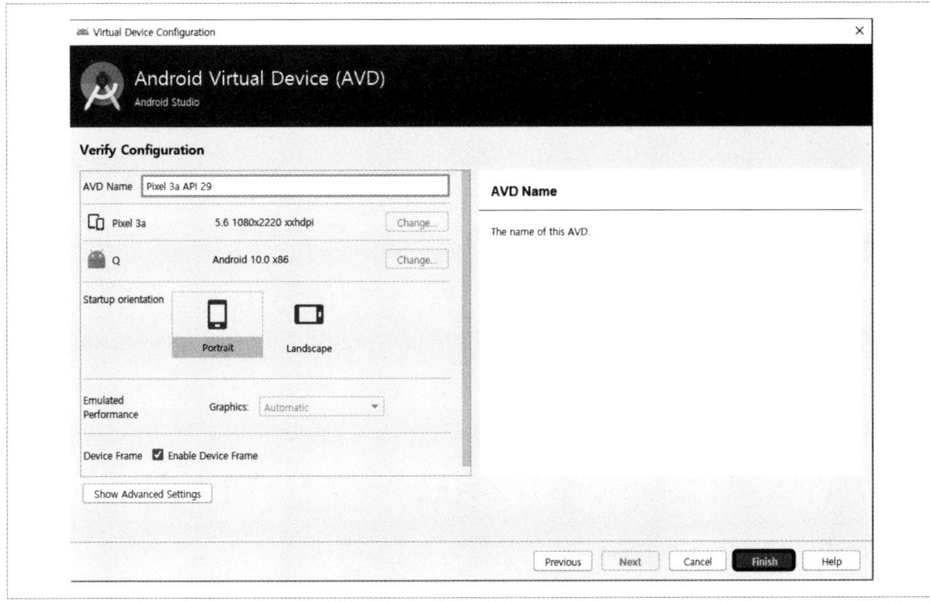

그림 2-10 가상 기기 생성 완료

[Finish] 버튼을 누르면 가상 기기 생성이 완료되었습니다. 다음은 생성된 가상 기기의 목록입니다.

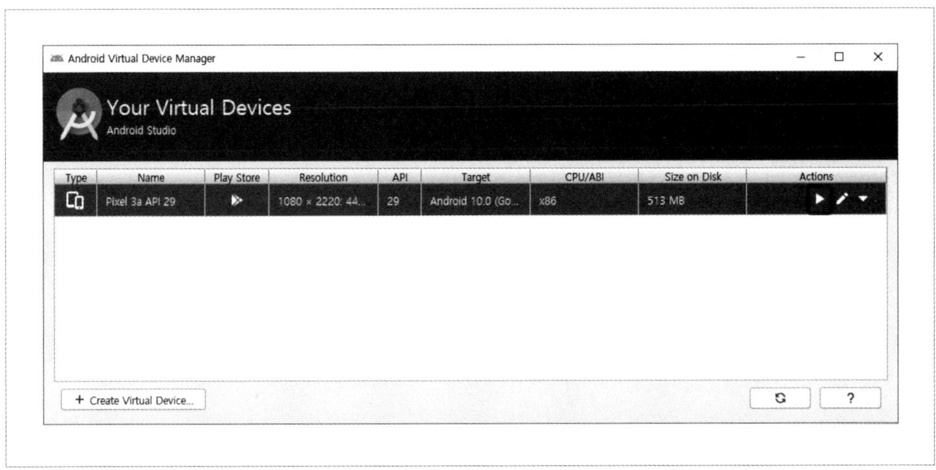

그림 2-11 가상 기기 목록

플러터 앱을 실행시키기 위해 새로 만든 가상 기기 실행 버튼(▶)을 누릅니다.

NOTE_ 에뮬레이터가 실행되지 않는 경우

에러가 발생하는 경우 다음 두 가지를 설정해야 합니다.

Error Opening Emulator

emulator: ERROR: x86 emulation currently requires hardware acceleration! Please ensure Windows Hypervisor Platform (WHPX) is properly installed and usable. CPU acceleration status: HAXM is not installed on this machine

1. **ANDROID_AVD_HOME 환경변수 설정**

   예) `C:\Users\유동\.android\avd` // 다음과 같이 설정

2. **윈도우 10 홈의 경우 vt-d 활성화**

   UEFI 바이오스 설정으로 들어가서 vt-d enable해야 합니다. 그 다음 HAXM을 다시 설치합니다(`https://stackoverflow.com/questions/48519347/using-android-studio-emulator-on-windows-10-home` 참고).

그림 2-12 에뮬레이터 실행 모습

픽셀 3a 에뮬레이터가 실행되었습니다. 에뮬레이터가 처음 실행될 때는 시간이 걸릴 수 있습니다.

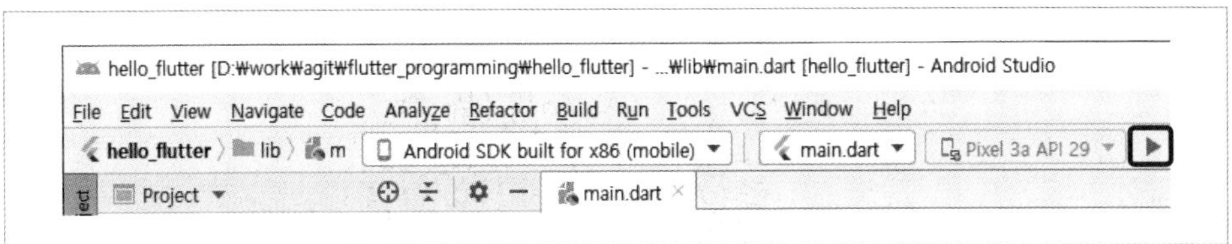

그림 2-13 에뮬레이터 설치 후 툴바 모습

다시 안드로이드 스튜디오의 툴바로 돌아가서 main.dart 파일의 실행 버튼(▶)을 누릅니다.

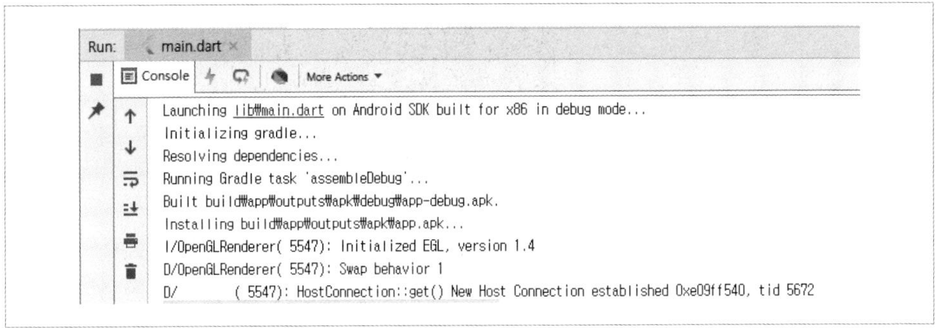

그림 2-14 앱 실행 중인 Run 창 화면

실행하면 [그림 2-14]와 같이 Run 창이 활성화되고, 에뮬레이터에 첫 플러터 앱이 실행됩니다. 우측 하단의 플로팅 버튼을 누르면 숫자가 하나씩 올라갑니다(그림 2-15).

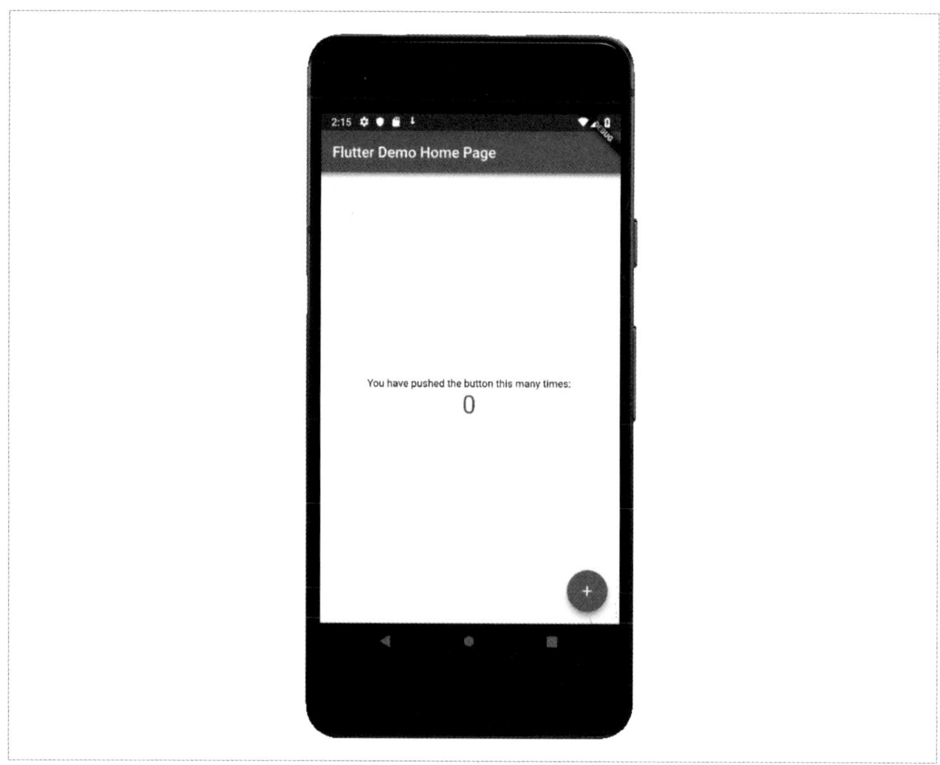

그림 2-15 에뮬레이터에 실행된 첫 플러터 앱(main.dart 파일)

다음으로 넘어가기 전에 간단한 실습을 하겠습니다. 보통 모바일 앱을 개발하면 소스코드를 수정하고 빌드 과정을 거쳐 실행 파일을 만듭니다. 그 다음 대상 기기에 설치하여 동작을 확인합니다(매우 귀찮은 과정입니다).

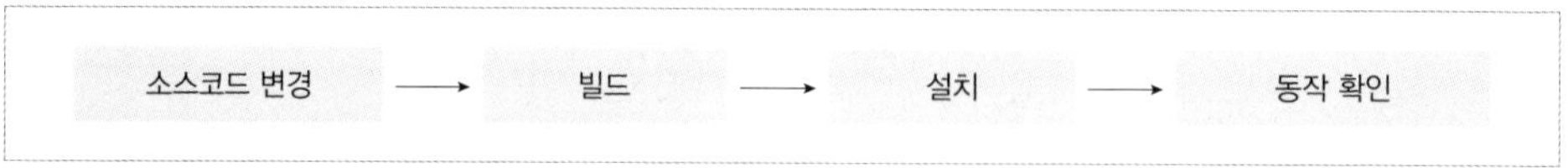

그림 2-16 일반적인 모바일 앱 수정 과정

플러터에서는 이 과정을 매우 빠르게 해주는 핫 리로드 기능을 제공합니다. 핫 리로드는 변경사항을 바로 확인할 수 있어 편리합니다. 안드로이드 스튜디오에서 소스코드를 저장하면 바로 대상 기기에 반영됩니다.

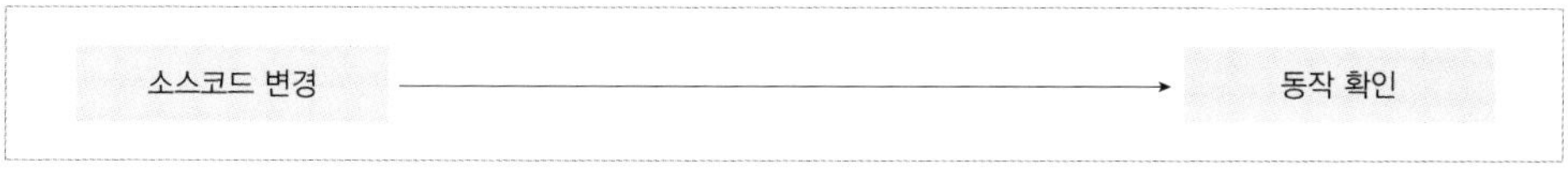

소스코드 변경 → 동작 확인

그림 2-17 플러터의 핫 리로드

main.dart 파일을 열고 타이틀 바를 수정해보겠습니다. 핫 리로드를 실행하기 위해서는 앱이 실행 상태여야 합니다. 기존 'Flutter Demo Home Page'를 '플러터 데모 홈페이지'로 변경합니다.

예제 2-1 제목을 '플러터 데모 홈페이지'로 변경

hello_flutter/lib/main.dart

```
class MyApp extends StatelessWidget {
  @override
  Widget build(BuildContext context) {
    return MaterialApp(
      title: 'Flutter Demo',
      theme: ThemeData(
        primarySwatch: Colors.blue,
      ),
      home: MyHomePage(title: '플러터 데모 홈페이지'), ❶
    );
  }
}
```

이렇게 변경하고 [Ctrl] + [S]를 눌러 저장하면 에뮬레이터에 즉시 반영됩니다.

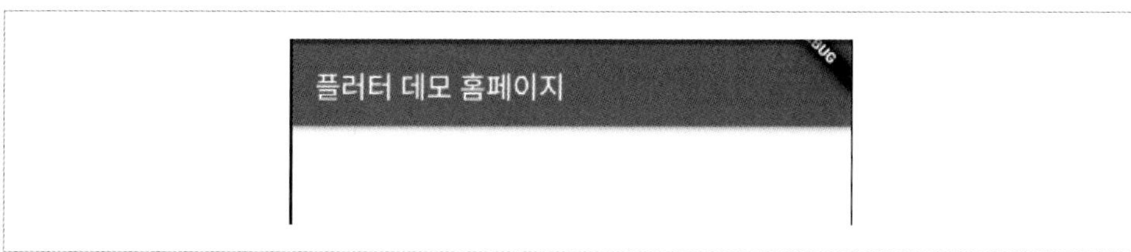

그림 2-18 핫 리로드에 의해 제목 변경

안드로이드 스튜디오 콘솔창에도 핫 리로드되었음이 표시됩니다. 보통 앱의 소스코드를 수정하고 빌드하여 설치하면 적게는 30초에서 2분까지도 소요되는데 1초 이내(940ms)에 완료했습니다. 앱 개발 속도가 극적으로 향상된 것을 알 수 있습니다.

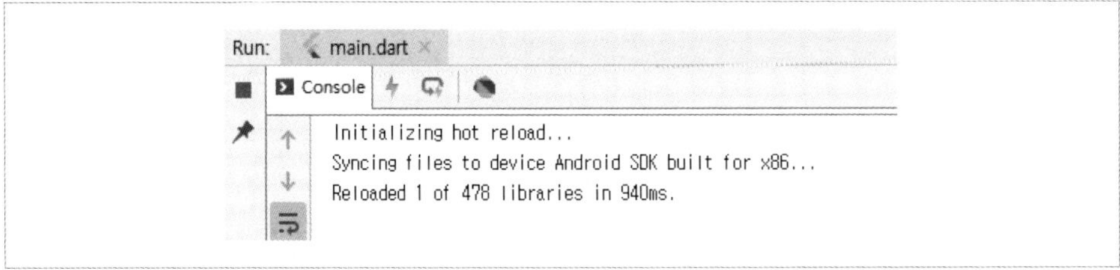

그림 2-19 핫 리로드가 실행된 상태

다시 원래의 소스코드로 돌아가도 즉시 반영됩니다. 제목뿐만 아니라 화면 중앙에 표시된 텍스트도 변경해보기 바랍니다.

2.2 플러터 프로젝트 구성요소

hello_flutter 프로젝트의 구성요소에 대해 알아보겠습니다. 안드로이드 스튜디오는 Intellij IDEA 기반으로 만들어진 안드로이드 공식 IDE입니다. 무료이며 기능이 강력합니다.

NOTE_ 안드로이드 스튜디오에 설치되는 플러터 SDK와 필수 플러그인

플러터로 개발하려면 설치할 것이 많습니다. 그 이유는 단일 소스코드로 안드로이드와 iOS를 동시에 지원하기 때문인데, 어떤 것들이 있는지 살펴보겠습니다.

1. **플러터 SDK(최신 버전 1.12.13)**
   개발 키트로 반드시 있어야 하며 IDE의 지원 없이 텍스트 에디터로 플러터를 개발할 때 사용
2. **플러터 플러그인(최신 버전 42.1.1)**
   안드로이드 스튜디오에서 플러터 언어를 인식하기 위한 플러그인
3. **다트 플러그인(최신 버전 191.8593)**
   플러터 개발 언어인 다트를 안드로이드 스튜디오에서 사용하기 위한 플러그인

위의 플러그인이 있어야 안드로이드 스튜디오에서 플러터로 개발할 수 있습니다. 이 책에서 다루는 안드로이드 스튜디오 외에도 같은 회사에서 만든 Intellij IDEA나 VS Code에서도 플러터 앱을 개발할 수 있습니다.

새로 생성된 hello_flutter 프로젝트의 구성요소에 대해서 설명하겠습니다.

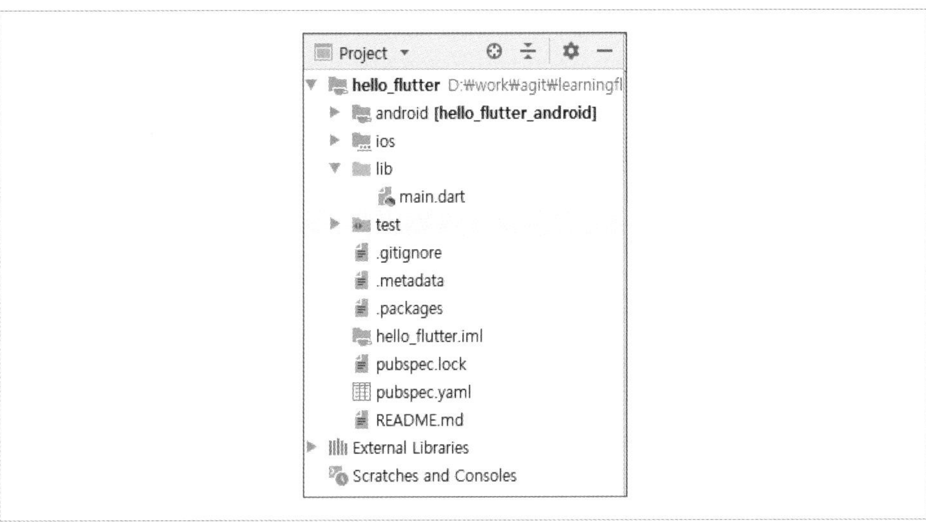

그림 2-20 hello_flutter 프로젝트의 구성요소

플러터 프로젝트의 기본 폴더는 다음과 같습니다(물리적 폴더).

- **lib 폴더** : 플러터 소스코드(.dart 파일) 위치
- **android** 폴더 : 플러터를 컴파일하여 생성된 안드로이드 앱 소스코드. 자동 생성되어 있기 때문에 임의로 수정하지 않는다(7장 플랫폼 채널 프로그래밍에서 android 폴더를 수정하는 방법을 다룸).
- **ios 폴더** : 플러터를 컴파일하여 생성된 iOS 앱 소스코드. 역시 자동 생성된다.[1]
- **test 폴더** : 테스트 코드 위치(자세한 내용은 8장에서 설명)

최상위 폴더의 주요 파일들입니다.

- **.gitignore 파일** : 소스 버전 관리 도구인 깃Git 파일. 로컬에만 필요한 파일이 원격 저장소인 깃에 올라가지 않도록 한다(여기에서는 관심 대상 아님).
- **.metadata 파일** : 플러터 프로젝트를 위한 내부 파일. 개발자가 편집하지 않는다.
- **.packages 파일** : pubspec.yaml 파일과 관련된 내부 파일로 자동 생성
- **hello_flutter.iml 파일** : .iml 파일은 안드로이드 스튜디오에서 생성한 프로젝트 내부 파일
- **pubspec.yaml 파일** : 이 파일은 중요. YAML[2] 문서는 사람에게 읽기 쉽게 만들어진 마크업 언어 파일로, 플러터 프로젝트에 필요한 라이브러리와 리소스(이미지, 폰트, 동영상) 등을 지정한다(자세한 내용은 라이브러리 추가를 다루는 4장에서 설명).

---

1 ios 폴더는 맥OS에서만 사용할 수 있다. android 폴더는 윈도우와 맥OS 모두 사용할 수 있다.

2 https://ko.wikipedia.org/wiki/YAML

여기서 가장 중요한 파일은 lib 폴더에 있는 main.dart[3]입니다. 이 파일 하나로 앱을 구동하고 화면을 표시할 수 있습니다. 다음은 자동 생성된 주석을 제거한 main.dart 파일 소스코드입니다. 처음에는 복잡해 보일 수 있지만 구성요소를 알게 되면 기존의 안드로이드 네이티브 앱보다 단순합니다.

앱을 만들기 앞서 먼저 다음 그림을 머릿속에 입력하세요.

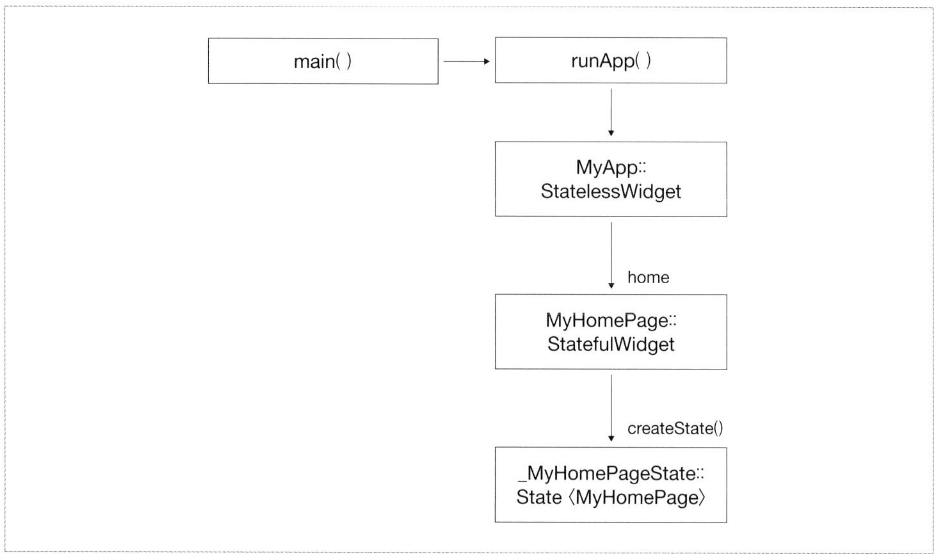

그림 2-21 hello_flutter 앱 실행 흐름

MyApp과 MyHomePage 클래스 옆에 붙어 있는 콜론(::)은 UML[4]에서 어떤 클래스의 타입을 의미합니다. 즉, MyApp 클래스는 StatelessWidget 타입이고 MyHomePage 클래스는 StatefulWidget 타입임을 의미합니다. 타입은 언어에 중립적인 일반적인 용어로서 다트에서는 클래스와 동일한 의미입니다.

다음은 main( ) 함수와 MyApp 클래스를 포함하는 첫 번째 부분입니다.

---

3 파일 이름은 언제든지 변경할 수 있다.

4 UML은 통합 모델링 언어로 객체지향 프로그램의 국제 표준 표기법이다.

예제 2-2 main.dart 파일의 메인 함수와 MyApp 클래스
hello_flutter/lib/main.dart

```
import 'package:flutter/material.dart';   ❶

void main() => runApp(MyApp());   ❷

class MyApp extends StatelessWidget {   ❸
  @override
  Widget build(BuildContext context) {
    return MaterialApp(
      title: 'Flutter Demo',
      theme: ThemeData(
        primarySwatch: Colors.blue,
      ),
      home: MyHomePage(title: 'Flutter Demo Home Page'),
    );
  }
}
```

❶ 첫 번째 줄은 임포트(import) 문입니다. package:flutter/material.dart 파일은 flutter 패키지의 머티리얼 UI를 의미합니다. 만약 iOS 스타일의 위젯을 사용하려면 package:flutter/cupertino.dart가 필요합니다.

❷ 플러터 앱의 시작점은 main() 함수입니다. C 언어의 메인 함수와 같습니다. 메인 함수에서는 단순히 runApp() 함수만 호출하고 있습니다. 소스코드에 있는 => 기호는 함수의 내용이 한 줄일 때 중괄호({ })를 대체하는 역할을 합니다. 원래 코드는 다음과 같습니다.

```
void main() {
  runApp(MyApp());
}
```

runApp() 함수는 인수로 넘긴 위젯을 화면에 표시합니다. 여기에서는 Stateless(상태가 없는) 위젯인 MyApp 클래스를 사용합니다. runApp() 함수에는 Stateful(상태가 있는) 위젯도 넣을 수 있습니다.

NOTE_ runApp() 함수는 어디에서 왔을까?

main.dart 파일에서 단축키 [Ctrl] + [B]를 눌러 내부로 들어가면 runApp() 함수는 binding.dart 파일에 있습니다. 이 파일의 경로는 다음과 같습니다.

D: 〉 work 〉 agit 〉 flutter 〉 packages 〉 flutter 〉 lib 〉 src 〉 widgets 〉 binding.dart

그림 2-22 binding.dart 파일의 실제 경로

중요한 것은 아이콘이 있는 flutter 이후입니다.

플러터는 오픈소스로 소스코드가 모두 깃허브에 공개되어 있습니다. binding.dart 파일은 flutter 패키지의 lib 폴더 〉src 폴더 〉widgets 폴더에 있습니다.

이 폴더에는 다음과 같은 파일들이 들어 있습니다.

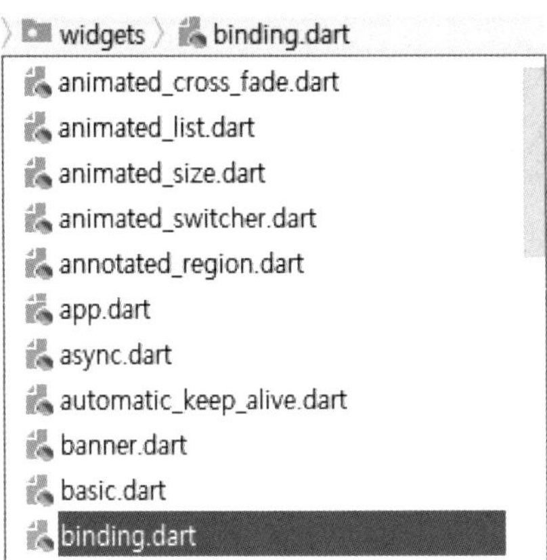

그림 2-23 widgets 폴더에 포함된 다른 파일들

당장 이 파일들을 공부할 필요는 없지만 플러터의 내부는 어떻게 구성됐는지 호기심을 꼭 갖기를 바랍니다. 플러터 프레임워크의 소스들은 다트로 잘 만들어진 귀중한 교과서가 될 것입니다.

❸ MyApp 위젯은 Stateless 위젯입니다. 단순히 화면에 표시되는 UI 컴포넌트라고 생각하면 됩니다. 예제 코드는 직관적으로 앱의 제목은 'Flutter Demo'이고 타이틀바(primarySwatch)의 색상은 파란색입니다. home 속성은 위젯의 몸체입니다. 몸체는 MyHomePage 클래스로 지정했습니다.

다음은 MyHomePage 위젯입니다.

예제 2-3 main.dart 파일의 MyHomePage 위젯
hello_flutter/lib/main.dart

```
class MyHomePage extends StatefulWidget { ❶
  MyHomePage({Key key, this.title}) : super(key: key);
  final String title;
  @override
  _MyHomePageState createState() => _MyHomePageState();
}
```

❶ MyHomePage 위젯은 MyApp 위젯과는 다르게 Stateful 위젯입니다. Stateless 위젯과 다른 점은 createState() 메서드를 통해 상태를 담당하는 클래스를 지정할 수 있습니다. 즉, 조건에 따라 내용을 갱신할 수 있습니다. 실제 상태 값은 _MyHomePageState 클래스에 저장합니다.

마지막으로 MyHomePage 위젯의 상태를 담당하는 _MyHomePageState 클래스입니다.

예제 2-4 main.dart 파일의 _MyHomePageState 클래스

hello_flutter/lib/main.dart

```
class _MyHomePageState extends State<MyHomePage> { ❶
  int _counter = 0;  ❷

  void _incrementCounter() { ❸
    setState(() {
      _counter++;
    });
  }

  @override
  Widget build(BuildContext context) {
    return Scaffold(
      appBar: AppBar(
        title: Text(widget.title),
      ),
      body: Center(
        child: Column(
          mainAxisAlignment: MainAxisAlignment.center,
          children: <Widget>[
            Text(
              'You have pushed the button this many times:',
            ),
            Text(
              '$_counter',
              style: Theme.of(context).textTheme.display1,
            ),
          ],
        ),
      ),
      floatingActionButton: FloatingActionButton(       ❹
        onPressed: _incrementCounter,
        tooltip: 'Increment',
        child: Icon(Icons.add),
      ), // This trailing comma makes auto-formatting nicer for build methods.
```

```
        );
    }
}
```

소스코드가 길어서 내용이 복잡해 보이지만 아직 초반이므로 핵심적인 내용만 다루도록 하겠습니다.

❶ 먼저 클래스 이름입니다. _MyHomePageState에서 언더바(_)의 의미는 이 클래스가 동일한 파일에서만 접근할 수 있음(private)을 의미합니다. 다트에서는 자바와 같이 public, private, protected와 같은 접근 제어자의 키워드가 없으며 클래스 이름 앞에 언더바(_)가 있으면 내부(private) 클래스로 봅니다(자세한 내용은 3장에서 다룹니다).

❷ _MyHomePageState 클래스에는 _counter라는 정수형(int) 맴버 변수가 있습니다. 초깃값은 0으로 할당했습니다.

❸ _incrementCounter() 메서드는 _counter 값을 1 증가시킵니다. setState() 함수를 호출하고 인수로 _counter 변수를 1 증가하는 람다 표현식(lambda expression)을 넘기고 있습니다. setState() 함수를 호출하면 Stateful 위젯인 MyHomePage 위젯 상태가 변했으니 위젯을 갱신합니다.

❹ floatingActionButton 속성은 우측 하단에 표시되는 [+] 버튼을 의미합니다. 플로팅이라는 의미처럼 위치를 변경할 수 있습니다. FloatingActionButton 위젯을 지정했으며 onPressed 이벤트가 발생하면 _incrementCounter() 메서드를 호출합니다.

앱을 실행해서 우측 하단의 [+] 버튼을 누르면 숫자가 1씩 올라갑니다. 단지 숫자를 올리기 위해서 소스코드가 과다해 보이지만 각 클래스는 적절한 역할로 나뉘어 있습니다. 역할 분담의 장점은 이후에 간단한 다른 앱을 만들어보면 알 수 있습니다.

2.3 더 단순한 앱 만들기

더 단순한 앱은 없을까요? C 언어를 배울 때 만나는 "hello world"와 같은 앱을 만들어보겠습니다. `main.dart` 파일은 이미 있으므로 `simple_app.dart` 파일을 생성합니다. 안드로이드 프로젝트에서는 앱의 시작점을 하나만 지정할 수 있으나 플러터에서는 같은 프로젝트에서 다수의 `main()` 함수를 가진 파일을 생성할 수 있습니다. `main.dart` 파일의 더 작은 버전입니다. 여기서 플러터의 가벼움을 엿볼 수 있습니다.

예제 2-5 Hello Flutter 앱

hello_flutter/lib/simple_app.dart

```
import 'package:flutter/material.dart'; ❶

void main() =>
    runApp(MaterialApp(   ❷
        title: 'Hello Flutter',
        home: Scaffold(
          appBar: AppBar(title: Text('Hello Flutter')),
          body: Text('Hello Flutter'),  ❸
        ),
    ));
```

❶ 플러터 패키지의 material.dart를 임포트합니다.

❷ main() 함수를 만들고 그 안에서 runApp() 함수를 호출합니다. runApp() 함수의 인자로는 MaterialApp 위젯을 만들고 title 속성에는 'Hello Flutter' 문자열을 넣습니다. home 속성으로는 Scaffold 위젯을 지정하고 그 위젯의 appBar 속성과 body 속성을 지정합니다. Scaffold 위젯의 appBar 속성은 AppBar 위젯을 넣고 title 속성으로는 다시 'Hello Flutter' 문자열을 넣은 Text 위젯을 지정합니다.

❸ Scaffold 위젯의 body 속성에는 'Hello Flutter' 문자열을 갖는 Text 위젯을 배치합니다.

이 파일을 실행하면 어떻게 될까요? `main.dart`가 아니라 `simple_app.dart` 파일을 선택하고 오른쪽 마우스 버튼을 클릭합니다.

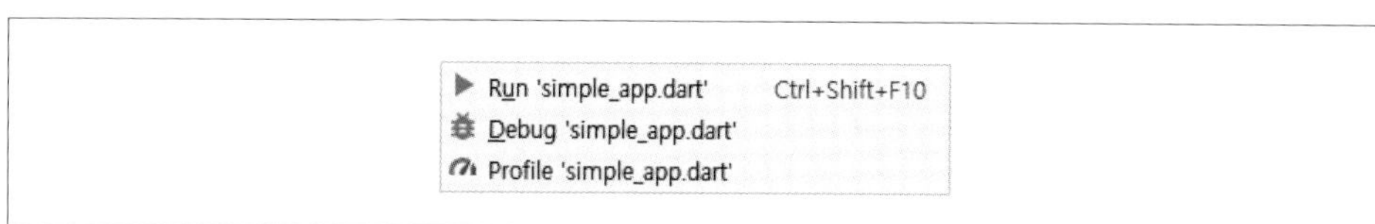

그림 2-24 simple_app.dart 실행하기

[그림 2-24] 화면에서 Run 'simple_app.dart' 파일을 선택합니다. 실행 결과는 다음과 같습니다.

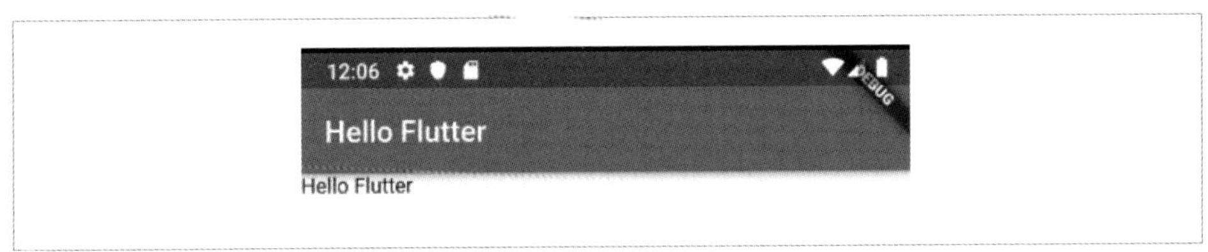

그림 2-25 더 단순한 Hello Flutter 앱(simple_app.dart)

이 앱은 단순하지만 새롭게 배우는 구조가 많습니다. [그림 2-26]은 `main.dart`와는 다른 관점으로 이 앱을 도식화했습니다.

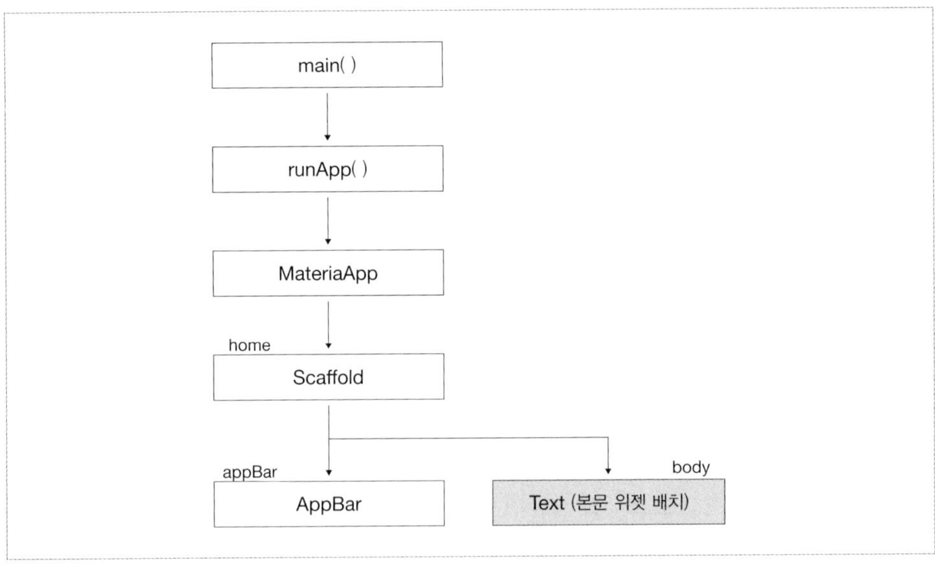

그림 2-26 머티리얼 앱 기본 구조

앞으로는 어떤 앱을 만들더라도 이 구조를 기억해야 합니다. 편의상 '머티리얼 앱 기본 구조'라고 부르겠습니다. home과 appBar 속성은 거의 변하지 않으며 body 부분을 나만의 위젯으로 교체하면 간단하게 앱 화면을 만들 수 있습니다.

새로 나오는 MaterialApp, Scaffold, AppBar, Text 위젯에 관한 자세한 내용은 4장에서 배웁니다. 여기서는 플러터로 화면을 만들기 위해서는 위의 위젯을 배치한다고 생각하면 됩니다.

그렇다면 도대체 위젯은 무엇일까요?

NOTE_ 안드로이드 스튜디오 주요 단축키

다음 단축키는 안드로이드 앱 개발에서 자주 사용하므로 익혀두면 편리합니다.

- [Ctrl] + [B] 메서드 안으로 들어가기
- [Shift] + [Shift] 검색하기
- [Ctrl] + [Ctrl] 실행하기
- [Shift] + [F10] 최근 실행한 것 재실행하기
- [Ctrl] + ← 뒤로 돌아가기(navigate back)
- [Ctrl] + → 앞으로 가기(navigate forward)
- [Ctrl] + [Alt] + [L] 코드 포맷 맞추기(formatting)

2.4 위젯 개념 잡기

지금까지 배운 `main.dart` 파일과 `simple_app.dart` 파일로 만든 앱을 기반으로 위젯의 개념과 생명주기를 알아봅니다(위젯의 활용은 4장에서 다룹니다).

위젯은 한마디로 화면에 표시되는 무엇이라고 생각하면 됩니다. 일반적으로 화면에 표시되는 것들을 UI 컴포넌트라고 부르기도 합니다. 예를 들어 안드로이드 앱에서는 화면에 표시되는 것을 View 클래스로 정의합니다. 화면에 텍스트를 보여주고 이미지를 표시하고 버튼을 클릭하는 등의 모든 표현과 사용자 상호작용은 View를 통해 일어납니다.

이와 마찬가지로 플러터에서는 모든 화면 표시와 사용자 상호작용은 위젯을 사용합니다. 화면에 위젯을 배치하고 위젯이 정보를 표시하고 사용자의 입력을 받거나 네트워크에서 받아온 결과를 출력합니다.

플러터의 위젯은 크게 Stateless 위젯과 Stateful 위젯으로 구별합니다. 이외에는 Inherited(상속한) 위젯과 일반 위젯(Widget 클래스) 등이 있으나 처음 배우는 사람은 두 가지로 충분합니다.

Stateless 위젯은 화면 표시용 위젯입니다. 위젯이 로딩되어 화면에 표시된 이후에는 사용자 이벤트나 동작이 있어도 내용을 변경할 수 없습니다. Stateless 위젯은 `StatelessWidget`

클래스입니다. 예를 들어 main.dart 파일의 MyApp 클래스는 StatelessWidget입니다.

simple_app.dart 파일을 확장해보겠습니다. 내가 만드는 첫 Stateless 위젯입니다.

예제 2-6 Stateless 위젯

hello_flutter/lib/stateless_widget_demo.dart

```
import 'package:flutter/material.dart';

void main() => runApp(MaterialApp(
  title: 'Stateless Widget Demo',
  home: Scaffold(
    appBar: AppBar(title: Text('Stateless 위젯 데모')),
    body: _FirstStatelessWidget(),  ❶
  ),
));

class _FirstStatelessWidget extends StatelessWidget {  ❷
  @override
  Widget build(BuildContext context) {  ❸
    return Text('이것은 stateless 위젯입니다');
  }
}
```

❶ Scaffold 위젯의 body 속성에 _FirstStatelessWidget 위젯을 생성했습니다.

❷ _FirstStatelessWidget 클래스는 StatelessWidget 클래스를 상속[5]했습니다.

❸ build() 메서드에서는 Text 위젯을 반환합니다. 이렇게 나만의 Stateless 위젯을 만들 수 있습니다.

요약하면 Stateless 위젯을 만들기 위해서는 먼저 StatelessWidget 클래스를 상속하고 build() 메서드에서 내가 원하는 위젯을 반환하면 됩니다.

---

5 상속은 객체지향 언어에서 부모 클래스를 지정하는 것이다. 부모 클래스의 속성과 메서드를 물려받는다(3장 참고).

NOTE_ @override란?

오버라이드는 객체지향 프로그래밍의 기본 용어입니다. 자바와 같은 객체지향 언어는 클래스라는 기본 자료 구조를 제공하며 상속을 통해 부모 클래스의 멤버와 메서드를 재사용할 수 있습니다. 만약 자식 클래스가 부모 클래스의 메서드의 내용을 변경하고자 하면 그것을 오버라이드한다고 합니다.

예를 들어 _FirstStatelessWidget 클래스는 StatelessWidget 클래스를 상속하며 부모 클래스에 있는 build() 메서드가 있기 때문에 자식 클래스가 다시 정의하기 위해서는 @override로 명시해야 합니다.

안드로이드 스튜디오에서는 [Ctrl] + [O]를 누르면 부모 클래스에서 오버라이드할 수 있는 목록이 나옵니다.

다음은 Stateful 위젯입니다. 앞서 main.dart 파일의 _MyHomePage 클래스가 Stateful 위젯이었습니다. Stateful 위젯에는 Stateless 위젯과 다르게 build() 메서드가 없습니다. 다음은 Stateless 위젯을 Stateful 위젯으로 변환한 예제입니다.

예제 2-7 Stateless 위젯을 Stateful 위젯으로 변환

hello_flutter/lib/stateless_to_stateful_widget_demo.dart

```
import 'package:flutter/material.dart';

void main() => runApp(MaterialApp(
  title: 'Stateless -> Stateful 위젯 데모',
  home: Scaffold(
    appBar: AppBar(title: Text('Stateless -> Satefule 위젯 데모')),
    body: _FirstStatefulWidget(),   ❶
  ),
));

class _FirstStatefulWidget extends StatefulWidget {  ❷
  @override
  State createState() => _FirstStatefulWidgetState();
}

class _FirstStatefulWidgetState extends State<_FirstStatefulWidget> {  ❸
  @override
  Widget build(BuildContext context) {
    return Text('이것은 stateful 위젯입니다');
  }
}
```

❶ 내가 만든 Stateful 위젯을 body 속성에 배치합니다.

❷ Stateful 위젯은 상태(State)를 가집니다. 따라서 새로 만든 _FirstStatefulWidget 클래스는 build() 메서드 대신에 상태를 생성하는 createState() 메서드를 구현합니다. 이 메서드는 _FirstStateWidgetState 객체를 반환합니다.

❸ _FirstStatefulWidgetState 클래스는 State<_FirstStatefulWidget> 클래스를 상속했고 내용처럼 _FirstStatefulWidget 클래스의 상태를 담당합니다. 이제서야 화면에 위젯을 표시하는 build() 메서드를 구현하게 됩니다.

Stateful 위젯은 왜 위젯과 상태를 의미하는 2개의 클래스로 분할했을까요? 앞서 설명했듯이 Stateless 위젯은 처음 내용을 화면에 표시할 뿐 내용을 변경할 수 없습니다. 즉, 항상 같은 화면을 가질 수밖에 없습니다. 하지만 Stateful 위젯은 버튼을 누르거나 터치했을 때 화면에 변경된 내용을 표시할 수 있습니다. 플러터는 최대한 고정부와 변동부를 구별하도록 설계되어 있습니다. 이때 고정부는 `_FirstStatefulWidget` 클래스이고 변동부가 `_FirstStatefulWidgetState` 클래스입니다.

NOTE_ 플러터를 명령창에서 실행하는 방법 – flutter run 명령

이 책에서는 안드로이드 스튜디오를 기반으로 설명하고 있지만 실무에서는 명령 창에서 실행하는 경우도 많습니다. 직접해보면 IDE에서 실행하는 것보다 가볍기 때문에 이 방법도 함께 알고 있는 것이 좋습니다.

예를 들어 stateless_to_stateful_widget_demo.dart 파일을 실행하는 방법은 hello_flutter 프로젝트가 있는 폴더로 이동하여 다음 명령을 실행합니다.

```
flutter run lib/stateless_to_stateful_widget_demo.dart
```

실행 결과는 안드로이드 스튜디오와 동일합니다.

위의 내용을 실행하면 화면 갱신에 대한 부분이 없기 때문에 외관상으로 Stateless 위젯의 실행 결과와 같습니다. 실행 화면은 다음과 같습니다.

그림 2-27 stateless_to_stateful_widget_demo.dart 파일 실행 결과

2.5 Stateful 위젯의 생명주기

이제 Stateful 위젯을 활용하여 어떻게 화면 갱신을 하는지 알아보겠습니다. 화면 갱신은 내부적으로 상태 변화와 생명주기를 활용합니다. Stateful 위젯의 생명주기는 State 클래스에 포함되어 있습니다. 새롭게 stateful_widget_demo.dart 파일을 만들고 기존 stateless_to_stateful_widget_demo.dart 파일을 그대로 복사합니다. AppBar의 내용과 클래스 이름은 적당히 변경했습니다. _FirstStatefulWidget 클래스는 _MyStatefulWidget으로, _FirstStatefulWidgetState 클래스의 이름은 _MyStatefulWidgetState로 변경했습니다.

예제 2-8 Stateful 위젯 생명주기 추가 전
hello_flutter/lib/stateful_widget_lifecycle_demo.dart

```
import 'package:flutter/material.dart';

void main() => runApp(MaterialApp(
  title: 'Stateful 위젯 데모',
  home: Scaffold(
    appBar: AppBar(title: Text('Stateful 위젯 데모')),
    body: _MyStatefulWidget(),
  ),
));

class _MyStatefulWidget extends StatefulWidget {
  @override
  State createState() => _MyStatefulWidgetState();
}

class _MyStatefulWidgetState extends State<_MyStatefulWidget> {
  @override
  Widget build(BuildContext context) {
    return Text('이것은 stateful 위젯입니다');
  }
  //여기서부터 생명주기 추가 시작(다음 줄에서 [Ctrl] + [O]를 눌러보세요.)
}
```

위의 주석 부분에서 [Ctrl] + [O]를 눌러서 State 클래스에 추가할 수 있는 생명주기 메서드 목록을 확인합니다.

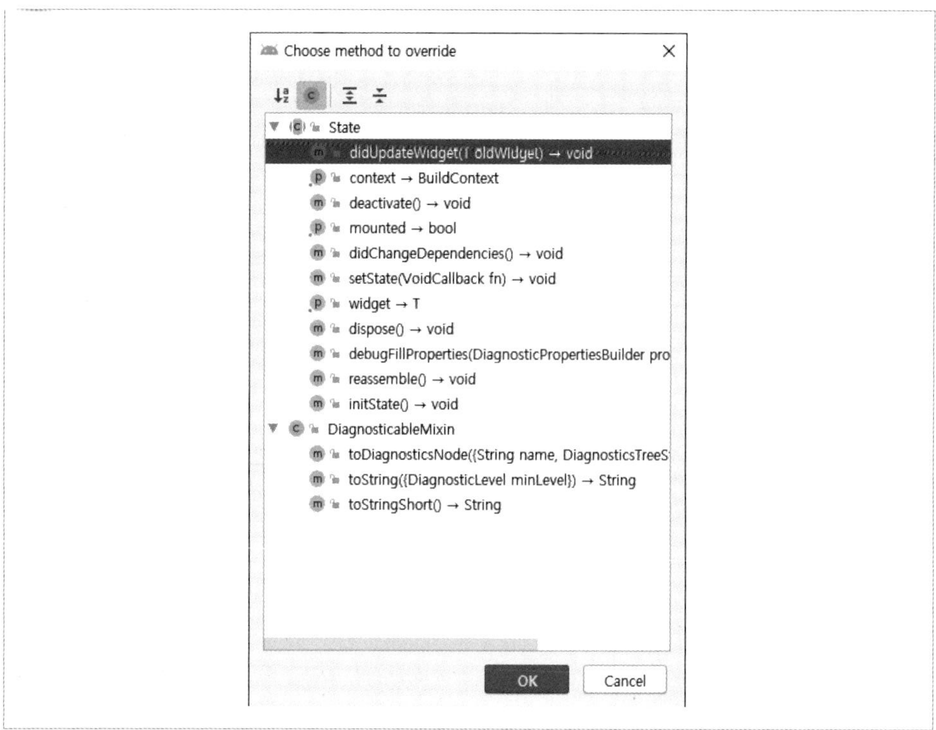

그림 2-28 State 클래스의 생명주기 메서드 목록

NOTE_ 생명주기란?

처음 안드로이드 프로그래밍을 배우면 화면을 의미하는 Activity 클래스를 배우고 onCreate(), onDestroy()와 같은 생명주기 메서드를 학습하게 됩니다. Activity 클래스의 생명주기는 아래과 같으며 각 이벤트는 순차적으로 혹은 화살표를 따라서 호출됩니다. 안드로이드 네이티브에 비해 플러터는 Stateless 위젯은 생명주기가 없으며(오직 화면에 표시만 함) Stateful 위젯만 State 클래스를 통해 생명주기를 지원합니다.

Activity 클래스의 생명주기는 [그림 2-29]와 같습니다. 플러터로 프로그래밍을 하더라도 안드로이드 기본 사항은 알아두면 좋으니 그림을 잘 살펴봅시다. 메서드 이름에서 이벤트 내용을 포함하므로 자세한 설명은 생략합니다.

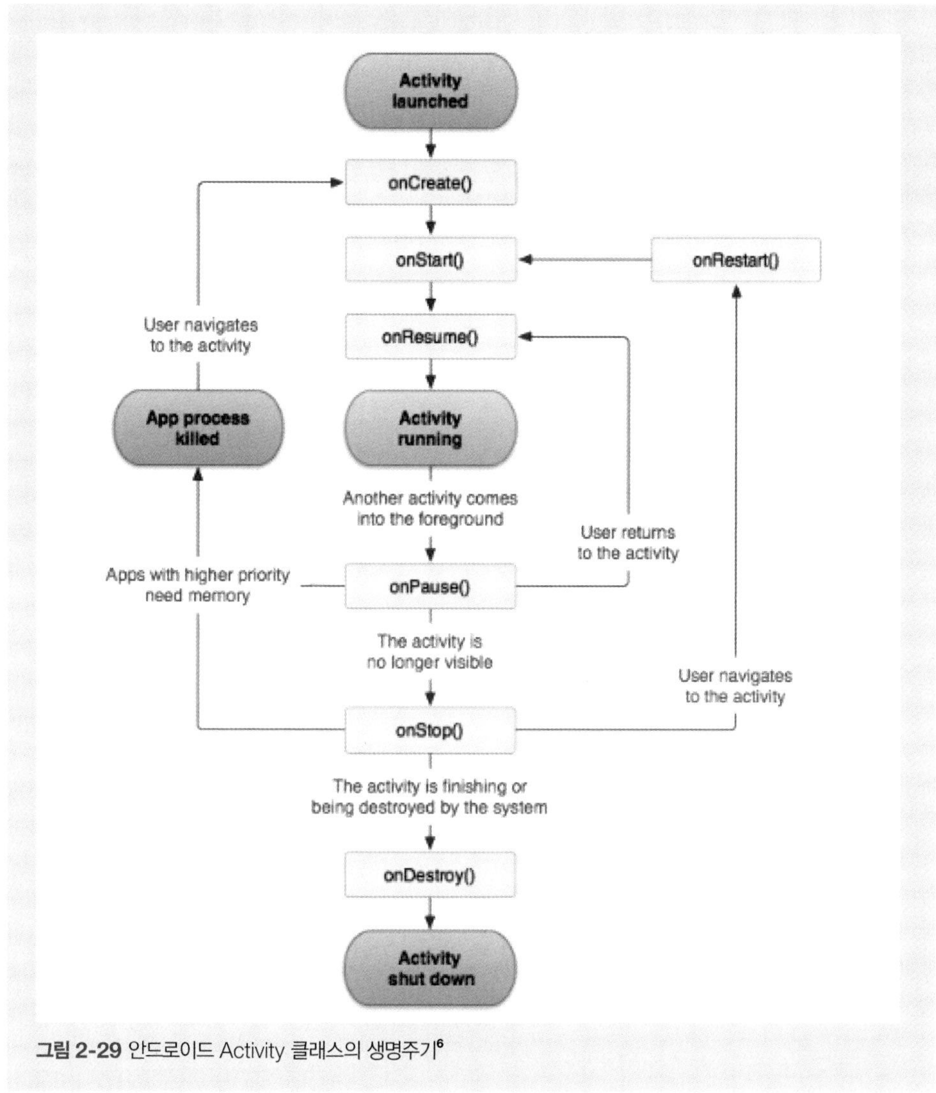

그림 2-29 안드로이드 Activity 클래스의 생명주기[6]

[그림 2-30]에서 아래와 같이 생명주기에 해당하는 메서드를 선택합니다. [OK] 버튼을 누르면 소스코드에 추가됩니다.

6 https://developer.android.com/guide/components/activities/activity-lifecycle

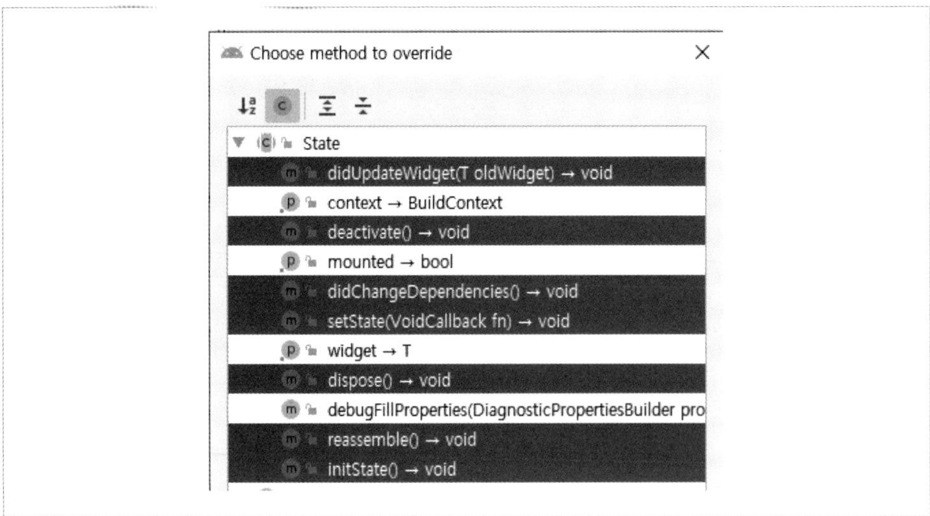

그림 2-30 State 클래스의 생명주기 메서드를 모두 선택

State 클래스의 생명주기 순서는 다음과 같습니다. 우리에게 의미가 있는 것은 볼드체로 표시했습니다. 나머지는 필요할 때만 사용하면 됩니다.

표 2-1 Stateful 위젯의 생명주기 메서드

순서	메서드	비고
1	StatefulWidget.createState()	상태를 생성. 이 메서드를 제외하고 나머지는 모두 State 클래스에 있음
2	mounted 변수가 true가 됨	화면에 위젯이 부착된 상태
3	**initState()**	상태를 초기화할 수 있음. 단 한번만 호출. 유용하므로 반드시 알아두어야 함
4	didChangeDependencies()	상태 객체의 의존성이 변경되면 호출
5	**build()**	(필수) 위젯을 화면에 표시하는 메서드. 화면에 표시할 위젯을 반환해야 함
6	didUpdateWidget()	위젯의 설정이 변경될 때 호출됨
7	**setState()**	위젯의 상태를 갱신. 이 메서드를 실행하면 위젯을 처음부터 다시 만들지만 initState() 메서드는 호출되지 않음
8	deactivate()	상태 객체가 위젯 트리[7](widget tree)에서 제거됨. 경우에 따라 다시 위젯 트리에 추가될 수도 있음

7 위젯 트리는 플러터의 내부. 외부적으로는 위젯으로 구성되어 있지만 플러터 내부는 위젯, 상태와 엘리먼트(Element)가 혼재되어 있다.

9	dispose()	상태 객체가 위젯 트리에서 완전히 제거됨. 이 메서드가 호출되면 상태 객체는 더 이상 재사용할 수 없음
10	mounted가 false로 설정됨	최종적으로 위젯이 화면에서 탈착됨

추가된 메서드를 생명주기 순서에 맞게 정렬한 코드는 다음과 같습니다.

예제 2-9 Stateful 위젯의 생명주기 순서대로 뼈대만 있는 상태

hello_flutter/lib/stateful_widget_lifecycle_demo.dart

```
class _MyStatefulWidgetState extends State<_MyStatefulWidget> {
  @override
  void initState() { ❶

  }

  @override
  void didChangeDependencies() {

  }

  @override
  Widget build(BuildContext context) { ❷
    return Text('이것은 stateful 위젯입니다');
  }

  @override
  void didUpdateWidget(_MyStatefulWidget oldWidget) {

  }

  @override
  void setState(VoidCallback fn) { ❸

  }

  @override
  void deactivate() {

  }

  @override
```

```
  void dispose() {

  }
```

❶ Stateful 위젯이 생성될 때 한 번만 호출됩니다. 보통 필요한 변수를 초기화할 때 사용합니다.

❷ 위젯의 내용을 반환합니다. setState() 함수가 호출되면 build() 메서드가 언제든지 재실행될 수 있습니다. 따라서 계산이 오래 걸리는 동작은 이 안에 포함되어 있으면 안 됩니다.

❸ 화면을 갱신할 때 호출합니다. 인자로 넘기는 fn 함수에 변경하기 원하는 내용을 넣습니다.

이제 생명주기를 확인할 수 있는 간단한 UI를 추가합니다. RaisedButton 위젯 하나를 추가하고 그것을 누르면 ON/OFF가 토글됩니다. 또한 생명주기 메서드가 실행되면 간단히 로그[8]를 출력하는 코드를 추가했습니다. 예제 코드는 다음과 같습니다.

예제 2-10 Stateful 위젯 생명주기 최종

hello_flutter/lib/stateful_widget_lifecycle_demo.dart

```
import 'package:flutter/material.dart';

void main() => runApp(MaterialApp(
      title: 'Stateful 위젯 데모',
      home: Scaffold(
        appBar: AppBar(title: Text('Stateful 위젯 데모')),
        body: _MyStatefulWidget(),
      ),
    ));

class _MyStatefulWidget extends StatefulWidget {
  @override
  State createState() => _MyStatefulWidgetState();
}

class _MyStatefulWidgetState extends State<_MyStatefulWidget> {
  String _buttonState;

  @override
  void initState() {  ❶
    super.initState();
    print('initState(): 기본값을 설정합니다.');
```

8 로그는 개발할 때 동작 실행에 관한 내용을 확인하기 위해 남겨둔다. 이 책에서는 print() 문을 호출하고 필요한 경우 로그 전용 라이브러리를 활용한다.

```
  _buttonState = 'OFF';
}

@override
void didChangeDependencies() {
  print('didChangeDependencies() 호출됨');
}

@override
Widget build(BuildContext context) {  ❷
  print('build() 호출됨');
  return Column(
    children: <Widget>[
      RaisedButton(
        child: Text('버튼을 누르세요'),
        onPressed: _onClick,
      ),
      Row(
        children: <Widget>[
          Text('버튼 상태: '),
          Text(_buttonState),  ❹
        ],
      )
    ],
  );
}

void _onClick() {  ❸
  print('_onClick() 호출됨');
  setState(() {
    print('setState() 호출됨');
    if (_buttonState == 'OFF') {
      _buttonState = 'ON';
    } else {
      _buttonState = 'OFF';
    }
  });
}

@override
void didUpdateWidget(_MyStatefulWidget oldWidget) {
  print('didUpdateWidget()');
}
```

```
  @override
  void deactivate() {
    print('deactivate()');
  }

  @override
  void dispose() {
    print('dispose()');
  }
}
```

_MyStatefulWidgetState 클래스에 대해 알아봅니다.

❶ initState() 메서드에서는 _buttonState 변수에 'OFF' 값을 할당합니다. 로그에 출력한 대로 변수의 초깃값을 넣었습니다. 이후에 didChangeDepedencies()와 build() 메서드가 차례로 호출되고 화면의 내용이 표시됩니다.

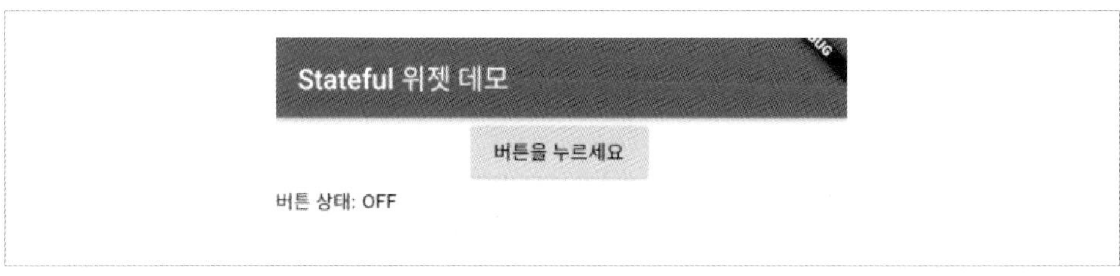

그림 2-31 stateful_widget_lifecycle_demo.dart 파일 실행 첫 화면

❷ 버튼을 누르면 _onClick() 메서드가 호출됩니다.

❸ _onClick() 메서드에서는 setState() 메서드가 호출됩니다. 앞서 생명주기 뼈대만 있는 코드에서는 setState()가 별도의 메서드로 되어 있었는데 실제 사용할 때는 이렇게 화면을 갱신할 필요가 있을 때 아래의 코드를 실행하면 됩니다.

```
setState(() {
if (_buttonState == 'OFF') {
        _buttonState = 'ON';
      } else {
        _buttonState = 'OFF';
      }
    });
```

여기에서는 _buttonState 변수가 'OFF'이면 'ON'으로 바꾸고 'ON'이면 'OFF'로 변경합니다.

❹ 플러터에서 흥미로운 점은 위젯을 고치지 않고 내부 변수인 _buttonState만 변경했는데 화면이 자동으로 갱신된다는 점입니다. 이러한 방식을 선언적declarative 프로그래밍이라고 합니다. 개발자는 UI가 아닌 핵심 로직에만 집중할 수 있습니다.

그림 2-32 _buttonState 변수가 'ON'으로 변경된 상태

안드로이드 스튜디오의 콘솔 창에는 다음과 같은 내용이 출력됩니다.

```
stateful_widget_lifecycle_demo.dart 파일의 실행 로그
I/flutter (23992): initState(): 기본값을 설정합니다.
I/flutter (23992): didChangeDependencies() 호출됨
I/flutter (23992): build() 호출됨
I/flutter (23992): _onClick() 호출됨
I/flutter (23992): setState() 호출됨
I/flutter (23992): build() 호출됨
I/flutter (23992): _onClick() 호출됨
I/flutter (23992): setState() 호출됨
I/flutter (23992): build() 호출됨
```

2.6 마치며

이번 장에서는 플러터 앱을 만들었습니다. 플러터 프로젝트를 생성하고 기본 코드로 제공되는 카운터 앱에 대해 살펴봤습니다. 플러터는 단 몇 줄로 간단한 앱을 만들 수 있을 정도로 금방 배울 수 있습니다.

플러터에서 모든 것은 위젯으로 되어 있습니다. Stateless 위젯과 Stateful 위젯의 개념에 대해 알아보고 Stateful 위젯의 생명주기를 확인했습니다. 다음 장에서는 다트 언어를 다룹니다.

CHAPTER 3

다트 언어 소개

이 장의 내용

- 다트 언어의 역사
- Hello Dart 프로그램
- 주석, 변수와 데이터 타입
- 연산자
- 조건문과 제어문
- final, const와 static
- 함수
- 객체와 클래스
- 기본 자료구조
- 표준 라이브러리 활용

다트 언어는 흥미롭습니다. 간단하게 요약하면 조금은 현대적으로 개선된 자바라고 생각하면 됩니다. 이번 장에서는 모바일 앱을 개발하는 것은 아니지만 동일하게 IDE는 안드로이드 스튜디오에서 작업합니다. 그래서 다트에 익숙해진 다음 안드로이드 앱 개발에 들어가도록 하겠습니다. 안드로이드나 iOS 환경을 고려하지 않고 단독 실행stand alone 환경에서 실습합니다.

3.1 다트의 역사

다트는 2011년에 만들어졌으며 창시자는 라스 박Lars Bak과 카스퍼 룬드Kasper Lund입니다. 원래 다트는 웹에서 사용하기 위해 반들어졌습니다. 초창기 다트의 설계 철학[1]은 다음과 같습니다.

- 웹 프로그래밍을 위한 구조적이며 유연한 언어를 제공한다.
- 쉽게 배울 수 있고 친숙하며 자연스러운 언어를 지향한다.
- 소형 기기에서 웹 브라우저와 서버에 이르기까지 고성능을 추구한다.

하지만 원래의 웹 분야에서는 그리 두각을 나타내지 못하고 '2018년 가장 배우기 나쁜 언어 1위'[2]에 오르기도 합니다. 여기까지는 다트 1.0 시절 이야기입니다. 다트 2.0이 나오면서 많은 부분이 달라졌습니다.[3]

- 생산성 : 문법이 깔끔하고 간결하다. 플러터에서는 핫 리로드를 제공하여 개발 주기가 빨라졌다.
- 속도 : 런타임 성능과 시작 시간이 빨라졌다.
- 이식성 : 안드로이드, iOS, 웹에 이식 가능하다.
- 리액티브 : 언어 수준에서 리액티브 프로그래밍을 지원한다.

한편 다트 2.0으로 들어오면서 클라이언트 언어로 다음 사항을 지원합니다.

- 사운드 타입 시스템[4]
- XML 없이 UI로 코드 구성

자바 언어는 원칙적으로 정적 타입 언어입니다. 코드에서 변수의 타입이 한번 결정되면 그 변수는 다른 타입으로 전환될 수 없습니다. 반면 파이썬과 자바스크립트는 동적 타입 언어입니다. 변수를 선언할 때 타입을 지정하지 않아도 되며 변수 타입은 실행 중 언제든지 변경될 수 있습니다.

일반적으로 정적 타입 언어는 코딩하기에는 불편하지만 타입 오류를 컴파일에서 잡아낼 수 있는 장점이 있고, 동적 타입 언어는 빠르게 개발하고 코드가 깔끔한 장점이 있습니다. 다트 2.0은 정적 타입을 기반으로 var와 dynamic 같은 동적 타입 기능을 제공하고 있으며 이러한 특징을 사운드 타입 시스템이라고 부르고 있습니다.

플러터는 UI를 만들 때 별도의 마크업 언어를 사용하지 않습니다. 기존 안드로이드 개발은 `main.xml`과 `styles.xml` 등 XML 문서를 활용하여 UI를 구성했으나 다트로는 바로 코드로 UI

1 http://googlecode.blogspot.com/2011/10/dart-language-for-structured-web.html

2 https://www.codementor.io/blog/worst-languages-to-learn-3phycr98zk

3 https://medium.com/dartlang/announcing-dart-2-80ba01f43b6

4 https://dart.dev/guides/language/sound-dart

를 구성합니다.

NOTE_ 안드로이드 네이티브 앱도 XML 없이 자바로만 구현할 수 있나?

물론 가능합니다. 하지만 실무에서 그렇게 하는 개발자는 없습니다. 자바로 코드와 UI가 섞여 있으면 코드 가독성이 떨어지기 때문입니다.

다트로 UI를 구성하면 UI와 코드가 서로 얽히지 않고 비교적 깔끔하게 정리할 수 있습니다. 자세한 내용은 4장에서 다룹니다.

3.2 Hello Dart 프로그램

앞서 `hello_flutter` 프로젝트를 만들었던 것처럼 첫 번째 다트 프로그램을 만들어보겠습니다. 이름은 `hello_dart.dart` 파일입니다. 이 파일도 역시 `lib` 폴더에 위치합니다. 새로운 파일을 생성합니다. `lib` 폴더에서 우클릭으로 New 〉 Dart File을 선택합니다.

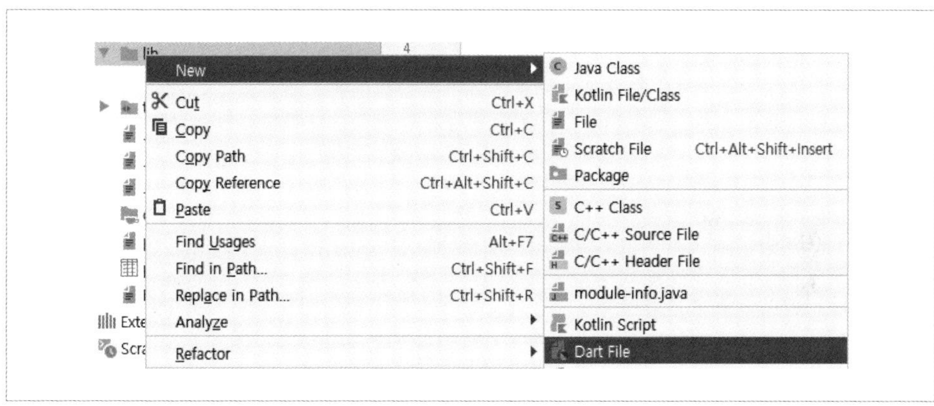

그림 3-1 새로운 dart 파일 생성

그 다음 파일명을 입력합니다.

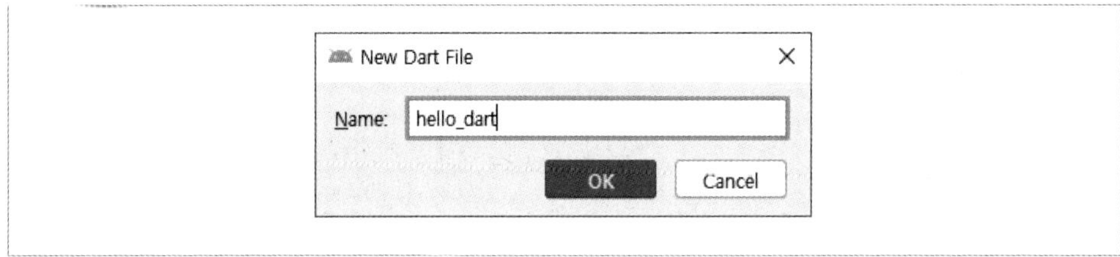

그림 3-2 hello_dart.dart 파일 생성

다트 프로그램은 main( ) 함수에서 시작합니다. 다음과 같이 내용을 입력합니다(예제 3-1).

예제 3-1 헬로 다트

dart_lang/lib/hello_dart.dart

```
void main() {
  print("Hello Dart");
}
```

그 다음 lib 폴더에 있는 hello_dart.dart 파일을 선택하여 Run 'hello_dart.dart' 명령을 선택합니다. 플러터 프로젝트와는 다르게 단독 실행이 가능하므로 대상 기기는 없어도 됩니다.

Run 'hello_dart.dart' Ctrl+Shift+F10
Debug 'hello_dart.dart'
Run 'hello_dart.dart' with Coverage

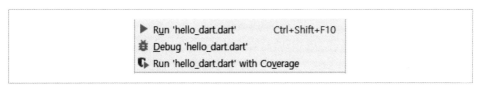

그림 3-3 hello_dart.dart 파일 실행 툴바

실행 결과는 Run 창에 표시됩니다.

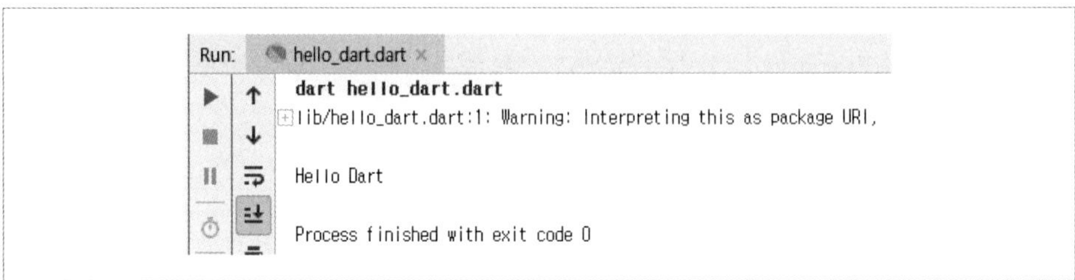

그림 3-4 hello_dart.dart 파일 실행 결과

안드로이드 스튜디오가 단독 실행도 편리한 환경을 제공하기 때문에 플러터 앱을 작성하는 경우에도 간단한 로직은 대상 기기에 올리지 않고 바로 확인할 수 있습니다.

NOTE_ 다트의 들여쓰기는 2칸

C와 자바 같은 대부분의 언어에서 들여쓰기는 4칸 공백입니다. 하지만 다트는 기본 2칸입니다. 저도 처음에는 너무 좁아서 적응이 안 되었지만 자주 쓰다 보니 차차 익숙해지고 그에 맞게 코드 가독성도 좋아지는 것 같습니다. 2칸으로 줄어든 이유는 플러터에서 UI 코드를 작성하는 데 유리하기 때문입니다. 4장에서 UI 코드에 대해 다루는데 UI를 만들다보면 코드 들여쓰기가 깊어집니다. 이때 2칸 들여쓰기가 더 유리합니다.

다음은 다트의 구성요소를 알아보겠습니다.

3.3 주석, 변수, 데이터 타입

플러터 앱을 만드는 데 필요한 다트의 기본 요소에 대해 간략히 알아보겠습니다. 가장 먼저 필요한 것은 주석입니다. dart_lang 프로젝트를 열어 다음 소스코드를 참고합니다.

예제 3-2 다트 언어 기본

dart_lang/lib/lang_basic_01.dart

```
void main() {
  //1. 주석 <- 한줄 주석은 슬래시  ❶
  /**
   * 여러 줄의 주석
   */
  ///
  /// 여러 줄의 주석 (다른 방법)
  ///

  //2. 변수 ❷
  int num1 = 100;
  double num2 = 3.14;
  num num3 = 100;      //num은 정수도 담을 수 있고
  num num4 = 3.14; //실수를 담을 수도 있다.

  double sum1 = num1 + num2;
  //int sum2 = num1 + num2;
```

```
    print(sum1);

    num sum3 = num3 * num4;
    print(sum3);

    //3. 문자열 ❸
    String text = 'Carpe diem, quam minimum credula postero';
    String myName = 'yudong';
    String hello = 'Hello, ${myName}';
    print(text.substring(0, 10));
    print(hello);
}
```

❶ 주석입니다. 주석은 소스코드에 필요한 내용을 간략하게 적어두는 것입니다. 예를 들어 lang_basic_01.dart 파일에는 세 가지의 다른 내용이 담겨 있습니다. 첫째는 한 줄과 여러 줄의 주석을, 두 번째는 변수 선언을 마지막으로는 문자열에 대한 내용입니다.

❷ 변수입니다. 변수는 프로그램의 값을 담은 것으로 초깃값을 할당하고 다른 변수와 연산하여 값이 변경됩니다. 각 변수는 특정 타입을 갖고 있는데 이를 데이터 타입이라고 부릅니다. 다트 언어에서 제공하는 기본 데이터 타입은 다음과 같습니다.

표 3-1 다트의 내장 데이터 타입

구분	데이터 타입	비고
수치형	int	$-2^{63} \sim 2^{63-1}$
		$-2^{53} \sim 2^{53-1}$ (자바스크립트로 컴파일되는 경우)
	double	IEEE 754 표준을 따름
	num	int와 double의 상위 타입
부울형	bool	true/false
문자형	String	
동적 타입[5]	var	변수 할당 시 타입이 지정됨
	dynamic	타입을 특정하지 않음
리스트	List	다트에 배열은 없음
집합	Set	
맵	Map	

number1 변수는 수치형으로 정확히는 int 타입이라고 합니다. 100이라는 숫자를 담고 있습니다. number2 변수는 double 형으로 3.14를 할당했습니다. 같은 방법으로 number3과 number4 변수에는

5 var와 dynamic 타입 모두 타입을 지정하지 않지만 세부적이 내용은 다르다. var은 이번 장에서 다루고 dynamic 타입은 JSON을 다루는 6장에서 다룬다.

정수형과 실수형 데이터를 모두 담을 수 있습니다.

sum1 변수와 sum3 변수는 각각 더하기와 곱하기의 결과를 출력하고 있습니다. sum2 변수는 num1와 num2 변수를 더하고 있지만 정수형 변수와 실수형 변수를 더하면 더 큰 타입인 실수형 변수에 담아야 하기 때문에 컴파일 오류가 발생합니다. 따라서 주석으로 처리했습니다.

❸ 마지막으로 문자열 변수입니다. 다트 언어에서는 홑따옴표(')와 쌍따옴표(")를 모두 사용할 수 있습니다. text 변수에는 번역하면 "오늘을 잡아라. 그리고 내일이란 말을 최소한으로 믿어라"[6]라는 뜻의 원문을 넣었습니다. text 변수는 너무 길기 때문에 substring()이라는 함수를 호출하여 "오늘을 잡아라(Carpe diem)"를 줄였습니다. myName 변수에는 필자의 필명을, hello 변수는 myName 변수를 문자열에 포함하는 문자열을 선언했습니다.

NOTE_ 문자열은 홑따옴표를 사용하세요

초창기 다트 버전에서는 순수 문자열은 홑따옴표를 쓰고 문자열에 변수를 삽입하면 쌍따옴표를 사용해야 했습니다. 하지만 이제는 그러한 구별이 사라졌습니다. 다트 스타일 가이드[7]에도 홑 따옴표를 권장하고 있습니다.

위의 예제를 실행한 결과는 다음과 같습니다.

```
103.14
314.0
Carpe diem
Hello, yudong
```

데이터 타입에 대해서는 새로운 예제를 통해 더 알아보겠습니다. 위의 내용과 연장선에서 보면 됩니다.

예제 3-3 데이터 타입

dart_lang/lib/data_type_example.dart

```
void main() {
  //1. 문자열 ❶
  String str1 = 'flutter';
  String str2 = 'google';
  String plus = str1 + ' ' + str2;
  int len = plus.length;
```

6 로마의 시인 Horatium이 그의 시에 적은 문구.

7 https://dart.dev/guides/language/effective-dart/usage#strings

```
    print(plus + ' => length : $len');

    //2. 부울형 ❷
    bool a = true;
    bool b = false;
    bool chk = a && b;
    print('chk is $chk');

    //3. 동적 타입(var) ❸
    var strLen = len;  //숫자형
    var text = str1;   //문자열
    var check = chk;   //부울형
    var variable = text; //var형
    print('$strLen , $text , $check , $variable');

    //컴파일 오류 (보너스) ❹
    //  variable = chk;
    //  print('$variable');
}
```

❶ 문자열 타입은 substring()과 같은 함수도 지원하지만 + 연산자도 사용할 수 있습니다. 예를 들어 문자열인 str1 변수와 str2 변수를 더하면 두 문자열을 붙인 결과가 나옵니다. 또한 length와 isEmpty와 같은 속성(property)도 제공합니다.

❷ 부울형은 다음 절에서 배울 논리 연산자와 결합해서 사용하는 경우가 많습니다. 예를 들어 a 변수는 true이고 b 변수는 false일 때 chk 변수는 a AND B의 결과를 저장합니다. 다트에서 && 연산자는 AND입니다. 나머지 논리 연산자는 다음 절에서 다룹니다.

❸ 마지막으로 동적 타입입니다. 다트에서 제공하는 동적 타입에는 var와 dynamic이 있는데 여기에서는 var만 다룹니다. var는 편리합니다. 변수의 우변에 해당하는 변수나 데이터의 타입을 신경 쓰지 않아도 알아서 다트 컴파일러에서 추론합니다.

strLen 변수는 숫자형을 text 변수는 str1 문자열을 check 변수는 부울형은 chk 변수의 값을 그대로 할당할 수 있습니다. 심지어는 앞서 선언한 var 타입의 text 변수도 다른 변수에 할당할 수 있습니다. var는 진정한 의미에서 동적 타입은 아닙니다. 할당을 통해 타입이 결정되면 그 이후에는 타입을 변경할 수 없습니다. 일단 이 정도만 생각하면 됩니다. 비슷한 동적 타입인 dynamic은 타입이 결정되지 않고 계속 변경될 수 있습니다. 개인적으로는 처음 배울 때는 var 타입을 사용하지 말고 이 변수의 타입은 무엇일지 지속적으로 고민하면 좋습니다. 그래야 프로그래밍 실력이 늡니다.

❹ 마지막은 보너스입니다. 만약 이미 할당된 var 타입의 변수에 다른 타입의 값을 할당하면 어떻게 될까요? variable 변수는 앞서 text 변수를 할당했으므로 str1 타입과 동일하게 내부적으로 String 타입으로 인식됐습니다. 그런데 이후에 chk라는 부울형의 변수를 할당하게 되면 컴파일 오류가 발생합니다. 다소 어려운 내용이므로 이해하기 어렵다면 그냥 넘어가도 좋습니다. 이것이 var와 dynamic 타입의 차이점입니다. 이때 발생하는 오류 메시지는 다음과 같습니다.

```
lib/data_type_example.dart:24:14: Error: A value of type 'bool' can't be assigned
to a variable of type 'String'.
  variable = chk;
```

위 예제를 실행 결과는 다음과 같습니다.

```
flutter google => length : 14
chk is false
14 , flutter , false , flutter
```

3.4 연산자

다트는 C와 자바에서 제공하는 기본적인 연산자를 거의 그대로 사용할 수 있습니다. 기본적인 연산자의 종류는 다음과 같습니다.[8] 다트 전용 연산자는 별도 표기했으며 앱을 만들 때 잘 사용하지 않는 비트 연산자와 시프트 연산자는 생략했습니다.

표 3-2 기본 연산자

구분	연산자	비고
할당 연산자	=, +=, -=, *=, /=, %=	
	??=	대상이 null인 경우에만 우변의 값을 할당함
산술 연산자	+, -, *, /, %, ++, --	
	~/	몫을 구함(다트 전용)
관계 연산자	<, >, <=, >=, ==, !=	
논리 연산자	&&, ||,	
삼항 연산자[9]	?	

8 연산자 구분은 다트 공식 문서 참고. https://dart.dev/guides/language/language-tour

9 공식 문서는 조건 표현식으로 구별했으나 삼항 연산자도 현업에서 널리 사용한다.

기본 연산자를 활용하는 예제는 다음과 같습니다.

예제 3-4 기본 연산자

dart_lang/lib/operator_basic.dart

```
void main() {
  //1. 할당, 산술 연산자 ❶
  int num = 99;
  num += 1;
  print('num = $num');

  //2. 관계 연산자 ❷
  const double PIE = 3.14;
  if (PIE >= 3) {
    print('PIE는 3 이상이다');
  }

  //3. 논리 연산자 ❸
  const String PASSWORD = '1234';
  String _input = '12345';
  if (_input == PASSWORD) {
    print('로그인 성공');
  } else {
    print('비밀 번호를 다시 입력하세요');
  }

  //4. 삼항 연산자 ❹
  String _nextInput = '1234';
  String _loginResult = PASSWORD == _nextInput ? '로그인 성공': '비밀번호를 다시 
입력하세요';
  print(_loginResult);
}
```

❶ num 변수에는 99를 할당하고 1을 더한 후 결괏값을 같은 변수에 할당했습니다. 결과는 100이 표시됩니다.

❷ 관계 연산자는 PIE라는 상수(const는 3.6절에서 설명)에 대해서 3보다 큰지 여부를 검사합니다.

❸ 논리 연산자는 주어진 PASSWORD 상수에 대해 입력값인 _input와 맞는지 확인합니다. 문자열을 비교할 때는 숫자의 비교와 마찬가지로 등호(==)를 사용합니다.[10]

❹ 같은 내용을 삼항 연산자로 다시 구현했습니다.

10 자바의 경우 문자열의 내용을 비교할 때 등호(==)는 사용하지 못하고 equals() 메서드를 호출해야 한다. 다트 언어가 더 직관적이다.

예제의 실행 결과는 다음과 같습니다.

```
num = 100
PIE는 3 이상이다
비밀 번호를 다시 입력하세요
로그인 성공
```

그외 다트 언어에서 유용하게 쓸 수 있는 응용 연산자[11] 목록은 다음과 같습니다.

표 3-3 응용 연산자

구분	연산자	비고
타입 테스트 연산자	as	타입을 강제로 형변환
	is	객체가 특정 타입이면 true
	Is!	객체가 특정 타입이면 false
if null 연산자	표현식1 ?? 표현식2	표현식1이 null이 아니면 표현식1의 값.
		만약 null이면 표현식2의 값을 반환함
캐스케이드(cascade) 연산자	..	
조건적 멤버 접근 연산자	?.	객체가 null이 아닐 때만 멤버의 값을 반환.
		만약 null이면 null을 반환[10]

응용 연산자를 활용하는 예제는 다음과 같습니다.

예제 3-5 응용 연산자
dart_lang/lib/operator_ext.dart

```
import 'atm_v1.dart'; //Account 클래스 임포트 ❶

void main() {
  //1. 타입 테스트 연산자 ❷
  var account = Account('111-222-33-01', 50000);
  if (account is Account) {
    String name = account.accountNumber;
    int amount = (account as Account).balance; //불필요한 캐스팅
    print('account name is $name , amount is $amount');
  }

  //2. if null 연산자 ❸
```

11 기본 연산자, 응용 연산자의 구분은 공식적인 내용은 아님.

```
  String loginAccount = null;
  String playerName = loginAccount ?? 'Guest';
  print('Login Player is $playerName');

  //3. 캐스케이드 연산자 ❹
  Account account2 = Account('222-333-33-01', 60000)
    ..deposit(5000)
    ..transfer(account, 10000)
    ..withdraw(5000);
  print('account 2 balance is ${account2.balance}');

  //4. 조건적 멤버 접근 연산자 ❺
  Account account3 = Account(null, 6000);
  print('account 3 is ${account3?.accountNumber}');
}
```

❶ atm_v1.dart 파일에 있는 Account 클래스를 사용하기 위해 해당 파일을 임포트합니다. 실제 플러터로 코딩할 때는 다수의 파일에 필요한 내용이 분리되어 있기 때문에 필요한 파일을 임포트해야 합니다.

❷ 타입 테스트 연산자인 is입니다. 앞서 account 변수를 var 타입으로 선언했기 때문에 어떠한 객체도 올 수 있습니다. 따라서 account 변수가 Account 타입인지 확인하기 위해 is 연산자를 사용했습니다. if문 안에서는 account 변수의 balance 속성을 가져올 때 as 연산자로 account 변수의 타입을 Account로 형변환했습니다. 옆에 주석에도 나와 있듯이 이미 is 연산자로 검사했기 때문에 as Account와 같이 추가로 형변환은 불필요합니다.

❸ if null 연산자입니다. 어떤 변수에 null이 들어갈 가능성이 있다면 그에 대한 예외 처리를 위해 대체값fallback[12]을 넣어두면 유용합니다. input 변수에 null이 있다면 playerName 변수를 Guest로 대체합니다. 게임에서 연결된 계정이 없을 때 게스트로 접속하는 것을 생각하면 됩니다.

❹ 캐스케이드 연산자입니다. 이 연산자는 동일한 객체로 다수의 메서드 호출이 연속으로 이뤄지는 경우 유용합니다. 반복적으로 대상 객체를 기재하면 소스코드 가독성이 떨어지기 때문입니다. 다음과 같이 마치 한 문장인 것처럼 하면 로직이 한눈에 보입니다. 유사한 문법은 다른 안드로이드 개발 언어인 코틀린(Kotlin)[13]에서도 제공합니다. 세부 문법은 약간 다릅니다.

```
Account account2 = Account('222-333-33-01', 60000)
    ..deposit(5000)
    ..transfer(account, 10000)
    ..withdraw(5000);
```

12 일반적으로 프로그래밍에서 fallback이라 하면 대상이 어떤 문제가 생겼을 때 다른 것으로 대체하는 기법을 말한다. 예를 들어 주 서버에 접속이 안 되면 미러링 서버(mirroring server)에 접속하는 것으로 URL을 대체할 수 있다.

13 원래 안드로이드 앱의 주 개발 언어는 자바였지만 2019년 자바 I/O를 통해 주 개발 언어(preferred language for Android application)가 코틀린으로 변경되었다.

❺ 조건적 멤버 접근 연산자입니다. 만약 대상 객체가 null일 가능성이 있는 경우 안전하게 코딩할 수 있습니다. 예를 들어 자바의 경우 대상 객체가 null일 때 멤버 접근 연산자인 점(.)을 사용하면 NullPointerException(NPE)이 발생하여 프로그램이 즉시 종료됩니다. 따라서 로직 앞부분에 다수의 null 처리가 들어가는데 이는 코드 가독성을 떨어뜨립니다. ?. 연산자를 활용하면 깔끔하게 정리할 수 있습니다. account3 변수가 null이어도 프로그램이 비정상 종료되지 않습니다.

실행 결과는 다음과 같습니다.

```
account name is 111-222-33-01 , amount is 50000
Login Player is Guest
account 2 balance is 50000
account 3 is null
```

3.5 조건문과 제어문

다트에는 C와 자바에서 제공하는 기본적인 조건문과 제어문을 제공합니다. 다음 파일에는 다양한 조건문과 제어문의 예를 보여주고 있습니다.

예제 3-6 조건문과 제어문

dart_lang/lib/control_flows.dart

```
void main() {
  //1. if문 ❶
  int even = 78;
  int odd = 99;
  if (even % 2 == 0) {
    print('$even is even number');
  }

  if (odd % 2 == 0) {
    print('$odd is not even number');
  } else {
    print('$odd is odd number');
  }

  //2. for문 ❷
  List<String> fruits = ['Apple', 'Banana', "Kiwi"];
```

```
  for (String fruit in fruits) {
    print('I like $fruit');
  }

  //3. while문 ❸
  List<num> numbers = [100, 200, -1];
  int i=0;
  while(numbers[i] > 0) {
    print('${numbers[i]} is positive');
    i = i + 1;
  }

  //4. do-while문 ❹
  int j = 5;
  do {
    print(j);
    j--;
  } while(j > 0);

  //5. switch/case문 ❺
  List<num> httpCodes = [200, 401, 500];
  for (num http in httpCodes) {
    switch(http) {
      case 200:
        print('200 is OK');
        break;
      case 401:
        print('400 is Unautherized');
        break;
      case 500:
        print('500 is Internal Server Error');
        break;
    }
  }
}
```

❶ if문은 조건문의 대표이며 if(expression) 안에 있는 표현식을 검사하여 참인 경우와 거짓인 경우를 구별합니다. int 형인 even 변수에는 짝수가 들어 있고 odd 변수에는 홀수가 들어 있습니다. (even % 2 == 0) 수식은 even 변수의 값을 2로 나누었을 때 나머지가 0인 경우를 의미합니다. even 변수에는 짝수가 들어 있으므로 '78 is even number'라는 값이 출력됩니다. odd 변수는 2로 나누었을 때 나머지가 0이 아니므로 else로 이동합니다. 따라서 결과는 '99 is odd number'라는 값이 출력됩니다.

❷ for문은 반복문의 대표격으로 반복의 조건을 두괄식으로 표현합니다. fruits 변수에는 Apple, Banana,

Kiwi라는 과일 이름이 저장되어 있습니다. for문에서는 in 연산자를 사용하여 fruits 변수에서 값을 하나씩 가져와 String 형의 fruit에 저장합니다. 각 fruit 변수에 대해 'I like $fruit' 값을 출력합니다. for문은 앞으로도 다양한 방법으로 예제를 통해 설명할 예정이니 현재는 기본 형태만 살펴보면 됩니다.

❸ while문은 for문과 유사하지만 문법이 조금 다릅니다. for문은 주로 어떤 자료구조에서 원하는 값을 가져와서 처리하는 방식이지만 while은 반복하는 조건을 더 드러낼 수 있습니다. 예제에서는 numbers 변수에 다양한 숫자들이 들어 있으며 그 값이 양수인 동안 값을 출력합니다.

❹ do-while문은 while문의 변형입니다. do라는 키워드에서 알 수 있으니 반복의 조건을 명시하기 전에 먼저 어떤 문장을 실행합니다. 예제에서는 5부터 1씩 숫자를 줄여가면서 0보다 큰 경우에만 출력합니다. 만약 0보다 같거나 작으면 반복문은 종료됩니다.

❺ switch문입니다. if문으로도 조건을 명시할 수 있으나 어떤 값에 의해 다른 경우를 표현하고 싶은 경우 switch문의 가독성이 더 좋습니다. httpCodes 변수에는 HTTP 프로토콜의 다양한 응답 코드가 들어 있습니다. 값이 200인 경우 HTTP 요청 성공이며 401은 권한 오류(Unautherized)이고 500은 내부 서버 오류(Internal Server Error)입니다. 각 응답 코드에 대한 설명을 출력합니다.

앞서 설명한 if문, for문, while문은 거의 모든 언어에서 유사한 형태로 제공하므로 한번 익히면 다른 언어에서도 그대로 사용할 수 있습니다. 쉽고 간단하게 활용할 수 있지만 로직이 복잡해지면 많은 프로그래머를 머리 아프게 하기도 합니다.

예제의 실행 결과는 다음과 같습니다. 소스코드와 비교해서보면 그리 어렵지 않습니다.

```
78 is even number
99 is odd number
I like Apple
I like Banana
I like Kiwi
100 is positive
200 is positive
5
4
3
2
1
200 is OK
400 is Unautherized
500 is Internal Server Error
```

3.6 final, const, static

현대적 프로그래밍에서는 변수에 다양한 키워드를 붙여 용도를 분명하게 하고 있습니다. 예를 들어 자바에서는 다음과 같은 방식으로 상수를 표기하고 있습니다.

```
public static final int HTTP_CODE_OK = 200;
```

왜 이렇게 복잡한 수식어를 붙였을까요? HTTP_CODE_OK라는 상수에는 데이터 타입을 나타내는 int 외에도 public static final이라는 3개의 수식어가 붙어 있습니다. 그 이유는 선언된 클래스 외부에서 공개적으로 호출할 수 있고 그 값이 변하지 않으며 인스턴스를 만들지 않아도 그 값을 활용하기 위해서입니다.

다시 다트로 돌아와서 다트에서도 위와 유사한 수식어를 제공합니다.

먼저 final입니다. final 지시어는 어떤 변수를 참조하는 값이 한번 설정되면 다른 값으로 변경될 수 없다는 의미입니다. 어떤 변수를 선언하고 실행 시간에 한 번만 결정하는 경우 활용할 수 있습니다.

다음은 const입니다. const는 쓰임새가 다양하지만 가장 손쉽게 생각할 수 있는 것은 상수를 만드는 방법입니다. 자바 언어가 상수를 만들 때 public static final이라는 복합적인 키워드를 사용하지만 다트 언어에서는 const로 단순화할 수 있습니다.

마지막은 static입니다. static은 클래스와 객체에 대한 개념이 있어야 하지만 여기에서는 단순히 인스턴스를 만들지 않고 어떤 값을 출력할 수 있습니다.

위의 내용을 간단한 예제로 만들어보았습니다.

예제 3-7 final, const, static 키워드
dart_lang/lib/final_const_static.dart

```
void main() {
  //1. final ❶
  final String name = 'Tony';
  //name = 'Steve'; //compile error!!

  //2. const ❷
  const int STUDENTS_MAX = 100;
  const double PIE = 3.14159326;
```

```
  //3. static ❸
  print('Queue initial capacity is ${Queue.initialCapacity}');
}

class Queue {
  static const initialCapacity = 12;
}
```

❶ name 변수에는 Tony라는 문자열을 할당했습니다. 이 변수에는 이미 할당되었기 때문에 더 이상 할당할 수 없습니다. 만약 Steve라는 값을 할당하려면 컴파일 오류가 발생합니다.

❷ const 예에서는 STUDENT_MAX와 PIE와 같은 상수를 선언했습니다.

❸ static 예에서는 Queue 클래스의 initialCapacity라는 멤버 변수를 바로 참조할 수 있었습니다. 만약 static이 없었다면 new Queue()와 같이 먼저 클래스의 인스턴스를 생성하고 그 다음 initialCapacity 멤버를 참조해야 합니다.

새로운 단어들이 많이 나왔습니다. 객체, 클래스, 인스턴스 도대체 이런 단어는 무슨 의미일까요? 이제 다트의 객체지향 프로그래밍을 알아볼 차례입니다.

3.7 함수

3장에서 지금까지 다룬 에제는 모두 main() 함수로만 구성되어 있습니다. 하지만 다트에서는 내가 원하는 함수를 만들 수 있고 이것을 사용자 정의 함수라고 부릅니다. 먼저 함수의 개념을 알아보겠습니다.

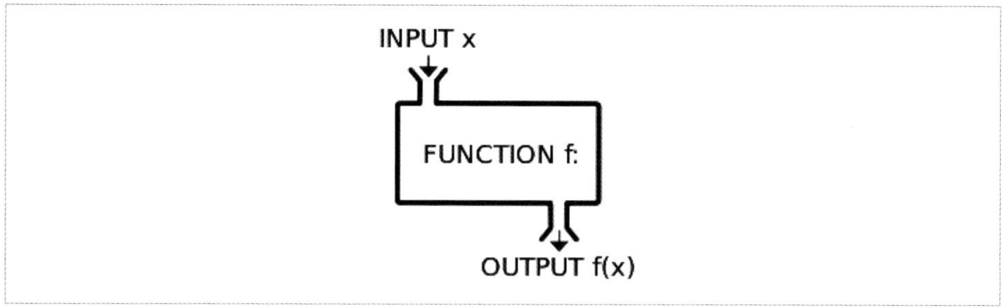

그림 3-5 함수의 개념[14]

14 https://ko.wikipedia.org/wiki/%ED%95%A8%EC%88%98

한마디로 함수는 어떤 입력을 넣어 원하는 결과(혹은 출력)을 얻는 단위입니다. 기본적인 기능은 C 언어의 함수와 같지만 흥미로운 기능도 제공합니다.

예제 3-8 함수

dart_lang/lib/function_example.dart

```
void main() {
  //1. 함수 호출 ❶
  int a = 100;
  int b = 200;
  int c = _getBigger(a, b);
  print('_getBigger(a,b) = $c');

  //2. 중복 호출 ❷
  String str = "apple";
  String addBrace = addSuffix(addPrefix(str, '('), ')');
  print(addBrace);

  //3. 선택인자(positional optional parameter) ❸
  int num1 = 100;
  int num2 = addNumber(100); //inc = 1 대입
  int num3 = addNumber(100, 20); //inc = 20 대입

  //4. 이름 있는 인자(named optional parameter) ❹
  String http1 = getHttp('http://naver.com', port: 80);
  String http2 = getHttp('http://localhost');
  print(http1);
  print(http2);
}

String getHttp(String url, {int port = 8080}) {
  return  'get http from $url , port = $port';
}

int addNumber(int num, [int inc = 1]) => num + inc;

String addPrefix(String str, String prefix) => '$prefix $str';

String addSuffix(String str, String suffix) => '$str $suffix';

int _getBigger(int a, int b) {
  if (a >= b) return a;
  return b;
}
```

❶ 단순한 함수 호출입니다. 변수 a와 b에 적당한 숫자를 넣고 _getBigger() 함수를 호출하면 그중에서 더 큰 값을 반환합니다.

❷ 함수 호출은 중복 호출 및 연쇄 호출이 가능합니다. 예를 들어 접두사를 추가하는 addPrefix() 함수와 접미사를 추가하는 addSuffix() 함수를 사용하여 어떤 단어에 괄호를 추가하는 예제입니다. str 변수에 apple이라는 값을 넣고 먼저 addPrefix() 함수를 호출합니다. 반환된 값에 바로 addSuffix() 함수를 호출하면 str 변수 양측에 괄호를 추가할 수 있습니다. 함수는 마치 블록을 조합하듯이 원하는 결과를 향해 하나씩 호출하면 됩니다.

❸ 이제부터 다트의 새로운 기능입니다. 첫 번째는 선택인자positional optional parameter입니다. 이름이 조금 길지만 다트가 선택인자를 제공하는 방식이 두 가지여서 그렇습니다. 예를 들어 addNumber() 함수는 두 가지 인자를 필요로 합니다. num 인자는 필수이고 inc 인자는 선택입니다. 만약 이 인자를 넣지 않으면 기본값인 1이 자동으로 대입됩니다.

NOTE_ 자바의 오버로딩과 다트의 선택인자의 차이점은?

자바는 선택인자를 제공하지 않습니다. 따라서 addNumber()의 선택인자를 구현하기 위해서는 다음과 같이 2개의 함수(메서드)를 별도로 만들어야 합니다.

```
int addNumber(int num, int inc) { return num + inc; }
int addNumber(int num) { return addNumber(num, 1); }
```

물론 이렇게 해도 되지만 선택인자를 사용하면 코드의 의도를 분명히 하면서도 단일 함수로 통일할 수 있는 장점이 있습니다. 선택인자가 1개이면 위의 방식과 큰 차이가 없으나 UI 컴포넌트와 같이 다수의 선택인자를 가진 경우에는 다트가 더 깔끔해집니다.

❹ 새로운 기능 두 번째는 이름 있는 인자named optional parameter[15]입니다. 이름 있는 인자는 파이썬 언어에도 제공을 하는데 필수 인자와 선택인자 모두 이름을 넣을 수 있는 반면 다트에는 선택인자에만 이름을 넣을 수 있습니다. getHttp() 함수는 필수적인 url 인자와 선택적인 port 인자를 갖고 있습니다. port 인자를 입력할 때는 port:80과 같이 맵 형태로 넣습니다.

예제의 실행 결과는 다음과 같습니다.

```
_getBigger(a,b) = 200
( apple )
get http from http://naver.com , port = 80
get http from http://localhost , port = 8080
```

15 선택인자와 이름 있는 인자 모두 필수가 아닌 선택적 인자에만 적용할 수 있지만 용어를 간결하게 하기 위해 이 용어를 선택했다.

3.8 객체와 클래스

다트의 모든 것은 객체object로 이루어져 있습니다. int, String과 같은 기본 데이터 타입뿐만 아니라 Stateless 위젯과 Stateful 위젯과 같이 UI를 구성하는 위젯도 모두 클래스(Class)입니다. 도대체 객체란 무엇일까요? 자바, C++, C#과 같은 수많은 객체지향 언어의 기본서를 보면 가장 먼저 클래스와 객체에 대해서 설명합니다. 이번에는 단순하지만 흥미로운 설명으로 객체에 대한 기본 개념을 알아보겠습니다.

어떤 강의에서 들은 내용입니다.

> "프로그래밍의 방법에는 두 가지 있다. 동사형 프로그래밍과 명사형 프로그래밍이다."

100% 맞다고는 할 수 없지만 객체와 클래스를 이해하는 데 좋은 비유라고 생각합니다. 먼저 다트에서 제공하는 클래스의 기능에 대해 알아보겠습니다.

예제 3-9 클래스

dart_lang/lib/class_example.dart

```
void main() {
  //1. Game 클래스 생성 ❸
  Game game1 = Game('Star Craft', 'Strategy');
  Game game2 = ArcadeGame('Strike 1945', 'Shooting', true);

  //2. 속성 (getter, setter) ❹
  print('game1 is ${game1.name}');
  print('game2 is ${game2.name}');

  game1.genre = 'Realtime Strategy';

  //3. 메서드 호출 ❺
  game1.play();
  game2.play();
}

class Game { //부모 클래스 ❶
  String _name;
  String _genre;

  Game(this._name, this._genre); //생성자
```

```
  //getter, setter
  String get name => _name;
  set genre(g) => this._genre = g;

  void play() {
    print('play $_name game($_genre)!!');
  }
}

class ArcadeGame extends Game { //자식 클래스  ❷
  bool _joystickSupport = false;

  //생성자
  ArcadeGame(String name, String genre, this._joystickSupport) : super(name,
genre);

  @override  //메서드 오버라이드
  void play() {
    print('$name supports joystick? $_joystickSupport');
  }
}
```

❶ Game 클래스입니다. 이 클래스는 내부에 _name과 _genre라는 멤버 변수를 갖고 있으며 이 클래스를 생성하기 위해서는 2개의 값을 모두 넣어야 합니다. _name 변수는 name 속성을 통해 값을 얻을 수 있으며 genre 속성을 사용하면 객체가 생성된 후에도 값을 다시 넣을 수 있습니다.

NOTE_ 멤버 변수와 속성은 어떻게 다른가?

모두 같은 대상을 지칭하는 단어입니다. 객체지향 언어는 80년대부터 역사가 오래되었기 때문에 다수의 언어를 거치면서 위의 용어들이 탄생했습니다. 더 일반적인 용어는 멤버 변수입니다. 전통적인 객체지향 언어에서는 클래스는 멤버 변수와 메서드만 갖는데 현대 언어에서 멤버 변수에 일부 기능을 추가하면서 속성property이라고 부르게 되었습니다. 예를 들어 Game 클래스의 _name과 _genre는 멤버 변수입니다. 그리고 그것을 가져오거나 설정하는 name과 genre는 속성입니다.

❷ ArcadeGame 클래스는 Game 클래스의 자식 클래스입니다. 상속은 어려운 용어이지만 간단하게 생각해서 Game 클래스의 모든 속성과 메서드를 그대로 사용할 수 있습니다. 이때 Game 클래스를 부모 클래스라고 하고 그것을 상속한 클래스를 자식 클래스라고 합니다. 마지막으로 @override는 물려받은 메서드를 그대로 쓰지 않고 별도로 정의한 경우에 붙입니다.

❸ 이제 객체를 활용합니다. 클래스를 사용하기 위해서는 먼저 생성해야 합니다. 클래스를 생성할 때는 생성자를 호출하면 됩니다. 두 클래스의 생성자는 다음과 같습니다.

```
Game(this._name, this._genre);
ArcadeGame(String name, String genre, this._joystickSupport) : super(name, genre);
```

여기에는 많은 내용이 있습니다. 대부분 생성자의 역할은 멤버 변수를 초기화하는 것입니다. Game 클래스의 생성자는 _name과 _genre 멤버 변수를 설정합니다. 그리고 ArcadeGame 클래스의 생성자는 name, genre, _joystickSupport 변수를 받아서 설정합니다. 옆에 있는 super(name, genre)는 부모 클래스의 생성자를 먼저 호출함을 의미합니다.

❹ 생성된 객체(인스턴스라고 부릅니다)의 name 속성을 출력해봅니다. 그리고 game1의 genre 속성을 Realtime Strategy로 변경합니다. 스타크래프트 게임은 실시간 전략 게임이기 때문입니다.

❺ 마지막으로 두 객체의 메서드를 호출합니다. 다수의 개념을 한번에 제시하고 있기 때문에 어렵게 느낄 수도 있습니다. 사실 플러터를 처음 배울 때 상속은 개념 정도만 알고 있어도 됩니다.

이 파일의 실행 결과는 다음과 같습니다.

```
game1 is Star Craft
game2 is Strike 1945
play Star Craft game(Realtime Strategy)!!
Strike 1945 supports joystick? true
```

더 단순하게 클래스를 사용해봅시다. 예를 들어 은행 ATM 기기를 만든다면 다음 기능을 생각할 수 있습니다.

- 카드를 **읽는다**.
- 잔고를 **확인한다**.
- 금액을 **인출한다**.
- 타 계좌로 **이체한다**.

하지만 실제 소프트웨어 프로젝트는 그렇게 설계하지 않습니다. 동사에 주목하기보다 오히려 주어 혹은 목적어에 해당하는 명사에 주목합니다.

- **계정** 정보를 읽는다.
- 계정의 **잔고**를 확인한다.
- 계정의 **잔고**를 인출한다.
- **타 계정**으로 **금액**을 이체한다.

위 기능을 통해 (계정), (잔고), (타계정), (금액)이라는 명사에 주목합니다. 이렇게 중요 명사 중 일부는 클래스가 되고 나머지는 클래스의 멤버 변수가 됩니다.

위의 내용을 코드로 만들어보겠습니다. 상식적으로 생각하면 어렵지 않습니다.

예제 3-10 ATM v1

dart_lang/lib/atm_v1.dart

```
void main() {
  //1. 계좌 생성 ❶
  Account account1 = new Account("117-123-1", 20000);
  Account account2 = new Account("117-123-2", 5000);

  //2. 잔고 확인 ❷
  print('account1 has ${account1.balance} won');
  print('account2 has ${account2.balance} won');

  //3. 금액 인출 ❸
  account1.withdraw(7000);
  print('account1 has ${account1.balance} won (7000 won is withrawn)');

  //4. 계좌 이체 ❹
  account1.transfer(account2, 5000);
  print('account2 has ${account2.balance} won (5000 won is deposited)');
  print('account1 has ${account1.balance} won');
}

class Account {
  String accountNumber;
  int balance;

  Account(this.accountNumber, this.balance);

  bool withdraw(int amount) {
    if(balance > amount) {
      balance -= amount;
      return true;
    }

    return false;
  }

  bool deposit(int amount) {
```

```
    balance += amount;
    return true;
  }

  bool transfer(Account dest, int amount) {
    if (balance > amount) {
      balance -= amount;
      dest.deposit(amount);
      return true;
    }

    return false;
  }
}
```

❶ 먼저 main() 함수입니다. 먼저 Account 객체를 2개 생성합니다. 어떤 클래스는 생성자를 가질 수 있습니다. Account 클래스는 객체를 생성하기 위해서 계좌 번호(accountNumber)와 금액(balance)을 넣도록 하고 있습니다.

❷ 각 계좌의 잔고를 확인합니다. 잔고는 balance 멤버 변수에 저장되어 있는데 이를 접근하기 위해서 '객체 이름.멤버 이름'의 형식을 사용합니다. 첫 번째 계좌의 잔고는 account1.balance이며 두 번째 계좌의 잔고는 account2.balance입니다.

❸ 계좌에서 금액을 인출하기 위해서는 withdraw() 메서드를 호출합니다. 첫 번째 계좌에서 7000원을 인출하기 위해서는 account1.withdraw(7000)와 같이 호출합니다.

❹ 다른 계좌로 이체하기 위해서 transfer() 메서드를 호출합니다. 이 메서드는 첫 번째 인자로 목적 계좌 객체를 넣고 그 다음은 이체할 금액을 넣습니다. 첫 번째 계좌에서 두 번째 계좌로 5000원을 이체하는 명령은 account1.transfer(account2, 5000)과 같이 호출합니다.

앞으로 우리는 ATM 예제를 확장시켜가면서 다트의 다양한 기능을 확인할 것입니다.

NOTE_ 함수인가 메서드인가?

main() 은 함수라고 부르고 Account 클래스에 있는 deposit(), withdraw()와 transfer()는 메서드라고 부릅니다. 왜 다르게 부를까요? 함수는 일반적인 의미로 클래스와 무관하게 부를 수 있는 구조이며 메서드는 클래스에 속해 있는 함수를 말합니다.

순수한 함수[pure function]는 함수형 프로그래밍에서 오직 입력 인자에 의해서만 반환값이 영향을 받으며 그 외에는 어떠한 것도 변경하지 않는 함수를 의미합니다.

3.9 기본 자료구조

프로그램에서 자료구조는 매우 중요합니다. 아무리 로직이 훌륭한 프로그램이라도 적절한 자료구조를 활용하지 않으면 프로그램 성능이 크게 저하되며 당장은 잘 돌아가지만 특정 환경에서 오류가 발생하여 더 이상 실행하지 않을 수도 있기 때문입니다. 때문에 컴퓨터공학 학부에서도 파이썬과 C와 같은 프로그래밍 언어의 기초를 배우고 나면 자료구조 수업을 2학년 과정에서 반드시 수강하도록 합니다.

다트는 현대적 언어입니다. 자바가 라이브러리 형태로 자료구조를 제공하는 반면 다트는 언어 수준에서 기본적인 자료구조를 지원하기 때문에 소스코드 가독성이 좋아졌습니다.

대표적인 자료구조에는 리스트(List), 집합(Set), 맵(Map)이 있습니다.

처음은 리스트입니다. 리스트는 다른 언어에서 배열(array)이라고도 부르는데 같은 데이터 타입을 여러 개 저장할 수 있는 자료구조입니다. 전통적인 언어에서 배열은 단순히 데이터의 구조만 제공하고 개수 처리라든지 그외 나머지 것을 모두 프로그래머가 해야 해서 불편했지만 리스트는 데이터 개수가 늘어났을 때 내부에서 자동으로 크기가 늘어나기 때문에 프로그래머의 번거로움이 줄었습니다. 또한 다트는 언어 수준에서 활용할 수 있을 만큼 성능도 최적화되어 있습니다.

간단한 예제를 통해 설명하겠습니다.

예제 3-11 리스트

dart_lang/lib/list_example.dart

```
void main() {
  //1. 다양한 리스트 ❶
  List<int> numbers = [100, 200, 300];
  List<int> evens = [2, 4, 6, 8, 10];

  List<String> planets = ['Earth', 'Jupiter', 'Mars', 'Saturn'];
  List<String> otherPlanets = ['Venus', 'Mercury', 'Neptune'];

  //2. 리스트 기본 ❷
  print('numbers are $numbers');
  print('first number is ${numbers[0]}');
  print('last number is ${numbers[numbers.length -1]}');
```

```
  for (int each in evens) {
    print('each even number is $each');
  }

  //3. 리스트 활용 ❸
  //List<int> evenFromZero = [0, ...evens]; //dart 2.3

  List<String> allPlanets = planets + otherPlanets;
  print('All planets are $allPlanets');
}
```

❶ 리스트를 생성할 때는 List<int> numbers와 같이 넣을 타입을 결정합니다. numbers 변수에는 int 타입의 숫자만 들어갈 수 있습니다. 리스트를 선언할 때 넣는 값은 대괄호([ ])를 사용합니다. 두 번째 evens 변수에도 동일한 방법으로 짝수를 저장했습니다. 같은 방법으로 planets와 otherPlanets 변수에는 String 데이터가 들어갑니다.

❷ 리스트 기본 활용입니다. print문에서 $numbers와 같이 리스트 변수를 지정하면 리스트에 들어 있는 값을 표시할 수 있습니다. 만약 특정 위치(인덱스라고도 부름)에 있는 값에 접근하려면 numbers[0]과 같이 대괄호를 활용하여 원하는 위치를 지정합니다. 위치는 0부터 시작합니다. 리스트도 객체입니다. 따라서 몇 가지 멤버 변수를 제공하고 있는데 가장 많이 사용하는 것은 length 변수입니다. numbers.length를 사용하면 리스트의 길이를 얻을 수 있습니다. 마지막 변수에 접근하기 위해서는 numbers.length −1과 같이 리스트의 길이를 이용하면 됩니다.

NOTE_ 리스트의 마지막 값을 가져오는 방법

자바나 다트에서는 리스트의 마지막 값을 얻기 위해서 리스트의 length 변수를 활용하는데 파이썬에서는 다릅니다. 간단하게 number[-1]이라고 하면 얻을 수 있습니다. 혹시나 해서 다트에서도 해봤는데 안 됩니다.

리스트에 들어 있는 값은 for와 같은 반복문에서도 활용합니다. for (int each in evens)와 같이 in 연산자를 사용하면 evens 리스트에 있는 값을 하나씩 가져와서 each라는 변수에 넣어줍니다. for문 안에서 그 변수를 사용하면 됩니다.

❸ 리스트는 그 외에도 다양한 활용을 제공합니다. 예를 들어 더하기(+)를 사용하여 여러 리스트를 합하여 새로운 리스트를 만들 수 있습니다. allPlanets 변수는 앞서 만든 planets와 otherPlanets 리스트 변수를 순서대로 합하여 새로운 리스트를 만듭니다.

실행 결과는 다음과 같습니다.

```
numbers are [100, 200, 300]
first number is 100
last number is 300
each even number is 2
each even number is 4
each even number is 6
each even number is 8
each even number is 10
All planets are [Earth, Jupiter, Mars, Saturn, Venus, Mercury, Neptune]
```

다음은 집합(Set)입니다. 기본적인 사용법은 리스트와 동일하며 집합이 다른 점은 동일한 값을 허용하지 않는다는 것입니다. 예제를 보면서 자세한 내용을 확인합니다.

예제 3-12 집합

dart_lang/lib/set_example.dart

```
void main() {
  //1. 집합 선언 ❶
  Set<int> naturalNumbers = {1, 2, 3, 4, 1}; //실제로는 {1, 2, 3, 4} 임
  Set<String> ids = {"X-3", "X-2", "X-1"};

  //2. 집합 사용 ❷
  print('numbers are $naturalNumbers');
  print('ids are $ids'); //not sorted
  //print('first number is ${numbers[0]}'); //not indexed

  for (int each in naturalNumbers) {
    print('each number is $each');
  }

  //Set<int> integers = { 0 } + naturalNumbers; // + not defined

  //3. 수학적 집합의 활용 ❸
  Set<int> a = {100, 200, 300};
  Set<int> b = {100, 200, 500, 1000};

  print('a union b = ${a.union(b)}');
  print('a intersection b = ${a.intersection(b)}');
  print('a difference b = ${a.difference(b)}');
}
```

❶ 집합을 선언하는 방법은 리스트와 유사하지만 중괄호({ })로 사용하는 것이 다릅니다. naturalNumbers 변수에는 {1, 2, 3, 4, 1}의 값이 들어 있지만 중복을 허용하지 않으므로 실제로는 {1, 2, 3, 4}와 같습니다. ids 변수에는 중복되는 값이 없으므로 선언한 값과 실제 내용이 동일하지만 리스트와 마찬가지로 어떤 정렬이 이루어지지 않습니다.

❷ 집합에 있는 값을 참조하는 방법은 크게 다르지 않습니다. print() 함수에 집합을 넣으면 안에 있는 값이 출력됩니다. ids 변수의 경우 입력한 순서대로 표시됩니다. 리스트와는 다르게 [0]과 같이 특정 위치를 지정할 수는 없습니다. for문에서는 리스트와 마찬가지로 입력된 순서대로 값을 참조할 수 있습니다. 마지막으로 리스트에는 지원되는 더하기(+)는 집합에서는 제공되지 않습니다.

❸ 이름이 집합인데 수학시간에 배운 합집합, 교집합, 차집합 등은 어떻게 사용할 수 있을까요? 각각에 대해서 수학적 용어와 동일한 union(), intersection(), difference() 메서드가 존재합니다.

실행 결과는 다음과 같습니다.

```
numbers are {1, 2, 3, 4}
ids are {X-3, X-2, X-1}
each number is 1
each number is 2
each number is 3
each number is 4
a union b = {100, 200, 300, 500, 1000}
a intersection b = {100, 200}
a difference b = {300}
```

마지막은 맵(Map)입니다. 맵은 리스트와 더불어 프로그래밍에서 가장 빈번하게 사용되는 자료구조로 키와 값의 구조로 되어 있습니다. 예제 코드를 통해 사용법을 잘 익혀두기 바랍니다.

예제 3-13 맵

dart_lang/lib/map_example.dart

```
void main() {
  //1. 맵 선언 ❶
  Map<int, String> intMap = {
    0: 'AAA',
    50: 'BBB',
    100: 'CCC',
  };

  //2. 맵 기본 사용 ❷
  print('intMap is $intMap');
```

```
  print('intMap[50] : ${intMap[50]}');
  intMap.update(50, (val) => 'DDD' );

  //3. 사용자 정의 클래스 활용 ❸
  Map<String, Student> students = {
    'jake': Student('Jake', 'Warton', 'jake@gmail.com'),
    'tony': Student('Tony', 'Stark', 'tony@gmail.com'),
    'kent': Student('Kent', 'Beck', 'kent@gmail.com'),
  };

  String fullName = students['jake'].firstName + ' ' +
    students['jake'].lastName;
  print('jake\'s full name is $fullName');

  String email = students['kent'].email;
  print('Kent\'s email is $email');
}

class Student {
  String firstName;
  String lastName;
  String email;

  Student(this.firstName, this.lastName, this.email);
}
```

❶ 맵은 집합과 마찬가지로 중괄호({ })로 선언합니다. 예를 들어 intMap 변수는 다음과 같이 키와 값의 쌍을 정의합니다.

```
Map<int, String> intMap = {
    0: 'AAA',
    50: 'BBB',
    100: 'CCC',
  };
```

❷ 맵에 있는 값을 얻기 위해서는 키값을 넣어주면 됩니다. 예를 들어 intMap의 50에 해당하는 값을 출력하는 코드는 다음과 같습니다.

```
print('intMap[50] : ${intMap[50]}');
```

❸ 맵의 키와 값에는 내장 데이터 타입뿐만 아니라 어떤 객체도 넣을 수 있습니다. 예제 코드에서는 간단한 Student 클래스를 만들어서 students 맵에 넣었습니다. fullName 변수에는 jake라는 학생의 전체 이름(이름과 성)을 할당하고 email 변수에는 kent라는 학생의 이메일 주소를 저장합니다.

예제의 실행 결과는 다음과 같습니다.

```
intMap is {0: AAA, 50: BBB, 100: CCC}
intMap[50] : BBB
jake's full name is Jake Warton
Kent's email is kent@gmail.com
```

3.10 표준 라이브러리 활용

지금까지 다트의 기본 내용을 알아봤습니다. 간단한 프로그램은 작성할 수 있지만 사용자 입력을 받거나 파일에 정보를 저장하는 등 유용한 기능을 활용하려면 표준 라이브러리를 배워야 합니다. 여기에서는 가장 먼저 사용하게 되는 표준 라이브러리를 살펴보겠습니다. 각 라이브러리는 패키지라고 부릅니다. 여기에서는 다음의 패키지들에 대해 간단히 알아봅니다.

- dart:core 패키지
- dart:io 패키지
- dart:math 패키지
- dart:convert 패키지

3.10.1 dart:core 패키지

core 패키지는 다트의 기본적인 내용을 다루고 있으며 별도로 패키지 사용을 명시하지 않아도 자동으로 추가되어 있습니다. 우리는 이미 코어 패키지를 사용하고 있었습니다. 예를 들면 print() 함수와 리스트, 집합, 맵의 자료구조 등이 core 패키지에 정의되어 있습니다.

패키지가 어떻게 생겼는지 알아보기 위해 print() 함수 내부로 들어가보겠습니다.

예제 3-14 core 패키지의 print() 함수
std_library/lib/core_package.dart

```
//1. print 함수 내부 살펴보기 ❶
print('hello');
```

❶ print문에서 [Ctrl] + [B] 단축키를 누르면 어떤 함수 혹은 메서드의 내부로 들어갈 수 있습니다.

예제 3-15 print.dart 파일
bin/cache/pkg/sky_engine/lib/core/print.dart

```
part of dart.core;

/// Prints a string representation of the object to the console.
void print(Object object) {
  String line = "$object";
  if (printToZone == null) {
    printToConsole(line);
  } else {
    printToZone(line);
  }
}
```

플러터 SDK의 파일 구조에 대해 알아보겠습니다. 플러터 SDK를 설치하면 bin/cache/pkg/sky_engine 폴더에는 내장 패키지가 설치되어 있습니다.

그림 3-6 print.dart 파일의 물리적 경로

또한 lib 폴더 하위에는 다양한 패키지가 포함되어 있습니다.

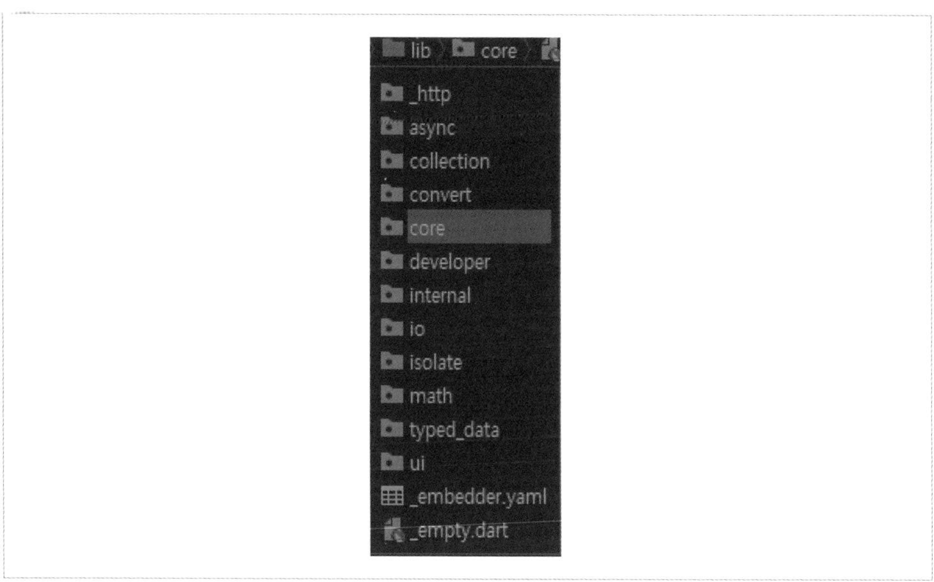

그림 3-7 core 폴더에 있는 다른 파일들

앞서 명시한 네 가지 패키지가 모두 표시되어 있습니다. 플러터와 다트 언어 모두 오픈소스로 개발되고 있기 때문에 궁금한 클래스, 함수와 메서드는 그 내부를 직접들어면 배우는 것이 많습니다. 틈틈이 [Ctrl] + [B]를 눌러서 내부로 들어가보세요.

print() 문의 소스코드는 그리 어렵지 않습니다. print() 문은 내부적으로 Object를 인자로 받아서 printToConsole()과 printToZone() 함수를 호출합니다. 그리고 다음과 같이 core 패키지의 일부라고 명시하고 있습니다. part of 키워드에서는 본인만의 패키지를 만들 때 사용하는데 이 책에서는 다루지 않습니다.

core 패키지에서 가장 먼저 알아야 할 것은 형변환에 관한 내용입니다. 스프트웨어 프로젝트를 하다 보면 다양한 타입의 데이터를 취급하게 되는데, 자주 사용하는 타입은 숫자와 문자열입니다. 이 둘은 서로 연관성이 없어 보이지만 입력되는 형태에 따라 상호 변환할 수 있어야 합니다.

예제 3-16 숫자 → 문자 변환
std_library/lib/core_pacakge.dart

```
void main() {
  //2. 숫자 -> 문자 변환 ❷
```

```
  int num1 = 5000;
  double num2 = 360.1234;

  String num1Str = num1.toString();
  String num2Str = num2.toStringAsFixed(2);
  print('num1 to str is $num1Str');
  print('num2 to str is $num2Str');
}
```

❷ 다트 언어에서 모든 것은 객체입니다. 따라서 int와 double과 같이 클래스가 아닌 것 같은 데이터 타입에도 메서드를 호출할 수 있습니다. 모든 객체에는 toString() 메서드가 존재합니다. 따라서 숫자를 문자열로 변환하기 위해서는 toString() 메서드를 호출하면 됩니다. 또한 double 형 부동소수점의 경우 toStringAsFixed() 메서드를 호출하여 소수점 아래 몇 자리로 제한할 수 있습니다.

문자열을 숫자 혹은 적절한 데이터 타입으로 변환하는 것은 매우 중요합니다. 많은 경우 GUI의 사용자 입력이나 네트워크를 통한 URL이 문자열로 요청되기 때문입니다.

예제 3-17 문자 → 숫자 변환
std_library/lib/core_package.dart

```
//3. 문자 -> 숫자 변환 ❸
  List<String> inputs = [
    '-1', //[0]
    '1234', //[1]
    '32.25' //[2]
  ];

  print(int.parse(inputs[0]));
  print(int.parse(inputs[1]));
  print(double.parse(inputs[2]));
  print(num.parse(inputs[2]));
```

❸ 숫자형 데이터 타입은 parse() 메서드를 제공합니다. 메서드의 인자로 변환을 원하는 값을 넣으면 됩니다. int.parse() 메서드는 문자열을 입력받습니다. 입력값이 음수인 경우(예: −1)와 일반적인 정수(예: 1234) 모두 정상 동작합니다. 한편 부동소수점을 갖는 문자열인 경우 double.parse() 메서드를 호출합니다. 만약 int인지 double인지 확실하지 않다면 double.parse() 메서드를 호출하거나 그 상위 타입인 num.parse() 메서드를 호출해도 됩니다.

예제의 실행 결과는 다음과 같습니다.

```
hello
num1 to str is 5000
num2 to str is 360.12
-1
1234
32.25
32.25
```

3.10.2 dart:io 패키지

지금까지 예제는 입력을 변수의 형태로 받았습니다. 즉, 프로그램 내부에 입력 데이터가 이미 정의되어 있습니다. 하지만 실제 프로그램은 사용자나 외부 환경에서 데이터를 요청받습니다. dart:io 패키지(이하 io 패키지)에서는 사용자에게 입력을 받거나 파일을 읽고 쓰는 등의 입출력(I/O) 동작을 제공합니다. 가장 기본이 되는 내용은 다음과 같습니다.

- 사용자 입력 받기
- 새로운 파일을 생성하고 파일에서 값을 읽기
- 파일에 쓰기

간단한 예제 코드로 앞의 기능을 알아보겠습니다. 처음으로 core 패키지를 벗어나서 다른 패키지를 임포트하겠습니다. io 패키지를 임포트하는 문장은 다음과 같습니다.

```
import 'dart:io';
```

다음은 사용자 입력을 받는 예제입니다.

예제 3-18 사용자 입력
std_library/lib/io_user_input.dart

```
//1. 사용자 입력 받기 ❶
  stdout.write('Enter name? '); //same as print()
  String input = stdin.readLineSync();
print('Hello, $input');
```

❶ stdout.write() 메서드는 앞서 사용했던 print() 함수와 동일합니다. 표준 입출력 혹은 명령행으로 문자열을 출력합니다. 그 다음 stdin.readLineSync() 메서드를 호출하면 사용자 입력을 받을 수 있습니다. 만약 숫자 형태의 데이터를 원하면 int.parse() 메서드를 호출하여 int 형으로 변환할 수 있습니다. 마지막 문장은 입력받은 문자열을 이름으로 하여 'Hello $input'을 출력합니다.

다음은 파일을 다루는 예제입니다. 어렵지 않으니 코드를 보면서 설명하겠습니다.

예제 3-19 파일 I/O

std_library/lib/io_read_write_file_sync.dart

```
import 'dart:io';

void main() {
  //1. 새로운 파일 생성하기 ❶
  File newFile = File('temp_file.txt');
  newFile.createSync();

  //2. 파일을 읽기 (동기 방식) ❷
  File poem = File('poem.txt');
  List<String> lines = poem.readAsLinesSync();
  for (String line in lines) {
    print(line);
  }

  //3. 파일을 쓰기 (동기 방식) ❸
  File memoFile = File('diary.txt');
  String contents = """
  2019.06.16: 플러터 공부 시작

  오늘은 플러터의 표준 라이브러리를 공부했다.
  안드로이드 스튜디오를 활용하여 예제를 실행했다.
  """;
  memoFile.writeAsStringSync(contents);
}
```

❶ 먼저 새로운 파일을 생성하는 법입니다. 파일은 다트에서 File 클래스를 제공합니다. File 객체를 만들고 createSync() 메서드를 호출하면 프로젝트의 루트에 새로운 파일을 생성합니다.

❷ 파일을 읽는 방법입니다. 먼저 대상이 되는 파일의 이름을 넣어 File 객체를 생성합니다. 그 다음 파일 객체에 readAsLinesSync() 메서드를 호출하면 내부에서 파일을 열고 각 행의 내용을 String에 저장하여 최종적으로 List<String>에 넣습니다. 내용을 읽을 때는 for문을 사용하여 한 줄씩 읽으면 됩니다. 물론 간단하게 스트림 API를 활용할 수도 있습니다. poem.txt에는 제가 좋아하는 시인 로버트 프로스트의 '가지 않은 길' 원

문을 넣었습니다.[16]

❸ 파일을 쓰는 방법입니다. 마찬가지로 파일 객체를 생성하고 넣을 내용을 String 객체에 넣습니다. 여기에서는 내용을 다중행 문자열(""")을 활용했습니다. 들여쓰기가 이상한 이유는 만약 들여쓰기를 하면 그 공백까지 모두 인식하기 때문입니다.

diary.txt 파일을 읽어보면 내용을 확인할 수 있습니다.

```
2019.06.16 : 플러터 공부 시작

오늘은 플러터의 표준 라이브러리를 공부했다.
안드로이드 스튜디오를 활용하여 예제를 실행했다.
```

앞선 모든 호출에서는 Sync라는 접미사가 붙어 있습니다. 왜 그럴까요? 이에 대한 내용은 비동기 프로그래밍 개념을 알아야 하므로 6장에서 네트워크와 함께 알아보겠습니다. 여기에서는 동기 방식으로 손쉽게 파일 객체에 어떤 내용을 읽고 쓸 수 있다는 것만 알아두시면 됩니다.

3.10.3 dart:math 패키지

math 패키지에는 수학에 관한 내용을 다룹니다. 최댓값, 최솟값을 구하거나 난수를 생성하거나 삼각함수와 제곱근 같은 기초적인 수학 함수를 포함하고 있습니다. 예제로 알아보겠습니다.

예제 3-20 math 패키지

std_library/lib/math_examples.dart

```
import 'dart:math';

void main() {
  List<int> numbers = [100, 200, 300, 400, 250];

  //1. 최댓값, 최솟값
  int maxValue = max(numbers[0], numbers[1]); ❶
  int minValue = min(numbers[2], numbers[3]);
  print('max(100, 200) is $maxValue');
  print('min(300, 400) is $minValue');
```

16 한글 번역 https://m.blog.naver.com/moung5532/220638285710 참고.

```
  //2. 제곱근
  double sqaureRooted = sqrt(numbers[4]);  ❷
  print('sqrt(250) is $sqaureRooted');

  //3. 난수 발생
  List<int> randomNumbers = _makeRandomNumbers(10, 8); ❸
  print('random number(0..9) is $randomNumbers');

  //4. 반올림은 math 패키지가 아님
  double doubleValue = 500.51;
  int rounded = doubleValue.round();  ❹
  print('500.51 rounds $rounded');
}

List<int> _makeRandomNumbers(int max, int counts) {
  Random rand = Random();
  List<int> res = List();
  for (int i=0; i< counts; ++i) {
    res.add(rand.nextInt(max)); //0과 max-1 사이
  }

  return res;
}
```

❶ max()와 min() 함수입니다. 이 함수의 원형을 보았을 때 자바와는 달라서 조금은 신기했습니다.

```
external T max<T extends num>(T a, T b);
```

여기서 external은 이 함수가 다트가 아니라 C++과 같은 성능 좋은 저수준[17] 언어로 구현됐다는 뜻입니다. 여기서 중요한 것은 반환값이 double이 아니라 T라는 것입니다. 이것은 제네릭 프로그래밍generic programming에 대한 내용인데 간단하게 int를 넣으면 결과가 int로 나오고 double을 넣으면 double이 나온다는 의미입니다. 자바의 경우 무조건 결괏값이 double이어서 int를 인수로 넣은 경우 강제로 형변환을 하게 되는데 그러지 않아도 되어 편했습니다. 다트는 모든 것이 객체로 되어 있기 때문에 가능합니다.

max()와 min() 함수의 활용은 매우 직관적입니다. 입력된 두 수를 비교하여 더 큰 숫자(만약 두 수가 같다면 그중 하나)를 반환합니다.

❷ 제곱근 함수입니다. 여기에서는 다양한 수학 함수의 기초적인 예로 제곱근 함수를 사용했습니다. 250은 50을 두 번 곱하면 가능합니다. sqrt() 함수는 인자로 num 타입을 받으며 리턴형은 double입니다. 여기에는

17 다트와 비교했을 때 상대적으로 저수준이라는 것이다. C++은 프로그램 언어 분류에 따르면 C와 함께 고수준 언어에 속한다.

max()와 min()과 같이 T로 제네릭을 사용할 수는 없습니다.

❸ 프로젝트에서 종종 사용하게 되는 난수 발생입니다. 다른 언어와 인터페이스가 유사하기 때문에 어렵지 않습니다. 여기에서는 원하는 최댓값(max)과 개수(counts)를 넣어서 난수가 포함되어 있는 리스트를 반환하는 함수를 만들었습니다.

❹ math 패키지에 해당하는 것은 아니지만 (당연히 math 패키지에 있을 것으로 생각했으나) 수에 관련된 내용인 반올림입니다. 모든 값이 객체로 되어 있으므로 num 타입에 round() 함수를 호출하면 int 형의 반올림된 값이 반환됩니다(버림과 올림은 생략).

위의 예제를 실행 결과는 다음과 같습니다.

```
max(100, 200) is 200
min(300, 400) is 300
sqrt(250) is 15.811388300841896
random number(0..9) is [5, 5, 3, 4, 0, 5, 2, 6]
500.51 rounds 501
```

3.10.4 dart:convert 패키지

마지막으로 살펴볼 패키지는 convert 패키지입니다. 이름만 보면 필요가 없을 것 같은데 모바일과 웹 프로젝트에서 빈번하게 사용하는 JSON(JavaScript Object Notation) 형식을 다루는 방법을 알아봅니다. JSON은 서버와 통신하거나 모바일 앱의 간단한 내용을 저장하기 위해 다양한 용도로 쓰입니다.

예제 3-21 JSON 활용

std_library/lib/json_example.dart

```
import 'dart:convert';
import 'dart:io';

void main() {
  //1. JSON 문자열 파싱하기 ❶
  String jsonStr = """
  {"basket" : {
    "apple" : 50,
    "banana" : 10,
    "grape" : 5
    }
```

```
  }
  """;
  Map json = jsonDecode(jsonStr);
  Map basket = json["basket"];
  int apples = basket["apple"];
  int bananas = basket["banana"];
  int grapes = basket["grape"];
  print("apples are $apples");
  print("bananas are $bananas");
  print("grapes are $grapes");

  //2. JSON 파일 읽기
  Map basketMap = _readBasketJson('basket.json');  ❷
  print('grapes was ${basketMap["grape"]}');

  //3. JSON 파일 쓰기
  basketMap.update('grape', (v) => 99);
  File('basket.json').writeAsStringSync(jsonEncode(basketMap)); ❸

  Map updated = _readBasketJson('basket.json');
  int grapesNow = updated["grape"];
  print('now grapes are $grapesNow');
}

Map _readBasketJson(String fileName) { ❹
  String contents = File(fileName).readAsStringSync();
  print('contents : $contents');
  return jsonDecode(contents);
}
```

❶ 문자열에서 JSON 데이터를 읽어옵니다. convert 패키지에는 jsonDecode() 함수가 있는데 문자열을 입력으로 받아 JSON 데이터를 파싱하여 적절한 다트의 자료구조로 변환해줍니다. jsonStr 변수의 경우 basket이라는 키를 갖고 있는 맵이므로 다음과 같이 Map으로 받게 됩니다.

```
Map json = jsonDecode(jsonStr);
```

이후에는 다트 일반 자료구조와 동일하게 사용하면 됩니다. apple 키에는 50이라는 값이 있고 banana라는 키에는 10이라는 값이 있습니다. 다음과 같이 바구니에 들어 있는 각 과일의 개수를 출력합니다.

❷ 문자열이 아니라 JSON 파일을 읽는 방법입니다. 역시 jsonDecode() 함수를 사용하는 데 문자열을 전달해야 하므로 io 패키지에 있는 File 클래스의 readAsStringSync() 메서드를 호출합니다. 그 이후에는

jsonDecode()와 동일합니다.

❸ 내용을 갱신하여 파일에 저장할 수 있습니다. 파일에서 읽어오면 다트 자료구조가 되었으므로 basketMap 변수에 update() 메서드를 호출하여 grape 키에 있는 값을 99로 변경합니다. 그 다음 File 객체의 writeAsStringSync() 메서드를 호출하여 같은 파일에 씁니다.

❹ _readBasketJson() 함수를 호출하여 파일을 다시 읽어온 다음 갱신된 값이 재대로 저장됐는지 확인합니다.

예제 파일의 실행 결과는 다음과 같습니다.

```
apples are 50
bananas are 10
grapes are 5
contents : {"apple":50,"banana":10,"grape":5}
grapes was 5
contents : {"apple":50,"banana":10,"grape":99}
now grapes are 99
```

NOTE_ jsonDecode()는 함수다

jsonDecode() 함수 내부로 들어가면([Ctrl] + [B]) json.dart 파일로 이동합니다. jsonDecode()는 어떤 클래스에 포함되지 않았기 때문에 메서드가 아니라 함수로 불러야 합니다. 비슷한 예로 main()도 함수로 부르지 메서드라고 부르지 않습니다.

3.11 마치며

이번 장에서는 다트 언어의 다양한 측면을 배웠습니다. C 언어와 같이 전통적인 언어에서 제공하는 기본 기능과 현대 언어에서 제공하는 함수와 객체지향 언어의 특징도 알아봤습니다. 리스트, 집합, 맵과 같은 자료구조도 언어 수준에서 제공됩니다. 마지막으로 `core`, `io`, `math`, `convert`와 같은 표준 라이브러리에 대해 알아봤습니다.

이제 플러터에서 제공되는 다양하고 유용한 위젯에 대해 알아볼 차례입니다.

CHAPTER 4

레이아웃과 위젯

이 장의 내용

- Text, Image 위젯
- RaisedButton 위젯
- Container, Row, Column 위젯
- ListView 위젯
- MaterialApp, Scaffold 위젯

이번 장에서는 UI 구성에 대해 살펴봅니다. 먼저 간단한 위젯인 Text, Image 위젯을 알아보고 그 다음 단일 혹은 다수의 위젯을 배치할 수 있는 다양한 레이아웃 클래스를 알아보도록 하겠습니다.[1]

이 장에서 배우는 위젯을 [표 4-1]에 정리했습니다. 위젯 종류는 공식적인 구분은 아니고 학습을 위해 임의로 분류했습니다.

표 4-1 4장에서 배울 위젯

종류	위젯 클래스	기능	위젯 종류
구조	MaterialApp	머티리얼 디자인을 따르는 앱 구성	Stateful
	Scaffold	머티리얼 디자인을 따르는 기본 레이아웃	Stateful
	AppBar	머티리얼 디자인을 따르는 앱 바	Stateful
	FloatingActionButton	머티리얼 디자인을 따르는 플로팅 액션 버튼	Stateless
기초	Text	텍스트 표시	Stateless
	Image	이미지 표시	Stateful
	RaisedButton	버튼 표시	Stateless

1 플러터의 다양한 위젯은 위젯 카탈로그 참고. `https://flutter.dev/docs/development/ui/widgets/layout`

	ListView	목록 표시(동적/정적 데이터)	Stateless
레이아웃	Container	단일 위젯 표시	Widget*
	Row	가로 방향 레이아웃	Widget*
	Column	세로 방향 레이아웃	Widget*
	Center	가운데 정렬 레이아웃	Widget*
파생	Hero	히어로 애니메이션을 제공하는 위젯	Stateful
	CircleAvatar	둥근 모양으로 사용자 표시	Stateless
	SizedBox	특정 너비/높이를 갖는 상자 표시	Widget*
	TextFormField	텍스트 필드를 갖는 폼(form) 표시	Stateful
	ListTile	고정 높이를 갖는 리스트뷰의 행 표시	Stateless
	Icon	간단한 이미지 아이콘 표시	Stateless

* Stateless, Stateful 위젯도 아닌 Widget 클래스를 상속합니다.

4.1 Text, Image 위젯

가장 단순한 위젯은 Text 클래스입니다. 앞서 hello_flutter 앱에서도 "Hello Flutter" 문구를 출력하기 위해서 사용했습니다. Text 위젯의 생성자[2]는 다음과 같습니다.

```
Text (this.data, {
    Key key,
    this.style,
    this.strutStyle,
    this.textAlign,
    this.textDirection,
    this.locale,
    this.softWrap,
    this.overflow,
    this.textScaleFactor,
    this.maxLines,
    this.semanticsLabel,
    this.textWidthBasis,
  })
```

2 새로운 위젯을 사용하게 되면 생성자를 꼭 살펴보자. 어떤 속성들이 있는지 파악하면 위젯 활용에 도움된다.

Text 위젯은 사용법이 단순하기 때문에 바로 예제 코드를 보면서 활용법을 익히겠습니다. 궁금한 것이 있다면 구글에서 flutter text 〈원하는 내용〉으로 검색하면 풍부한 예제를 찾아볼 수 있습니다.

예제 4-1 Text 위젯

layout_widgets/lib/text_demo.dart

```
import 'package:flutter/material.dart';

void main() => runApp(TextDemo());

class TextDemo extends StatelessWidget {
  static const String _title = "Text 위젯 데모";
  static const String _name = 'Tony Stark';
  static const String _longText = """
  플러터(Flutter)는 구글이 개발한 오픈소스 모바일 애플리케이션 개발 프레임워크다.
  안드로이드, iOS용 애플리케이션 개발을 위해,
  또 구글 퓨시아용 애플리케이션 개발의 주된 방식으로 사용된다.(위키백과)
  """;

  @override
  Widget build(BuildContext context) {
    return MaterialApp(
        title: _title,
        home: Scaffold(
          appBar: AppBar(title: Text(_title)),
          body: Column(
            crossAxisAlignment: CrossAxisAlignment.start,
            children: <Widget>[
              Text("단순 텍스트 표시"), //simple text  ❶
              Text(
                'Styled Text with $_name', //styled text  ❷
                style: TextStyle(
                    color: Colors.black,
                    fontSize: 20.0, //dp
                    background: Paint()
                      ..color = Color(0xFFDCEDC8)
                      ..style = PaintingStyle.fill,
                    fontWeight: FontWeight.bold),
              ),
              Text(
                _longText,
```

```
                overflow: TextOverflow.ellipsis, //text overflow  ❸
              ),
            ],
          ),
        ));
  }
}
```

❶ 단순 텍스트입니다. 인자 이름을 입력하지 않고 본문 내용을 넣으면 됩니다.

❷ 텍스트 스타일을 적용합니다. 단순 텍스트를 입력한 것뿐만 아니라 다트 언어에서 제공하는 interpolation을 활용할 수 있습니다. 또한 텍스트 스타일은 style 인자를 지정합니다. TextStyle 위젯은 다음과 같은 요소를 지정할 수 있습니다.

```
TextStyle({
    this.inherit = true,
    this.color,
    this.backgroundColor,
    this.fontSize,
    this.fontWeight,
    this.fontStyle,
    this.letterSpacing,
    this.wordSpacing,
    this.textBaseline,
    this.height,
    this.locale,
    this.foreground,
    this.background,
    this.shadows,
    this.fontFeatures,
    this.decoration,
    this.decorationColor,
    this.decorationStyle,
    this.decorationThickness,
    this.debugLabel,
    String fontFamily,
    List<String> fontFamilyFallback,
    String package,
  })
```

위의 소스코드에서는 텍스트의 크기(fontSize)를 지정하고 글자 색상(color)과 배경색(background)을 지정합니다. 마지막으로 폰트 중량(fontWeigtht)을 지정합니다. 폰트 중량에는 이탤릭체, 볼드체 등을 지정할 수 있습니다.

❸ overflow 속성을 지정하면 텍스트가 정해진 공간을 넘었을 때 줄임표(…)로 표시합니다.

예제 실행 결과는 다음과 같습니다.

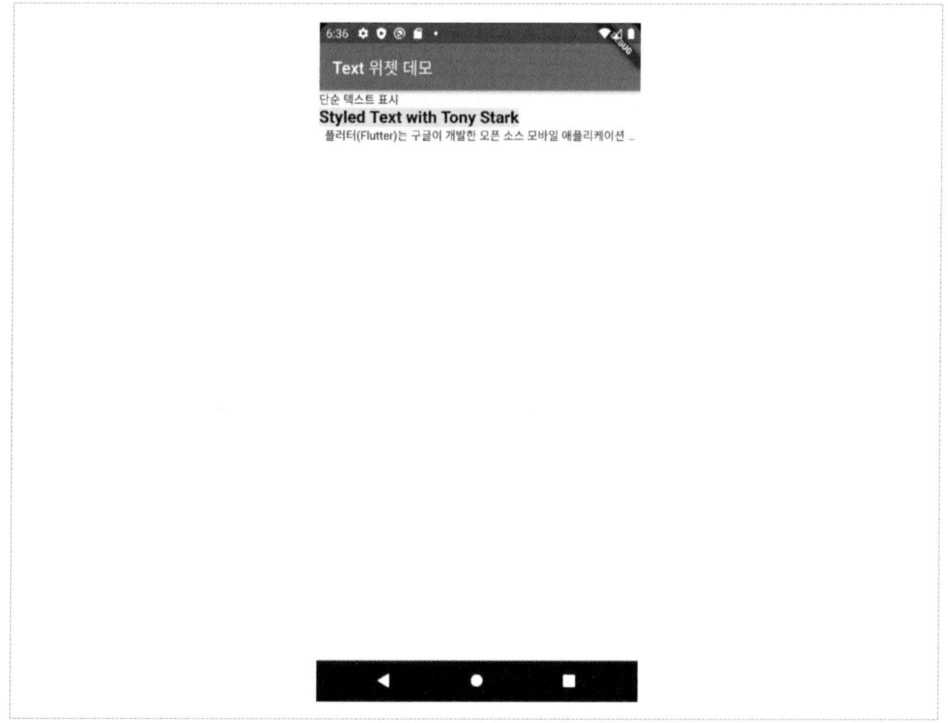

그림 4-1 text_demo.dart 파일 실행 결과

다음은 Image 위젯입니다. 모바일 앱에서는 작은 화면에 다양한 형태의 이미지나 아이콘을 표시하게 됩니다. 가장 단순하게 이미지를 불러오는 방법은 `Image.asset()` 메서드를 호출하는 것입니다. 실제로 이미지는 파일 입출력을 동반하기 때문에 다양한 방법으로 이미지를 불러올 수 있습니다.

이미지를 추가할 때는 파일을 프로젝트의 `assets` 폴더 하위에 위치시키고 (더 세분화를 원하면 `assets/image`, `assets/audio`와 같은 하위 폴더 생성) `pubspec.yaml`에 등록해야 합니다. 그래야 소스코드에서 읽을 수 있습니다.

layout_widgets/pubspec.yaml

```
  assets:
      - assets/london.jpg
      - assets/autumn-leaves.jpg
```

위와 같이 개별 파일 단위로 추가하거나 만약 폴더 전체의 파일을 한꺼번에 등록하려면 assets/처럼 폴더 이름에 /를 붙여주면 됩니다. 여기에서는 처음 배우기 때문에 모든 이미지 파일을 등록했습니다.

Image.asset() 생성자는 다음과 같습니다.

```
Image.asset(
    String name, {
    Key key,
    AssetBundle bundle,
    this.frameBuilder,
    this.semanticLabel,
    this.excludeFromSemantics = false,
    double scale,
    this.width,
    this.height,
    this.color,
    this.colorBlendMode,
    this.fit,
    this.alignment = Alignment.center,
    this.repeat = ImageRepeat.noRepeat,
    this.centerSlice,
    this.matchTextDirection = false,
    this.gaplessPlayback = false,
    String package,
    this.filterQuality = FilterQuality.low,
  })
```

빈번하게 사용하는 속성으로는 필수 속성인 이름과 너비(width), 높이(height)와 정렬(alignment) 등입니다. 다음은 위의 속성들을 활용한 예제입니다.

예제 4-2 Image 위젯

layout_widgets/lib/image_demo.dart

```
import 'package:flutter/material.dart';

void main() => runApp(ImageDemo());

class ImageDemo extends StatelessWidget {
  static const String _title = "Image 위젯 데모";

  @override
  Widget build(BuildContext context) {
    return MaterialApp(
        title: _title,
        debugShowCheckedModeBanner: false,
        home: Scaffold(
          appBar: AppBar(title: Text(_title)),
          body: Column(
            crossAxisAlignment: CrossAxisAlignment.center,
            children: <Widget>[
              Image.asset('assets/london.jpg'), ❶
              Image.asset('assets/autumn-leaves.jpg'),
            ],
          ),
        )
    );
  }
}
```

❶ 앞서 pubspec.yaml에 등록한 이미지를 Image 위젯으로 표시합니다.

실행 결과는 다음과 같습니다.

그림 4-2 image_demo.dart 실행 결과

Image 위젯에 대한 자세한 내용은 예제 프로젝트를 통해 알아봅니다. 다음은 사용자와 간단하게 상호작용할 수 있는 버튼 위젯입니다.

4.2 RaisedButton 위젯

버튼은 가장 손쉽게 사용자와 상호작용을 할 수 있는 UI 위젯입니다. 버튼은 모양이나 텍스트를 표시하고 버튼을 눌렀을 때 이벤트를 받아 처리할 수 있습니다.

플러터에서 가장 기본적인 버튼은 RaisedButton 위젯입니다. 이외에도 `FlatButton`, `DropdownButton`, `FloatingActionButton` 등의 위젯이 있지만 기본적인 것을 알고 있으면 나머지는 필요할 때 가져다 쓰면 됩니다.

RaisedButton 위젯의 생성자는 다음과 같습니다.

```
RaisedButton({
    Key key,
    @required VoidCallback onPressed,
    ValueChanged<bool> onHighlightChanged,
    ButtonTextTheme textTheme,
    Color textColor,
    Color disabledTextColor,
    Color color,
    Color disabledColor,
    Color focusColor,
    Color hoverColor,
    Color highlightColor,
    Color splashColor,
    Brightness colorBrightness,
    double elevation,
    double focusElevation,
    double hoverElevation,
    double highlightElevation,
    double disabledElevation,
    EdgeInsetsGeometry padding,
    ShapeBorder shape,
    Clip clipBehavior,
    FocusNode focusNode,
    MaterialTapTargetSize materialTapTargetSize,
    Duration animationDuration,
    Widget child,
  })
```

onPressed 속성은 반드시 있어야 하며, 만약 버튼 이벤트를 처리하는 콜백 함수가 없다면 null을 넣으면 됩니다. 버튼에 들어가는 내용은 child 속성에 넣으면 됩니다. 가장 손쉬운 방법은 child 속성에 Text 위젯을 넣는 것입니다.

간단한 예제를 통해 버튼 위젯의 사용법을 알아보겠습니다.

예제 4-3 RaisedButton 위젯
layout_wigets/lib/button_demo.dart

```
import 'package:flutter/material.dart';

void main() => runApp(ButtonDemo());
```

```
class ButtonDemo extends StatefulWidget { ❶
  @override
  State createState() => ButtonDemoState();
}

class ButtonDemoState extends State<ButtonDemo> {
  static const String _title = "Button 위젯 데모";
  String _buttonState = "OFF";  ❸

  void onClick() {
    print('onClick()');
    setState(() { ❹
      if (_buttonState == 'OFF') {
        _buttonState = 'ON';
      } else {
        _buttonState = 'OFF';
      }
    });
  }

  @override
  Widget build(BuildContext context) {
    return MaterialApp(
        title: _title,
        debugShowCheckedModeBanner: false,
        home: Scaffold(
          appBar: AppBar(title: Text(_title)),
          body: Column(
            crossAxisAlignment: CrossAxisAlignment.center,
            children: <Widget>[
              RaisedButton(
                child: Text('사각 버튼'),
                onPressed: onClick,
              ),
              Text('$_buttonState'),
              RaisedButton(
                child: Text("둥근 버튼"),
                onPressed: onClick,  ❷
                shape: RoundedRectangleBorder(
                      borderRadius: new BorderRadius.circular(30.0)))
            ],
          ),
        ));
  }
}
```

❶ ButtonDemo 클래스는 StatelessWidget이 아니라 StatefulWidget 클래스를 사용합니다. 그 이유는 버튼을 눌렀을 때 버튼 이벤트에 따라 화면을 갱신하기 위해서입니다.

❷ 콜백(callback) 함수로는 onClick 메서드를 지정했습니다.

❸ 흥미로운 것은 리액티브 뷰(Reactive View)입니다. 안드로이드를 포함하여 일반적인 UI 프로그래밍에서는 어떤 UI 컴포넌트의 값을 변경할 때 그 컴포넌트의 참조를 받아서 직접 변경합니다. 예를 들어 Text('$_buttonState') 위젯에 새로운 값을 적용하려면 해당 위젯의 참조를 얻어 (안드로이드의 경우 findViewById() 메서드 제공) 그 객체에 값을 설정합니다. 하지만 플러터에서는 더 깔끔한 방법을 사용합니다.

❹ 버튼 사이에 있는 Text 위젯을 표현하는 방법을 보겠습니다.

1. 변수 _buttonState를 지정합니다. 초깃값은 'OFF'입니다.
2. 그리고 사각 버튼과 둥근 버튼을 눌렀을 때 onPressed 이벤트를 받아 onClick 함수를 실행합니다.
3. onClick 함수에서는 setState() 메서드를 통해 _buttonState 값을 갱신합니다.
4. 최종적으로 Text 위젯의 값이 변경되었습니다.

이와 같이 위젯에 연결된 변수의 값이 변경됐을 때 뷰가 함께 변경되는 방식을 리액티브 프로그래밍reactive programming이라고 합니다. 안드로이드를 포함한 자바 진영에서는 RxJava라는 라이브러로 리액티브 프로그래밍을 구현할 수 있습니다.[3] 플러터에서는 기본적으로 리액티브 뷰를 지원하므로 더 깔끔하게 코딩할 수 있습니다. 어떤 위젯이든 내가 원하는 멤버 변수(예: _buttonState)가 변경되면 그와 연관된 뷰가 모두 업데이트됩니다.

다음은 기본적인 위젯을 담을 수 있는 레이아웃 위젯에 대해 알아봅니다. 우리는 이미 간단한 레이아웃 위젯을 지금까지 암묵적으로 사용해왔습니다.

4.3 Container, Row, Column 위젯

레이아웃 위젯은 그 자체로 화면에 어떤 내용을 표시하기보다 어떤 위젯을 담고서 그 안에 있는 자식 위젯의 위치를 잡아주는 역할을 합니다. 어떤 레이아웃은 다른 위젯이나 레이아웃의 child 혹은 children 속성으로 포함되기도 합니다.

먼저 1개의 자식을 갖는 레이아웃 위젯인 Container 위젯을 알아보겠습니다.

3 RxJava에 관한 자세한 내용은 『RxJava 프로그래밍』(한빛미디어, 2017) 참고.

Container 위젯의 생성자는 다음과 같습니다.

```
Container({
    Key key,
    this.alignment,
    this.padding,
    Color color,
    Decoration decoration,
    this.foregroundDecoration,
    double width,
    double height,
    BoxConstraints constraints,
    this.margin,
    this.transform,
    this.child,
  }),
```

padding 속성은 컨테이너 내부의 공간을 의미하고 color 속성은 배경색을 지정합니다. margin 속성은 패딩과 다르게 컨테이너 외부의 공간을 의미합니다.

NOTE_ 마진과 패딩의 차이

마진(margin)과 패딩(padding)은 비슷한 의미이지만 엄연히 구별해서 사용해야 합니다. 마진은 위젯 외부의 여백을 의미하며, 패딩은 위젯 내부에서 자식 위젯을 배치할 때 활용하는 정보입니다. 단순한 화면에서는 교차해서 사용할 수 있지만 재대로 된 화면을 구성하기 위해서는 반드시 알고 있어야 합니다.

컨테이너 사용 예제는 다음과 같습니다.

예제 4-4 Container 위젯
layout_widgets/lib/container_demo.dart

```
import 'package:flutter/material.dart';

void main() => runApp(ContainerDemo());

class ContainerDemo extends StatelessWidget {
  static const String _title = "Container 위젯 데모";

  @override
  Widget build(BuildContext context) {
```

```
    return MaterialApp(
      title: _title,
      debugShowCheckedModeBanner: false,
      home: Scaffold(
        appBar: AppBar(title: Text(_title)),
        body: Column(
          crossAxisAlignment: CrossAxisAlignment.start,
          children: <Widget>[
            Container(  ❶
              child: Text('단순 컨테이너'),
              padding: EdgeInsets.only(left: 10, top: 20, bottom: 20),
            ),
            Container(  ❷
              color: Colors.green,
              padding: EdgeInsets.symmetric(vertical: 30, horizontal: 50),
              child: Container(
                color: Colors.yellow,
                child: Text('중첩 컨테이너'),
              ),
            ),
          ],
        )
      ),
    );
  }
}
```

❶ 먼저 단순 컨테이너입니다. 컨테이너는 하나의 자식 위젯을 가지기 때문에 child 속성에 자식 위젯을 배치합니다. Text 위젯은 '단순 컨테이너'라는 문자열을 갖습니다. 내부 패딩은 EdgetInsets.only() 메서드를 사용합니다. 이 메서드는 좌측, 우측, 상단, 하단을 각각 넣을 수 있습니다(예제에서는 좌측 10dp, 상하단은 20dp).

❷ 중첩 컨테이너입니다. 다른 위젯과 마찬가지로 컨테이너의 하위에는 어떠한 위젯도 들어갈 수 있으며 컨테이너 안에 컨테이너를 배치하는 것도 가능합니다. 부모와 자식 컨테이너 속성을 구별하기 위해 각기 color 속성을 부여했습니다. Text가 아닌 어떤 위젯도 넣을 수 있습니다. 이번에는 좌측과 우측이 동일하고 상단과 하단이 동일하기 때문에 가독성을 위해 EdgeInsets.symmetric() 메서드를 호출합니다. 세로 방향(vertical)과 가로 방향(horizontal)에 각각 30dp, 50dp를 적용했습니다.

실행 결과는 다음과 같습니다.

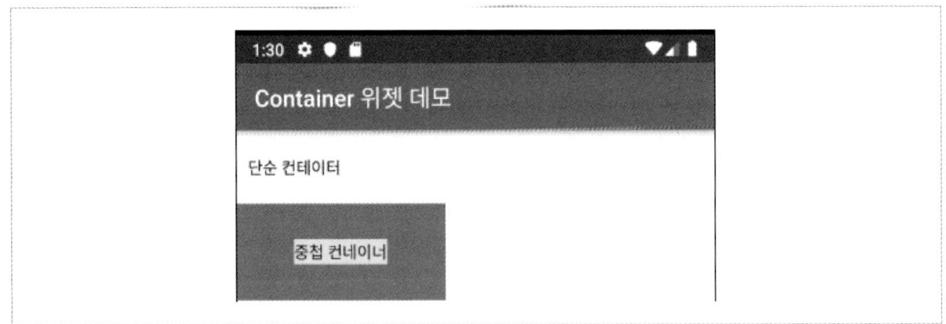

그림 4-3 container_demo.dart 실행 결과

1장에서 3장까지 틈틈이 알아봤던 Row와 Column 위젯에 대해 더 알아보도록 하겠습니다. Container 위젯이 단일 위젯을 담을 수 있다면 Row와 Column 위젯은 가로와 세로 방향으로 여러 위젯을 담을 수 있습니다. 2개를 조합하면 간단한 폼(form)을 만들 수 있습니다.

Row 위젯의 생성자는 다음과 같습니다.

```
Row({
    Key key,
    MainAxisAlignment mainAxisAlignment = MainAxisAlignment.start,
    MainAxisSize mainAxisSize = MainAxisSize.max,
    CrossAxisAlignment crossAxisAlignment = CrossAxisAlignment.center,
    TextDirection textDirection,
    VerticalDirection verticalDirection = VerticalDirection.down,
    TextBaseline textBaseline,
    List<Widget> children = const <Widget>[],
})
```

반드시 알아야 할 속성은 mainAxisAlignment, crossAxisAlignment, children입니다. 가장 친숙한 children 속성은 자식 위젯의 목록입니다. 앞서 배운 컨테이너, 텍스트, 이미지 등 어떠한 위젯도 넣을 수 있습니다. crossAxisAlignment는 Row 위젯이 가로 방향을 정의하므로 반대인 세로 정렬 방식을 지정합니다. 기본값인 CrossAxisAlignment.center는 가로 방향으로 자식 위젯을 정렬하되 세로 방향은 center 정렬한다는 의미입니다. 마지막으로 mainAxisAlignment는 기본값은 좌측(start)이며 가운데 정렬을 원하는 경우 center로 저장할 수 있습니다.

다음은 Column 위젯입니다. 간단한 화면을 구성하는 경우 모바일 화면이 세로로 길기 때문에 가장 먼저 접하게 되는 위젯입니다. Column 위젯의 생성자는 다음과 같습니다. 기본적으로 Row 위젯과 동일합니다.

```
Column({
    Key key,
    MainAxisAlignment mainAxisAlignment = MainAxisAlignment.start,
    MainAxisSize mainAxisSize = MainAxisSize.max,
    CrossAxisAlignment crossAxisAlignment = CrossAxisAlignment.center,
    TextDirection textDirection,
    VerticalDirection verticalDirection = VerticalDirection.down,
    TextBaseline textBaseline,
    List<Widget> children = const <Widget>[],
})
```

이때 mainAxisAlignment는 세로 방향이고 crossAxisAlignment 속성이 가로 방향이라는 것만 다릅니다. 나머지는 모두 동일합니다.

지금까지는 소스코드를 보고 실행 결과를 설명했다면 이제부터는 만들려는 예상 결과를 보고 어떻게 만들어지는 상상해보기 바랍니다.

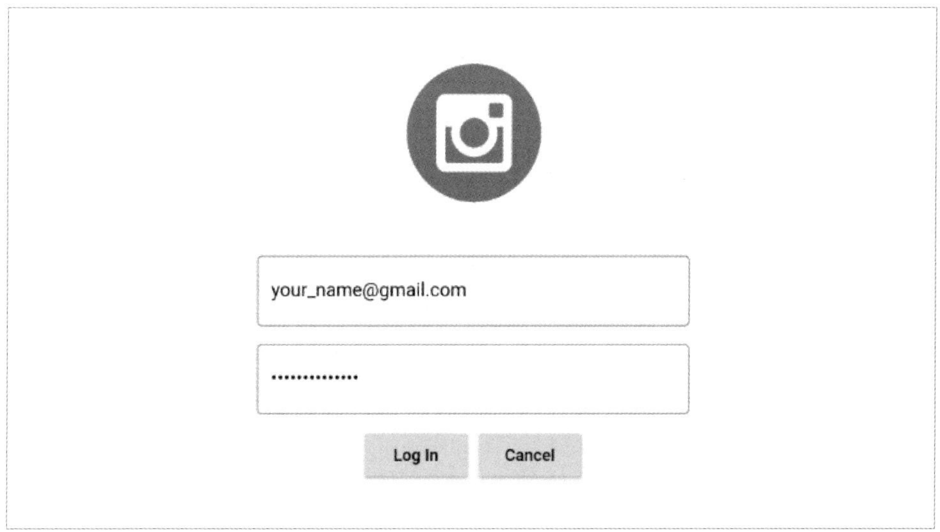

그림 4-4 로그인 폼 예상 화면

이 로그인 폼은 어떻게 만들 수 있을까요? 먼저 다수의 위젯을 세로 방향으로 배치해야 하므로 Column 위젯이 필요합니다. 첫 번째 자식 위젯은 Image 위젯으로 로고 이미지를 표시합니다. 그 아래는 적절한 공간을 띄우고 이메일과 비밀번호를 넣을 수 있는 위셋을 배치합니다. 마지막으로 한 줄은 가로 방향으로 2개의 위젯이 있으므로 Row 위젯 안에 로그인 버튼과 취소 버튼을 넣습니다.

이를 구현한 코드는 다음과 같습니다.

예제 4-5 로그인 폼 v1

layout_widgets/lib/login_form_demo_v1.dart

```
import 'package:flutter/material.dart';
import 'dart:io'; ❾

void main() => runApp(RowColumnDemo());

class RowColumnDemo extends StatelessWidget {

  @override
  Widget build(BuildContext context) {
    return MaterialApp(  ❶
        title: 'Login Form',
        debugShowCheckedModeBanner: false,
        home: Scaffold(
            body: Container(  ❷
              padding: EdgeInsets.fromLTRB(20, 120, 20, 120),
              child:Column(  ❸
                children: <Widget>[
                  Hero(
                      tag: 'heoro',
                      child: CircleAvatar(
                        child: Image.asset('assets/logo.jpg'),
                        backgroundColor: Colors.transparent,
                        radius: 58.0, //unit: logical pixel?
                      )
                  ),
                  SizedBox(height: 45.0), ❹
                  TextFormField(  ❺
                    keyboardType: TextInputType.emailAddress,
                    initialValue: 'your_name@gmail.com',
                    decoration: InputDecoration(  ❻
```

```
                border: OutlineInputBorder()
              ),
            ),
            SizedBox(height: 15.0),
            TextFormField( ❼
              initialValue: 'input password',
              obscureText: true,
              decoration: InputDecoration(
                  border: OutlineInputBorder()
              ),
            ),
            SizedBox(height: 10.0),
            Row(  ❽
              mainAxisAlignment: MainAxisAlignment.center,
              children: <Widget>[
                RaisedButton(
                  child: Text('Log In'),
                  onPressed: () { } ,
                ),
                SizedBox(width: 10.0),
                RaisedButton(
                  child: Text('Cancel'),
                  onPressed: () { exit(0); } ,
                ),
              ],
            ),
          ],
        ),
      )
    )
  );
 }
}
```

❶ 지금까지와 다른 점은 타이틀 바title bar가 없다는 점입니다. 로그인 화면이므로 없는 것이 자연스러우며 Scaffold 위젯에서 appBar 속성만 제거하면 됩니다.

❷ body 속성에는 전체 화면에 패딩을 주기 위해서 Container 위젯을 사용했습니다. Container 위젯의 padding 속성으로는 EdgeInsets 위젯의 fromLTRB() 생성자를 호출했습니다. fromLTRB 생성자는 각각 left, top, right, bottom 인수를 의미합니다.

NOTE_ EdgeInsets의 다양한 생성자들

코드의 가독성을 높이기 위해 상황에 맞는 생성자를 호출하는 것이 좋습니다. 지금까지 배운 방법은 다음과 같습니다.

- **EdgeInsets.only()** : 지정하기 원하는 left, top, right, bottom 인자만 지정할 수 있음
- **EdgeInsets.symmetric()** : 가로 방향 혹은 세로 방향이 대칭인 경우 호출
- **EdgeInsets.fromLTRB()** : left, top, right, bottm을 각각 지정하는 경우

❸ 전체 화면은 Column 위젯에 담습니다. 먼저 이미지를 예쁘게 표현하기 위해 Hero 위젯을 사용합니다. child 속성에는 CircleAvatar 위젯을 사용하여 원형 이미지를 생성합니다. 배경색은 투명(Colors.transparent)이고 반지름(radius) 속성은 58dp입니다.

❹ 빈 공백을 의미하는 SizedBox 위젯입니다. 이름 그대로이므로 별도의 설명은 생략합니다. SizedBox 위젯은 높이(height)와 너비(width)를 지정할 수 있습니다.

❺ TextFormField 위젯은 이름에서 알 수 있듯이 텍스트를 입력받는 위젯입니다. TextFormField 위젯의 생성자는 다음과 같습니다.

```
TextFormField({
    Key key,
    this.controller,
    String initialValue,
    FocusNode focusNode,
    InputDecoration decoration = const InputDecoration(),
    TextInputType keyboardType,
    TextCapitalization textCapitalization = TextCapitalization.none,
    TextInputAction textInputAction,
    TextStyle style,
    StrutStyle strutStyle,
    TextDirection textDirection,
    TextAlign textAlign = TextAlign.start,
    bool autofocus = false,
    bool readOnly = false,
    bool showCursor,
    bool obscureText = false,
    bool autocorrect = true,
    bool autovalidate = false,
    bool maxLengthEnforced = true,
    int maxLines = 1,
    int minLines,
```

```
    bool expands = false,
    int maxLength,
    VoidCallback onEditingComplete,
    ValueChanged<String> onFieldSubmitted,
    FormFieldSetter<String> onSaved,
    FormFieldValidator<String> validator,
    List<TextInputFormatter> inputFormatters,
    bool enabled = true,
    double cursorWidth = 2.0,
    Radius cursorRadius,
    Color cursorColor,
    Brightness keyboardAppearance,
    EdgeInsets scrollPadding = const EdgeInsets.all(20.0),
    bool enableInteractiveSelection = true,
    InputCounterWidgetBuilder buildCounter,
  })
```

다수의 속성이 있지만 주로 사용하는 속성은 정해져 있습니다. `initialValue` 속성은 초깃값을 지정합니다. keyboardType은 IME[input method editor](입력기) 종류를 지정할 수 있습니다.

NOTE_ TextFormField에서 저장할 수 있는 키보드 종류

TextFormField 위젯의 keyboardType 속성은 TextInputType 클래스에 지정되어 있습니다. 기본 제공되는 키보드 종류는 다음과 같습니다.

- **TextInputType.text** : 일반 텍스트
- **TextInputType.multiline** : 멀티 라인(예: 메모 내용)
- **TextInputType.number** : 숫자
- **TextInputType.phone** : 전화번호
- **TextInputType.datetime** : 날짜 시간
- **TextInputType.emailaddress** : 이메일 주소
- **TextInputType.url** : 웹을 위한 URL 입력

❻ decoration 속성은 매우 중요합니다. 플러터는 아름다운 UI를 추구하므로 많은 위젯이 decoration 속성을 제공합니다. 첫 번째 이메일 입력란은 InputDecoration 클래스를 사용합니다. 이 클래스는 머티리얼 디자인을 따르는 텍스트 필드의 경계, 레이블, 아이콘, 스타일을 지정할 수 있습니다. 이 클래스의 border 속성에는 윤곽선을 그려주는 OutlineInputBorder 클래스를 지정했습니다. 모든 내용을 파악하기보다는 일종의 공식처럼 사용하는 것이 좋습니다.

❼ 두 번째 TextFormField 위젯은 비밀번호 입력란으로 입력한 내용을 감춰야 합니다. 이때는 obscureText 속성을 true로 지정하면 됩니다. decoration 속성은 이메일 입력란과 동일합니다.

❽ 마지막 행에는 로그인과 취소 버튼이 있습니다. 같은 행에 2개의 버튼이 있으므로 Row 위젯을 먼저 씌웁니다. mainAxisAlignment 속성으로 MainAxisAlignment.center 열거(enum) 값을 지정하면 화면을 중앙정렬합니다. 두 버튼은 RaisedButton 위젯을 사용했고 로그인 버튼은 아직 onPressed 이벤트 처리자를 등록하지 않았습니다(null).

❾ 앞서 설명하지 않은 것이 있는데 두 번째 행의 import 'dart:io'입니다. 3장에서 dart:io 패키지는 파일이나 화면에 대한 표준 입출력을 담당한다고 했습니다. 이 패키지를 사용하는 이유는 다음의 코드 때문입니다.

```
onPressed: () { exit(0); } ,
```

취소 버튼을 누르면 프로그램이 종료돼야 하기 때문에 자바 언어에서 System.exit(0) 호출에 해당하는 exit() 함수를 호출했습니다. 이 함수를 호출하면 앱 프로세스가 종료됩니다.

예제를 실행하여 로그인 버튼을 누르면 아무런 반응을 하지 않고 취소 버튼을 누르면 앱을 종료합니다.

4.4 ListView 위젯

지금까지는 텍스트, 이미지 등 단일 정보를 다뤘다면 이제는 다수 항목을 표시할 수 있는 위젯에 대해 다룹니다. 리스트뷰는 주소록 예제에서 활용합니다.

리스트뷰를 다루는 가장 기본적인 패턴은 정적인 데이터와 동적인 데이터로 구분됩니다. 첫 번째는 리스트뷰에 표시할 데이터가 미리 정해진 경우입니다.

첫 번째 예는 태양계의 행성들을 표시하는 리스트뷰입니다.

예제 4-6 정적 리스트뷰

layout_widgets/lib/listview_static_demo.dart

```
import 'package:flutter/material.dart';

void main() => runApp(ListViewStaticDemo());
```

```
class ListViewStaticDemo extends StatelessWidget {
  static const String _title = "정적 ListView 위젯 데모";
  static const List<String> _data = [  ❶
    'Mercury',
    'Venus',
    'Earth',
    'Mars',
    'Jupiter',
    'Saturn',
    'Uranus',
    'Neptune',
    'Pluto',
  ];

  Widget _buildStaticListView() {  ❷
    return ListView.builder(
      itemCount: _data.length,  ❸
      itemBuilder: (BuildContext _context, int i) {  ❹
        return ListTile(
          title: Text(_data[i],
              style: TextStyle(
                fontSize: 23,
              )),
          trailing: Icon(
            Icons.favorite_border,
          ),
        );
      },
    );
  }

  @override
  Widget build(BuildContext context) {
    return MaterialApp(
        title: _title,
        debugShowCheckedModeBanner: false,
        home: Scaffold(
          appBar: AppBar(title: Text(_title)),
          body: _buildStaticListView(),
        ));
  }
}
```

❶ _data 변수에 표시할 데이터를 준비합니다. String 형 리스트에 태양계의 행성 이름을 넣었습니다.

❷ ListView.builder 생성자는 리스트뷰를 만들 수 있는 가장 표준적인 방법입니다. 빌더(builder)는 디자인 패턴의 일종으로 복잡한 기능을 갖는 객체의 생성 과정과 표현 방법을 분리하여 동일한 생성 절차에서 서로 다른 표현 결과를 만드는 방법을 제공합니다.[4]

❸ itemCount 속성은 표시할 항목의 개수를 지정합니다. 만약 이 속성을 생략하면 무한 데이터를 갖는 리스트뷰로 가정합니다.

❹ itemBuilder 속성에는 각 행의 항목을 만드는 방법을 지정합니다. 예제에서는 _context 변수와 i 변수를 받아서 ListTile 위젯을 구성합니다. ListTile 위젯은 제목을 나타내는 title 속성과 설명을 의미하는 trailing 속성이 있는데 각각 Text와 Icon 위젯을 사용했습니다.

실행 결과는 다음과 같습니다.

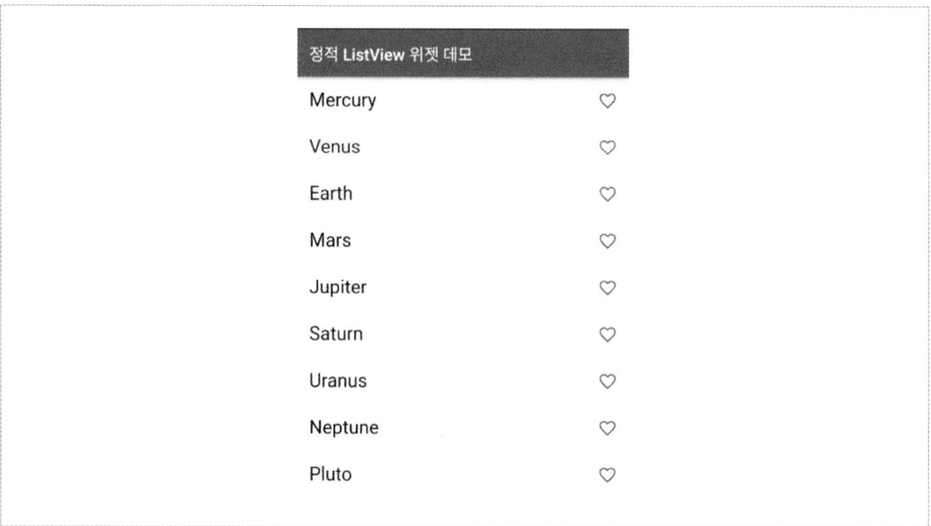

그림 4-5 listview_static_demo.dart 실행 결과

> **NOTE_ itemCount 속성을 누락하면 어떻게 될까?**
>
> ListView는 기본적으로 무한 데이터를 가정하고 있기 때문에 각 항목의 높이를 계산하여 화면에 표시할 수 있는 경우 적절한 인덱스(i 변수)로 리스트뷰 항목을 생성하도록 호출합니다. 이때 적절한 위젯을 반환하지 않으면 오류가 발생합니다.

4 빌더 패턴(Builder pattern)에 대해서는 `https://ko.wikipedia.org/wiki/빌더_패턴` 을 참고하세요

두 번째 예는 데이터의 개수가 사전에 정해지지 않는 동적 데이터 로딩 예제입니다. 여기에서는 휴대폰에 있는 주소록 목록을 표시해보겠습니다. 주소록 목록을 표시하기 위해서는 먼저 주소록에 연락처를 입력합니다. 안드로이드 에뮬레이터에 있는 내장 주소록에서 적절하게 데이터를 입력합니다. 여기서는 [그림 4-6]과 같이 입력했습니다.

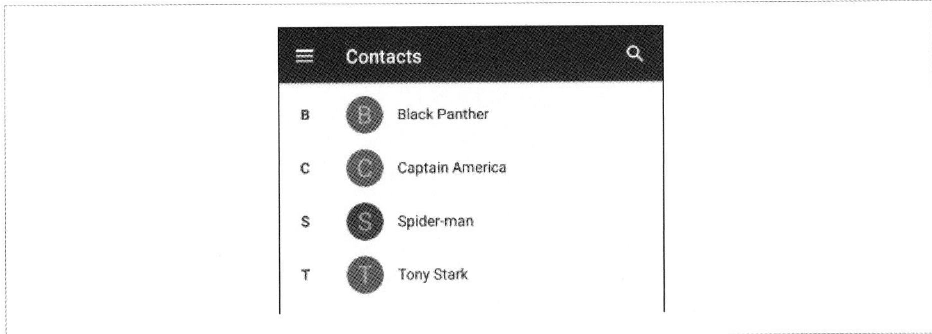

그림 4-6 주소록 현황(별도 입력 필요)

아이폰을 포함한 모바일 기기의 데이터에 접근하기 위해서는 채널(channel)이라고 불리는 플랫폼 접근이 필요합니다. 여기에서는 주소록 데이터베이스를 접근할 수 있는 contacts_service 패키지를 활용합니다(자세한 내용은 https://pub.dev/packages/contacts_service 참고).

패키지를 추가하기 위해 layout_widgets 프로젝트의 pubspec.yaml로 이동하여 다음 내용을 추가합니다.

```
dependencies:
  flutter:
    sdk: flutter
  cupertino_icons: ^0.1.2
  contacts_service: ^0.3.10
```

그 다음 AndroidManifest.xml 파일로 이동하여 다음 권한을 추가합니다. 안드로이드 스튜디오를 사용하는 경우 Project 뷰 상태에서 다음 경로로 이동합니다.

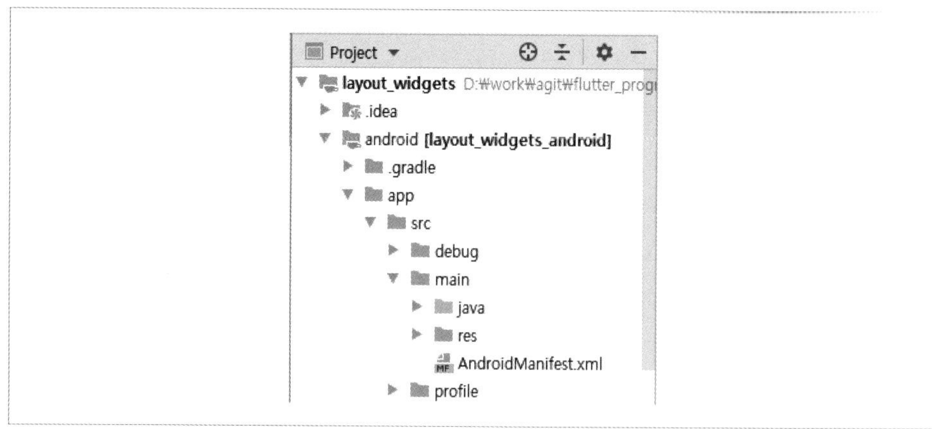

그림 4-7 layout_widgets 프로젝트 파일들

파일을 열고 다음의 내용을 추가합니다. 위치는 〈application〉 위입니다.

```
<uses-permission android:name="android.permission.READ_CONTACTS" />
<uses-permission android:name="android.permission.WRITE_CONTACTS" />
```

권한의 내용은 주소록을 읽고 쓰는 권한입니다. 사실 `WRITE_CONTACTS` 권한에 `READ_CONTACTS` 권한이 포함되어 있기 때문에 `WRITE_CONTACTS` 권한만 추가해도 효과는 같습니다.

NOTE_ AndroidManifest.xml이란?

모든 안드로이드 앱의 기본 정보를 지정합니다. 앱의 패키지 이름, 버전, 권한과 앱에 포함되는 각종 화면(Activities)과 서비스(Services, Content Provider, Broadcast Receiver 등)의 정보를 포함합니다.

여기에서는 안드로이드 폰에 포함된 주소록에 접근하므로 관련 권한을 미리 AndroidManifest.xml에 등록해야 합니다. 그렇지 않으면 권한이 필요한 기능을 실행할 때 앱이 중지됩니다(자세한 내용은 `https://developer.android.com/guide/topics/manifest/manifest-intro?hl=ko` 참고).

주소록을 표시하는 예제는 다음과 같습니다.

예제 4-7 주소록 v1

layout_widgets/lib/contacts_demo_v1.dart

```
import 'package:flutter/material.dart';
import 'package:contacts_service/contacts_service.dart';
```

```
void main() => runApp(ListViewDynamicApp());

class ListViewDynamicApp extends StatelessWidget { ❶
  static const String _title = "동적 ListView 위젯 데모";

  @override
  Widget build(BuildContext context) {
    return MaterialApp(
        title: _title,
        debugShowCheckedModeBanner: false,
        home: Scaffold(
          appBar: AppBar(title: Text(_title)),
          body: ContactListPage(),
        ));
  }
}

class ContactListPage extends StatefulWidget { ❷
  @override
  _ContactListPageState createState() => _ContactListPageState();
}

class _ContactListPageState extends State<ContactListPage> { ❸
  Iterable<Contact> _contacts;

  @override
  void initState() {
    super.initState();
    refreshContacts();
  }

  refreshContacts() async { ❹
    Iterable<Contact> contacts =
    await ContactsService.getContacts(withThumbnails: false);
    setState(() {
      _contacts = contacts;
    });
  }

  @override
  Widget build(BuildContext context) {
    return _contacts != null
        ? ListView.builder(itemCount: _contacts.length, itemBuilder: _buildRow) ❺
```

```
        : Center(child: CircularProgressIndicator()); ❺
  }

  Widget _buildRow(BuildContext context, int i) { ❼
    Contact c = _contacts.elementAt(i);
    return ListTile(
      leading: (c.avatar != null && c.avatar.length > 0)
          ? CircleAvatar(backgroundImage: MemoryImage(c.avatar))
          : CircleAvatar(child: Text(c.initials())),
      title: Text(c.displayName ?? ""),
    );
  }
}
```

❶ ListViewDynamicApp 클래스는 Stateless 위젯으로 MaterialApp 위젯의 일반적인 사용법과 동일합니다. body 속성으로 ContactListPage 위젯을 지정합니다.

❷ ContactListPage 위젯은 Stateful 위젯으로 _ContactListPageState 클래스를 포함합니다.

❸ _ContactListPageState 클래스는 initState() 메서드에서 상위 클래스의 initState() 메서드를 호출하고 refreshContacts() 메서드를 호출합니다. 이 메서드는 async 메서드로 비동기로 실행됩니다.

❹ refreshContacts() 메서드는 비동기로 contacts_service 패키지에 있는 ContactService.getContacts() 메서드를 호출합니다. withThumbnails 속성을 false로 하면 썸네일을 로딩하지 않기 때문에 속도가 빠릅니다. 로딩이 완료되면 setState() 메서드를 호출하여 _contacts 변수를 갱신합니다.

❺ 앱이 실행될 때는 주소록을 로딩하는 시간이 필요하기 때문에 _contacts 변수는 null입니다. 따라서 주소록이 로딩되기 전에는 CircularProgressIndicator 위젯을 표시합니다. setState() 메서드를 호출하면 build() 메서드가 호출되기 때문에 자동으로 최신 주소록이 표시됩니다(Stateful 위젯의 생명주기에 대해서는 2.5절 참고).

❻ 주소록 로딩이 완료되면 ListView.builder() 생성자를 호출하여 주소록을 표시합니다. itemCount 속성에는 목록의 개수를 지정하고 각 행에 대해서는 _buildRow() 메서드를 호출합니다. itemBuilder 속성 안에 모든 코드를 인라인할 수 있지만 코드의 가독성을 위해 별도 메서드로 분리하는 것이 깔끔합니다.

❼ _buildRow() 메서드는 ListTile 위젯을 사용하여 리스트의 각 행을 표시합니다. leading 속성에는 CircleAvatar 위젯으로 주소록에 있는 사진(avatar)을 표시하거나 없으면 이니셜(initials)만 표시합니다. title 속성에는 주소록의 표시 이름(displayName)을 표시하고 만약 없는 경우 빈 문자열("")로 대체합니다.

위의 코드로 실행하면 앱이 시작도 하기 전에 바로 죽습니다. 자세한 내용은 7장 채널 프로그래밍에서 다루겠지만 앞선 주소록의 권한을 선언했지만 사용자의 허락을 받지 않았기 때문입니다. 설정 앱으로 가서 Apps & notifications 〉 layout_widgets로 들어갑니다.

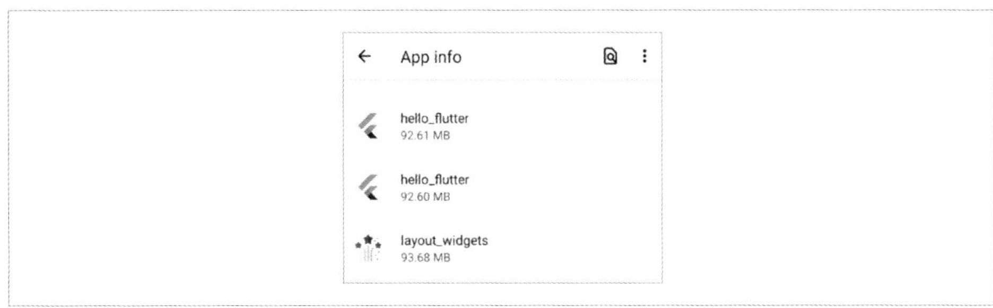

그림 4-8 설정 〉 앱 〉 layout_widgets 항목 확인

그 다음 Permissions 항목으로 들어가면 주소록 열람 권한이 없는 것을 알 수 있습니다.

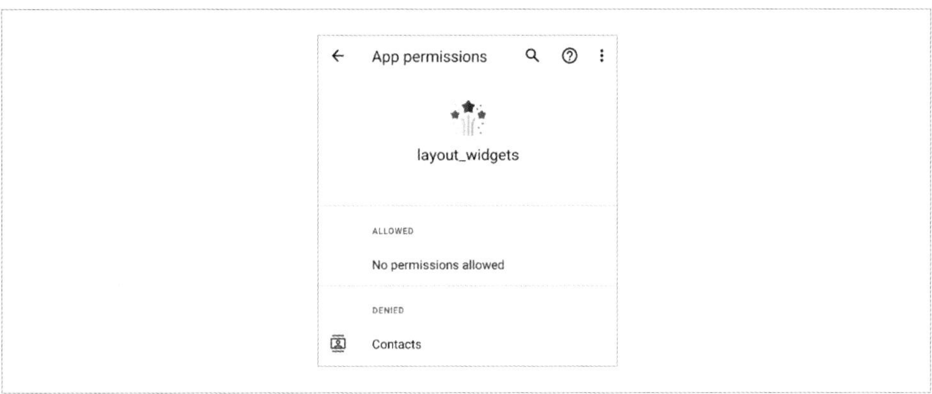

그림 4-9 주소록 열람 권한이 없는 상태

주소록 열람 권한을 활성화합니다

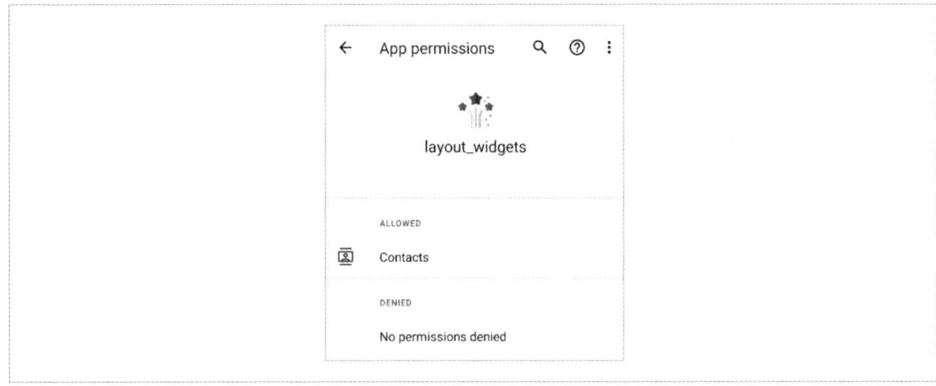

그림 4-10 주소록 열람 권한이 있는 상태

안드로이드 프로그래밍에서는 주소록 열람 권한을 사용자에게 명시적으로 허락받도록 되어 있습니다. 이에 대한 내용을 추가하면 설명이 길어지므로 7장에서 자세히 다룹니다.

이제 앱을 실행하면 다음과 같은 결과가 나옵니다.

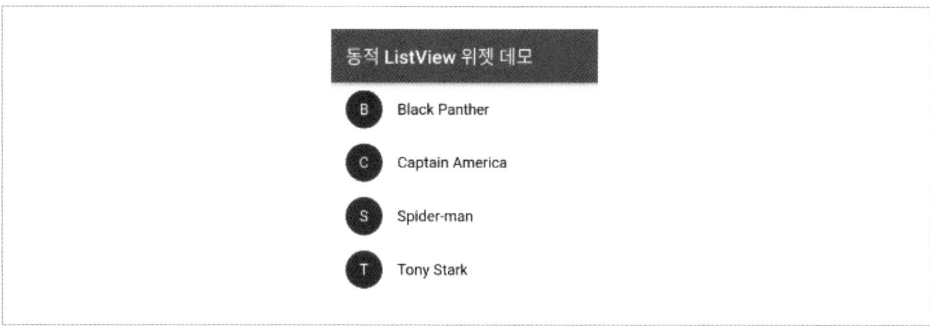

그림 4-11 listview_dynamic_demo.dart 실행 결과

설정에서 강제로 권한을 획득하는 것은 자연스러운 방법이 아닙니다. 사용자에게 권한을 명시적으로 얻는 방법은 무엇일까요? 원래는 android 혹은 ios 폴더에서 각 기기에 맞게 코딩해야 하지만 플러터에는 이미 구현해놓은 패키지가 존재합니다. [그림 4-12]와 같이 구글에서 검색합니다.

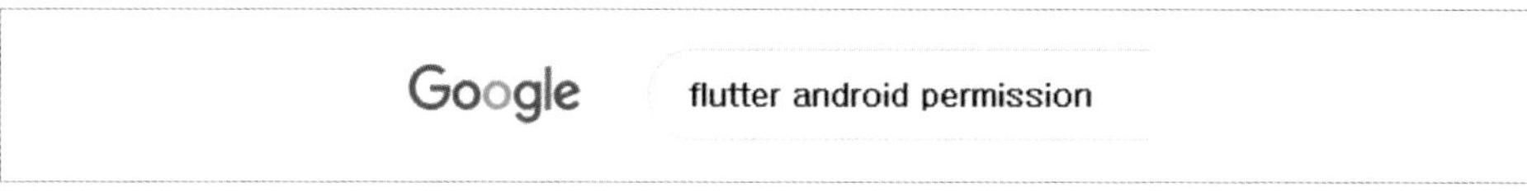

그림 4-12 플러터 안드로이드 퍼미션 검색

permission과 permission_handler 2개의 패키지가 검색됩니다.

permission | Flutter Package - Dart packages
https://pub.dev › packages › permission ▾ 이 페이지 번역하기
A new **Flutter** plugin for **permission**. ... **permission** 0.1.5. Published Oct 10, 2019. 2 likes. **flutter**. **android**. ios. web. Readme; Example; Installing; Versions. 89 ...

permission_handler | Flutter Package - Dart Pub
https://pub.dev › packages › permission_handler ▾ 이 페이지 번역하기
2019. 11. 8. - **Permission** plugin for **Flutter**. This plugin provides a cross-platform (iOS, **Android**) API to request and check **permissions**.

그림 4-13 플러터 안드로이드 퍼미션 검색 결과

이 중에서 더 안정적인 permission_handler 패키지를 사용합니다. 다음과 같이 pubspec.yaml에 permission_hanlder 패키지를 추가합니다.

```
dependencies:
  flutter:
    sdk: flutter

  cupertino_icons: ^0.1.2
  contacts_service: ^0.3.9
permission_handler: ^4.2.0 ❶
```

❶ permission_handler 4.2.0 버전을 추가했습니다.

그 다음 주소록 권한을 요청하는 코드를 추가합니다.

예제 4-8 주소록 v2(_ContactListPageState 클래스)

layout_widgets/lib/contacts_demo_v2.dart

```
import 'package:permission_handler/permission_handler.dart'; ❶

class _ContactListPageState extends State<ContactListPage> {
  Iterable<Contact> _contacts;

  @override
  void initState() {
    super.initState();
    _checkPermissions(); ❷
  }

  _checkPermissions() async { ❸
    await PermissionHandler().requestPermissions([PermissionGroup.contacts]);
    _refreshContacts(); ❹
  }

  _refreshContacts() async {
    Iterable<Contact> contacts =
        await ContactsService.getContacts(withThumbnails: false);
    setState(() {
      _contacts = contacts;
    });
  }
```

❶ permission_handler 패키지를 임포트합니다.

❷ 먼저 권한을 확인하는 _checkPermissions() 메서드를 호출합니다.

❸ 이 메서드는 사용자의 선택을 기다려야 하므로 async 키워드가 필요합니다. 그 다음 PermissionHandler().requestPermissions() 메서드를 호출합니다. 메서드 인자로는 앞서 AndroidManifest.xml에서 선언했던 주소록 권한(PermissionGroup.contacts)을 넣습니다.

❹ 권한을 획득하면 initState()에서 실행하려고 했던 _refreshContacts() 메서드를 호출합니다.

만약 주소록 권한이 없는 상태에서 contacts_demo_v2.dart 파일을 실행하면 [그림 4-14]와 같은 권한 요청 화면을 볼 수 있습니다.

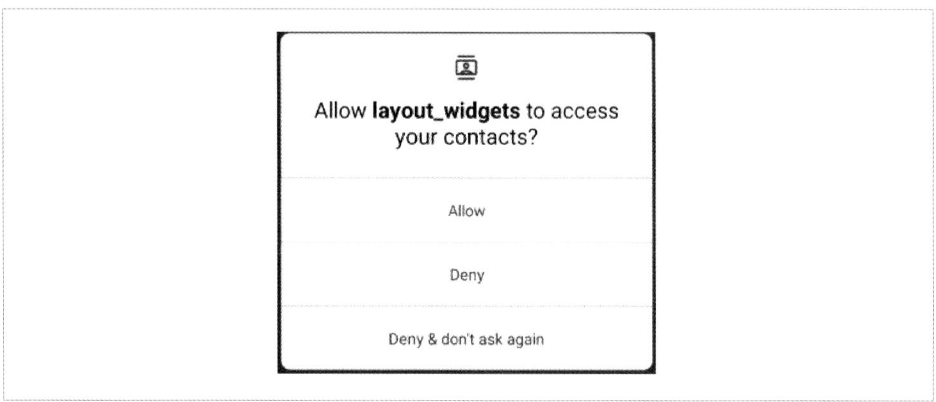

그림 4-14 주소록 권한 요청 화면

이때 수락(Allow)을 선택하면 앞서 본 주소록 화면과 동일한 결과를 얻을 수 있습니다. 만약 거절(Deny)을 선택하면 앱은 바로 종료됩니다.

그림 4-15 주소록 v2 실행 화면(주소록 권한을 획득한 경우)

권한 요청 화면 없이 바로 주소록이 표시된다면 이미 주소록 권한을 획득한 상태이므로 설정 〉 앱 〉 layout_widgets 〉 권한에서 주소록 권한을 강제로 비활성화시키면 됩니다(그림 4-16).

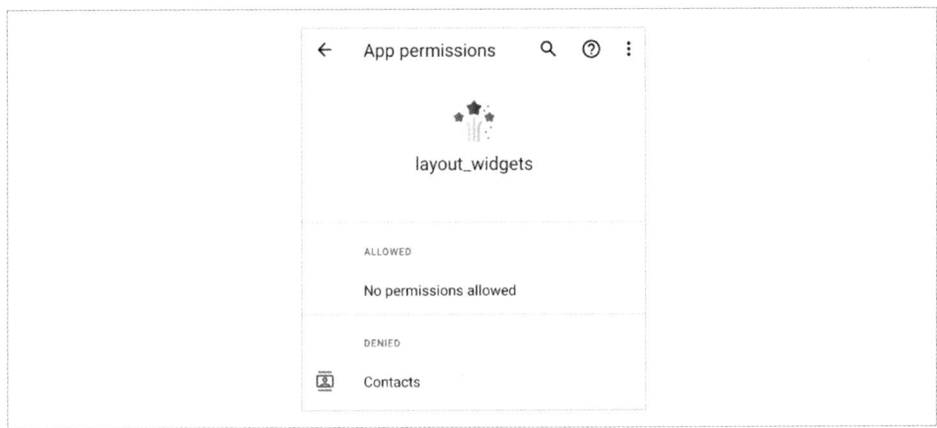

그림 4-16 layout_widgets 앱의 주소록 권한 비활성화 상태

`permisson_handler` 패키지에서 제공하는 권한을 [표 4-2]에 정리했습니다 필요한 권한을 `request_permissons()` 메서드에 인수로 넣으면 됩니다.

표 4-2 permission_handler 패키지에서 제공하는 주요 권한(안드로이드, iOS)

권한	안드로이드	iOS
PermissonGroup.calendar	Calendar 권한	Calendar (Events) 권한
PermissonGroup.camera	Camera 권한	Photos (Camera Roll 과 Camera) 권한
PermissonGroup.contacts	Contacts 권한	AddressBook 권한
PermissonGroup.location	Fine Location Coarse Location 권한	CoreLocation (Always와 WhenInUse) 권한
PermissonGroup.location Always	(Q-OS 이하) Fine Location Coarse Location 권한 (Q 이상) Background Location 권한	CoreLocation (Always) 권한
PermissonGroup.location WhenInUse	Fine Location Coarse Location 권한	CoreLocation (WhenInUse) 권한
PermissonGroup.phone	Phone 권한	NA
PermissonGroup.storage	External Storage 권한	'Documents'와 'Downloads' 폴더 접근 권한
PermissonGroup.notification	Notification 권한	Notification 권한

4.5 MaterialApp, Scaffold 위젯

지금까지 다양한 위젯을 알아봤습니다. 마지막 절에서는 모든 예제에서 당연하게(?) 사용했던 위젯인 MaterialApp과 Scaffold 위젯에 대해서 알아봅니다. 모든 앱에서 반드시 이 위젯들을 사용해야 할까요? 혹시 다른 것으로 바꾸면 어떤 일이 일어날까요?

이번 절에서는 특정 기능을 학습하기보다 플러터 내부로 더 들어가겠습니다. 첫 번째 예제부터 살펴보겠습니다.

예제 4-9 비 MaterialApp 예제
layout_widgets/lib/no_material_app_demo.dart

```
import 'package:flutter/widgets.dart'; ❶

void main() => runApp(NoMaterialApp());

class NoMaterialApp extends StatelessWidget {
  @override
  Widget build(BuildContext context) {
    return Container(
      padding: EdgeInsets.all(20),
      child: Text('이것은 머티리얼 앱이 아닙니다.', ❷
        textDirection: TextDirection.ltr,    ❸
      ),
    );
  }
}
```

❶ 임포트가 달라졌습니다. 기존의 material.dart를 임포트하는 것이 아니라 저수준의 widgets.dart 파일을 임포트합니다.

❷ 그 다음 Container 위젯에 Text 위젯을 하나 넣어서 표시합니다. 지금까지 본 것과 다른 점은 Text 위젯의 속성으로 TextDirection.ltr을 갖고 있다는 것입니다. 만약 이것을 빼면 실행 시 다음과 같은 오류가 발생합니다.

```
No Directionality widget found.
```

❸ ltr은 'left to right'라는 뜻으로 텍스트 방향을 의미합니다. 한국어와 영어는 왼쪽에서 오른쪽으로 읽는 언어이며 아랍어는 오른쪽에서 왼쪽으로 표기합니다. RTL이라고 부르기도 합니다.

이 예제를 실행 결과는 다음과 같습니다.

그림 4-17 no_material_app_demo.dart 실행 결과

정말 검은 화면에 글자만 표시합니다.

이제 MaterialApp 위젯으로 변경해보겠습니다. 여전히 Scaffold 위젯은 없는 상태입니다.

예제 4-10 MaterialApp을 추가한 예제
layout_widgets/lib/material_app_demo.dart

```
import 'package:flutter/material.dart'; ❶

void main() => runApp(MyMaterialApp());

class MyMaterialApp extends StatelessWidget {
  @override
  Widget build(BuildContext context) {
    return MaterialApp( ❷
      title: '머티리얼 앱',
      home: Container(
        padding: EdgeInsets.all(20),
        child: Text('이제는 머티리얼 앱입니다'),
      ),
    );
  }
}
```

❶ 임포트문이 material.dart 파일로 변경됐습니다.

❷ 앱의 최상위 위젯 또한 MaterialApp 위젯으로 교체됐습니다. 여전히 Scaffold 위젯은 없는 상태입니다. 어떤 결과가 나올까요?

실행 결과는 다음과 같습니다.

그림 4-18 material_app_demo.dart 파일 실행 결과

예상한 것과 다른가요? 아직도 기본적인 앱의 모습을 갖추지 못하고 있습니다.

마지막으로 MaterialApp 위젯과 Scaffold 위젯을 모두 포함한 형태입니다.

예제 4-11 MaterialApp에 Scaffold 위젯을 추가한 예제
layout_widgets/lib/material_scaffold_app_demo.dart

```
import 'package:flutter/material.dart';

void main() => runApp(MaterialScaffoldApp());

class MaterialScaffoldApp extends StatelessWidget {
  @override
  Widget build(BuildContext context) {
    return MaterialApp(
      title: '머티리얼 앱',
      home: Scaffold(  ❶
        appBar: AppBar(title: Text('진짜 머티리얼 앱')), ❷
        body: Text('이제야 재대로 된 머티리얼 앱입니다.'),
      ),
    );
  }
}
```

❶ MaterialApp 위젯의 home 속성에 Scaffold 위젯을 넣었습니다.

❷ Scaffold 위젯에는 우리에게 익숙한 AppBar와 body 속성에는 단순한 Text 위젯을 넣었습니다.

결과는 다음과 같으며 2장에서 만든 가장 단순한 앱(`hello_flutter/lib/simple_app.dart`) 수준입니다.

그림 4-19 material_scaffold_app_demo.dart 파일 실행 결과

그렇다면 MaterialApp 위젯은 어떤 일을 하는 것일까요? 지금까지 내용으로는 화면 표시에 대한 역할은 모두 Scaffold 위젯이 담당하고 있음을 알 수 있습니다. MaterialApp 위젯의 큰 역할로는 화면 이동(Routes)과 테마(Theme) 지정이 있습니다. 화면 이동은 5장에서 다루며 여기서는 테마에 대해서 간단히 알아봅니다.

테마는 앱 전체의 룩앤필을 담당합니다. 주 색상(primary color)이나 강조 색상(accent color), 폰트 등을 지정할 수 있습니다. 요즘 많은 앱이 채택하고 있는 다크 테마(dark theme)도 플러터에서는 간단하게 추가할 수 있습니다.

예제 4-12 테마를 적용한 MaterialApp

layout_widgets/lib/simple_theme_demo.dart

```
import 'package:flutter/material.dart';

void main() => runApp(SimpleThemeApp());

class SimpleThemeApp extends StatelessWidget {
  @override
  Widget build(BuildContext context) {
    return MaterialApp(
      title: 'SimpleThemeApp',
      theme: ThemeData( ❶
          brightness: Brightness.light, ❷
          primaryColor: Colors.purple,
          accentColor: Colors.cyan[600],
          fontFamily: 'Raleway'),
      darkTheme: ThemeData( ❸
        brightness: Brightness.dark,
      ),
      home: Scaffold(
        appBar: AppBar(title: Text('Simple Theme App')),
        body: Center(
          child: Text(
```

```
            'This is my custom fonts.',
            style: TextStyle(
                fontFamily: 'Poppins',
                fontSize: 25,
                fontWeight: FontWeight.bold),
          ),
        ),
      ),
    );
  }
}
```

❶ 테마 지정은 MaterialApp 위젯의 theme 속성에 정의합니다. ThemeData 객체에 지정한 테마 속성은 다음과 같습니다.

```
brightness: Brightness.light,
primaryColor: Colors.purple,
accentColor: Colors.cyan[600],
fontFamily: 'Raleway'
```

❷ 밝기는 Brightness.light(기본)로 선택하고 주 색상은 보라색으로, 강조 색상은 Color.cyan[600]으로 했습니다. 폰트는 구글 폰트[5]에서 무료로 받을 수 있는 Raleway로 지정했습니다.

NOTE_ 플러터에서 폰트 추가하는 방법

앱에 필요한 폰트를 내장하는 경우 pubspec.yaml 파일에 폰트 파일 경로를 지정합니다. 앞의 예제에서는 Raleway와 Poppins 폰트를 지정했는데 다음과 같이 미리 등록해두었습니다.

layout_widgets/pubspec.yaml

```
fonts:
    - family: Raleway
      fonts:
        - asset: assets/fonts/Raleway-Regular.ttf
        - asset: assets/fonts/Raleway-Italic.ttf
          style: italic
    - family: Poppins
      fonts:
```

5 https://fonts.google.com/

```
      - asset: assets/fonts/Poppins-Regular.ttf
      - asset: assets/fonts/Poppins-Bold.ttf
        weight: 700
```

실제 폰트 파일은 위에서 지정한 assets/fonts에 있으면 됩니다. 만약 파일이 없는 경우 다음과 같이 오류 메시지가 발생합니다. 앱은 실행에는 문제없습니다.

```
Error: unable to locate asset entry in pubspec.yaml: "assets/fonts/Raleway-
Regular.ttf".
(지정된 폰트 파일이 없는 경우)
```

❸ 안드로이드 10(Q)에서는 기기 수준에서 다크 테마를 지정할 수 있습니다. 따라서 플러터에서도 darkTheme 속성에 필요한 ThemeData 객체를 지정할 수 있습니다. 예제에서는 밝기만 어둡게 지정했습니다.

테마에서 공통 폰트를 지정한 경우에도 개별 위젯 단위로 다른 폰트를 지정할 수 있습니다. Text 위젯에는 Poppins 폰트를 지정했습니다.

예제의 실행 결과는 다음과 같습니다. 만약 설정 〉 디스플레이 〉 다크 테마를 ON하는 경우 [그림 4-20] 오른쪽처럼 앱 화면도 변하게 됩니다.

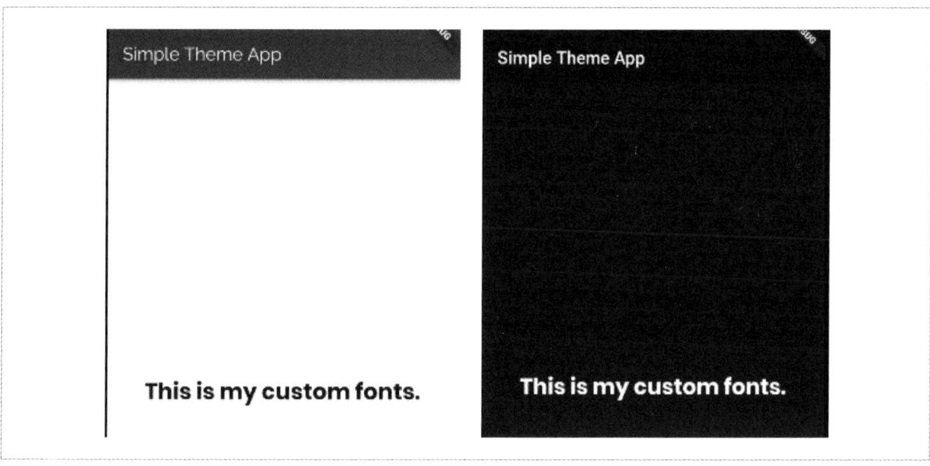

그림 4-20 simple_theme_demo.dart에 다크 테마 적용 전과 적용 후

다음 장에서는 MaterialApp 위젯과 관련이 있는 화면 이동과 상태 관리에 대해서 알아봅니다.

4.6 마치며

이번 장에서는 플러터 앱을 구성하는 다양한 위젯에 대해 알아봤습니다. 비교적 단순한 Text, Image, RaisedButton 위젯부터 레이아웃을 구성하는 Container, Row, Column, Padding, Expanded 등의 위젯과 다수의 항목을 표시할 수 있는 ListView 위젯을 배웠습니다.

위젯에 대해서는 많이 알수록 개발자가 할 일이 줄어듭니다. 기본 공식처럼 사용되는 MaterialApp, Scaffold, AppBar와 같은 위젯이 왜 필요한지 생각해볼 수 있었습니다.

CHAPTER 5

화면 이동과 상태 관리

이 장의 내용

- 새로운 화면으로 이동
- 동적 Routes 활용 : onGenerateRoutes
- 상태 관리

모바일 앱은 일반적으로 다수의 화면으로 구성됩니다. 데스크톱 애플리케이션이 메인 화면과 여러 메뉴로 구성된 것처럼 모바일 앱도 다른 화면으로 이동하거나 좌측 서랍drawers을 갖거나 탭tab 구조로 되어 있는 앱도 있습니다. 단순하게 메모장 앱을 생각해보면, 앱 아이콘을 클릭하고 들어가면 메모 목록이 등장합니다. 메모 목록을 클릭하면 메모 상세 화면으로 넘어가고 메인 화면에서 [+] 버튼을 누르면 새로운 메모를 추가하고 [연필] 버튼을 누르면 편집 화면으로 이동합니다.

플러터에서 화면을 이동하려면 어떻게 해야 할까요? 이번 장에서는 단순하게 다른 화면으로 이동하는 방법과 플러터에서 제공하는 경로를 활용하여 내가 원하는 화면으로 이동하는 방법을 알아봅니다. 그리고 여러 화면이 있는 경우 앱의 상태 관리state management가 필요하게 되는데 프로바이더(Provider)를 활용하여 어떻게 플러터에서 상태 관리를 할 수 있는지 알아봅니다.

5.1 새로운 화면으로 이동

이제까지의 예제(혹은 demo 다트 파일)는 단일 화면이었습니다. 새로운 화면으로 이동하기 위해서는 `Navigator` 클래스가 필요합니다. 이동할 때는 `Navigator` 클래스의 `push( )` 메서드를 호출하고 다시 돌아올 때는 pop() 메서드를 호출합니다. 마치 컴퓨터공학에서 자료구조 시간에 배우는 스택stack 구조를 떠올리면 쉽습니다.

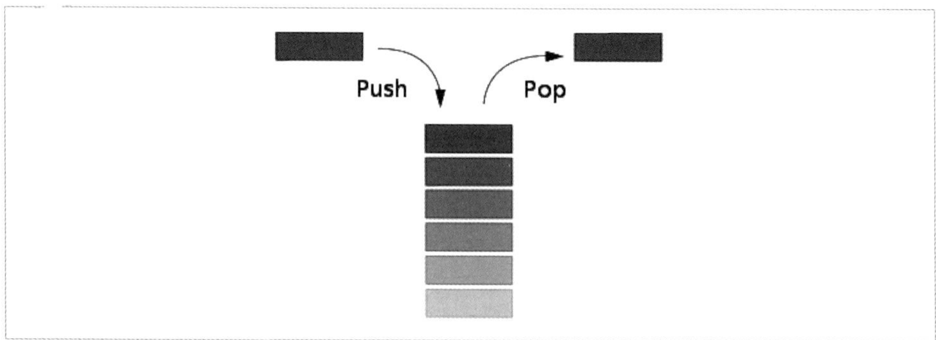

그림 5-1 Push – 새로운 화면 표시 / Pop – 이전 화면 복귀[1]

다음은 Navigator 클래스를 활용하여 push()와 pop()을 처리하는 예제입니다.

예제 5-1 Navigator push 예제

navigation_state/lib/navigator_push_demo.dart

```
import 'package:flutter/material.dart';

void main() => runApp(NavigatorPushDemo());

class NavigatorPushDemo extends StatelessWidget {
  @override
  Widget build(BuildContext context) {
    return MaterialApp(
      debugShowCheckedModeBanner: false,
      home: MainPage(),
    );
  }
}

class MainPage extends StatelessWidget {
   _showNextPage(BuildContext context) => Navigator.push(     ❶
      context, MaterialPageRoute(builder: (context) => NextPage()));
```

1 https://ko.wikipedia.org/wiki/%EC%8A%A4%ED%83%9D

```
  @override
  Widget build(BuildContext context) {
    return Scaffold(
      appBar: AppBar(
        title: Text('Navigator 기본 데모'),
      ),
      body: Center(
        child: RaisedButton(
          onPressed: () => _showNextPage(context),
          child: Text('다음 화면으로 이동'),
        ),
      ),
    );
  }
}

class NextPage extends StatelessWidget {
  _backToMainPage(BuildContext context) => Navigator.pop(context);     ❷

  @override
  Widget build(BuildContext context) {
    return Scaffold(
      appBar: AppBar(
        title: Text('다음 페이지'),
      ),
      body: Center(
        child: RaisedButton(
          onPressed: () => _backToMainPage(context),
          child: Text('돌아가기'),
        ),
      ),
    );
  }
}
```

이 예제는 MainPage와 NextPage라는 두 페이지로 구성되어 있습니다.

❶ MainPage 클래스입니다. Scaffold 위젯으로 구성되어 있으며 RaisedButton 위젯을 누르면 _onPressed 이벤트를 받아 _showNextPage() 메서드가 호출됩니다. 이 메서드에서 새로운 페이지로 이동하는 코드는 다음과 같습니다.

```
Navigator.push(context, MaterialPageRoute(builder: (context) => NextPage()));
```

Navigator 클래스의 push() 메서드를 호출하고 인자로 BuildContext 타입의 context와 MaterialPageRoute 객체를 넘깁니다. 첫 번째 인자인 context 변수는 왜 필요할까요?

BuildContext는 플러터의 내부에 해당합니다. 앱 개발자가 회면에 표시하기 위해서는 Stateless 위젯과 Stateful 위젯만 알고 있으면 되지만 실제로 플러터 내부에는 Element와 같이 더 많은 내용으로 채워져 있습니다. BuildContext는 이러한 내부 객체로 접근할 때 필요합니다.

BuildContext 객체는 StatelessWidget 클래스의 build() 메서드의 인자로 넘어옵니다. 여기서는 깊이 들어가지 않으니 화면 이동을 위해서 BuildContext 객체가 필요하다고 생각하면 됩니다.

MaterialPageRoute 클래스는 머티리얼 앱의 룩앤필에 맞는 화면 전환을 해주는 클래스입니다. 어떤 화면으로 이동할지 구체적인 내용을 정의할 수 있으며 인자로 BuildContext 객체를 받아 새로운 페이지를 의미하는 NextPage 위젯을 반환합니다.

❷ 다음은 NextPage 클래스입니다. 앞서 MainPage와 마찬가지로 독립적인 화면이므로 Scaffold 위젯으로 시작합니다. 같은 방식으로 버튼을 누르면 _backToMainPage() 메서드를 호출합니다. 이 메서드에서 이전 화면으로 돌아가는 코드는 다음과 같습니다.

```
Navigator.pop(context);
```

앞서 밀어 넣었던(push) 것을 빼오는(pop)것 뿐입니다. 이 역시 플러터 내부를 조작하기 때문에 context 인자가 필요합니다. 이전 페이지로 돌아가기 위해서 화면 중앙의 버튼이나 AppBar 좌측 상단에 있는 화살표(←) 버튼을 눌러도 됩니다.

예제 실행 결과는 다음과 같습니다.

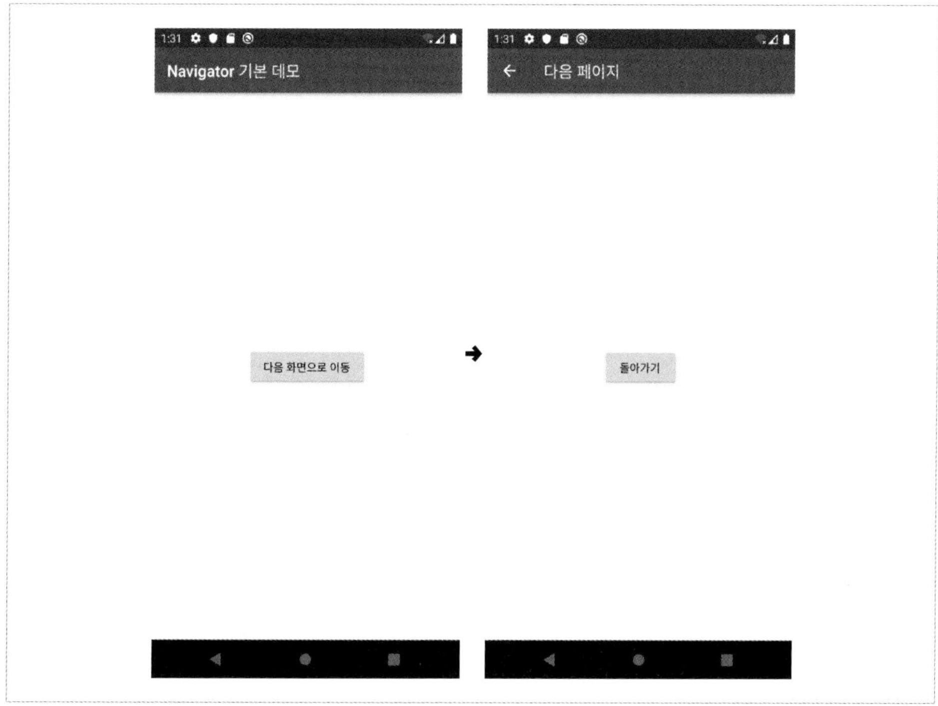

그림 5-2 navigator_push_demo.dart 실행 결과

Navigator로 새로운 화면으로 이동하는 다른 방법을 알아보겠습니다. 어떤 페이지에서 다른 페이지로 이동할 때 매번 새로운 페이지를 새로 생성하는 것은 비효율적입니다. 그래서 플러터에서는 각 페이지 상위단에서 전체 페이지의 경로(routes)를 정의하는 방법을 제공합니다. 즉, MaterialApp 수준에서 페이지 경로를 지정할 수 있습니다.

routes를 정의하고 활용하는 코드는 다음과 같습니다. UI는 앞선 데모와 동일합니다.

예제 5-2 Navigator Routes 활용 예제
navigation_state/lib/navigator_routes_demo.dart

```
import 'package:flutter/material.dart';

void main() => runApp(NavigatorRoutesDemo());

class NavigatorRoutesDemo extends StatelessWidget {
  @override
  Widget build(BuildContext context) {
    return MaterialApp(
```

```
      debugShowCheckedModeBanner: false,
      initialRoute: '/',  ❶
      routes: {
        '/': (context) => MainPage(),
        '/next': (context) => NextPage(),
      },
    );
  }
}

class MainPage extends StatelessWidget {
  _showNextPage(BuildContext context) => Navigator.pushNamed(context, '/next'); ❷

  @override
  Widget build(BuildContext context) {
    return Scaffold(
      appBar: AppBar(
        title: Text('Navigator Routes 데모'),
      ),
      body: Center(
        child: RaisedButton(
          onPressed: () => _showNextPage(context),
          child: Text('상세 페이지로 이동'),
        ),
      ),
    );
  }
}

class NextPage extends StatelessWidget {
  _backToMainPage(BuildContext context) => Navigator.pop(context); ❸

  @override
  Widget build(BuildContext context) {
    return Scaffold(
      appBar: AppBar(
        title: Text('다음 페이지'),
      ),
      body: Center(
        child: RaisedButton(
          onPressed: () => _backToMainPage(context),
          child: Text('메인 페이지로 돌아가기'),
        ),
      ),
    );
```

```
    }
}
```

가장 먼저 달라진 점은 MaterialApp의 속성입니다.

❶ initialRoute 속성은 앱이 시작할 때 첫 경로를 의미합니다. 편의상 루트(root) 경로인 /를 넣으면 됩니다. 중요한 것은 routes 속성입니다. routes는 맵(Map)으로 좌측에는 화면 경로의 이름을 문자열 키로 하고 값에는 실제 화면 위젯을 넣습니다.

```
routes: {
        '/': (context) => MainPage(),
        '/next': (context) => NextPage(),
      },
```

위 내용은 / 키에 MainPage 위젯을 /next 키에 NextPage 위젯을 매핑하고 있습니다. 앞서 navigator_push_demo.dart 파일에서는 각 페이지에 다음 이동할 페이지를 명시하기 때문에 MainPage와 NextPage 위젯이 서로 종속관계가 됩니다. 하지만 routes를 사용하면 각 페이지 간 의존성이 끊기고 오직 routes에 정의한 key만 넘기면 됩니다.

❷ routes에 정의된 이름을 기반으로 새로운 화면으로 이동할 때는 pushNamed() 메서드를 호출합니다.

```
Navigator.pushNamed(context, '/next');
```

❸ push()를 사용하든 pushNamed()를 사용하든 이전 화면으로 돌아올 때는 스택처럼 pop() 메서드를 호출하면 됩니다. 앞으로는 routes 방식을 사용하기 바랍니다. 전체 앱에서 어떤 화면이 들어 있고 어떤 관계를 갖는지 선언적[declarative]으로 표현할 수 있습니다.

routes의 키는 이미 눈치챘겠지만 웹의 URL과 같은 방식을 채택하고 있습니다. 사실 내부적으로는 어떠한 문자열도 키로 사용할 수 있지만 [표 5-1]처럼 화면을 구성하면 전체 구조를 일목요연하게 구성할 수 있습니다.

표 5-1 가상 앱의 routes 구성도

routes	화면
'/'	메인 목록 화면
'/detail'	개별 아이템의 상세 화면
'/edit'	개별 아이템의 편집 화면
'/settings'	설정 화면
'/about'	앱 정보 화면

5.2 동적 routes 활용 : onGenerateRoutes

routes 사용법을 살펴봤으므로 실제 예제로 자세히 확인해보겠습니다. 화면을 이동할 때는 단순히 새로운 화면을 표시하는 것으로는 부족합니다. 새로운 화면으로 이동할 때 필요한 데이터를 함께 넘겨줘야 합니다. 예를 들어 현재 화면이 목록을 표시하고 있다면 특정 항목을 선택할 때 그 항목의 세부사항을 보여주면 좋을 것입니다. 단순히 상세 페이지만 표시하면 사용자가 어떤 것을 선택했는지 알 수 없습니다.

4장에서 만든 주소록인 contacts_demo_v2.dart 파일을 확장하여 주소록을 클릭했을 때 상세 페이지를 보여주는 기능을 추가해보겠습니다. 페이지가 2개이므로 각각 다른 다트 파일로 분리하겠습니다. 페이지별로 다트 파일을 분리해두면 다른 앱에서 재활용하거나 버그를 수정할 때도 같은 페이지만 보면 되므로 편리합니다. contacts_demo_v3 앱의 구조는 다음과 같습니다.

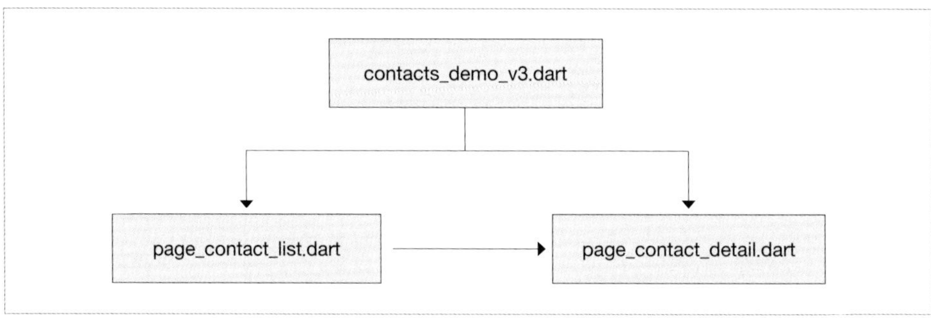

그림 5-3 주소록 v3 앱 구조

먼저 전체 앱을 담당하는 다트 파일입니다.

예제 5-3 주소록 v3

navigation_state/lib/contact_demo_v3.dart

```
import 'package:contacts_service/contacts_service.dart';
import 'package:flutter/material.dart';
import 'page_contact_list.dart'; ❶
import 'page_contact_detail.dart';

void main() => runApp(ContactsDemoV3());

class ContactsDemoV3 extends StatelessWidget {
  @override
```

```
  Widget build(BuildContext context) {
    return MaterialApp(
        debugShowCheckedModeBanner: false,
        home: ContactListPage(),   ❷
        onGenerateRoute: (RouteSettings settings) {  ❸
          if (ContactDetailPage.routeName == settings.name) {
            Contact c = settings.arguments;
            return MaterialPageRoute(
                builder: (context) => ContactDetailPage(c));
          }
          return _noWay;
        });
  }

  final MaterialPageRoute _noWay = MaterialPageRoute(  ❹
    builder: (_) => Scaffold(
      body: Center(
        child: Text('경로가 없습니다'),
      ),
    ),
  );
}
```

❶ 임포트 문입니다. 지금까지는 package:로 시작되는 패키지를 임포트했지만 같은 프로젝트에 있는 다트 파일을 추가할 때는 파일 경로만 입력하면 됩니다.

```
import 'page_contact_list.dart';
import 'page_contact_detail.dart';
```

❷ home 속성에는 ContactListPage 위젯을 지정했습니다. 바로 아래에 onGenerateRoute 속성이 보입니다. 앞서 navigator_routes_demo.dart 파일에서는 MaterialApp 위젯 안에 initialRoute와 routes 속성을 지정했지만 이것만으로는 다른 페이지로 이동할 때 추가적인 정보를 넘길 수 없습니다.

❸ 동적으로 routes를 구성하기 위해서는 onGenerateRoute 속성을 구현해야 합니다. 이 속성에 실행되는 함수의 원형은 다음과 같습니다.

```
typedef RouteFactory = Route<dynamic> Function(RouteSettings settings);
```

한마디로 RouteSettings 객체를 인자로 받아서 Route<dynamic>을 반환하는 함수입니다. RouteSettings에는 경로 이름인 name과 새로운 페이지에 넘길 인자인 arguments 속성만 알고 있으면 됩니다.

❹ 만약 settings.name이 ContactDetailPage의 경로 이름(routeName)과 동일한 경우 arguments 속성에서 Contact 객체를 가져와서 ContactDetailPage 위젯으로 이동합니다. 적절한 경로명을 찾을 수 없을 때는 _noWay라는 경로로 이동합니다.

ContactListPage 위젯의 소스코드는 다음과 같습니다.

예제 5-4 ContactListPage 위젯

navations_state/lib/page_contact_list.dart

```
import 'package:flutter/material.dart';
import 'package:contacts_service/contacts_service.dart';
import 'page_contact_detail.dart';  ❶

class ContactListPage extends StatefulWidget {
  @override
  _ContactListPageState createState() => _ContactListPageState();
}

class _ContactListPageState extends State<ContactListPage> {
  Iterable<Contact> _contacts;

  @override
  void initState() {
    super.initState();
    refreshContacts();
  }

  refreshContacts() async {
    Iterable<Contact> contacts =
        await ContactsService.getContacts(withThumbnails: false);
    setState(() {
      _contacts = contacts;
    });
  }

  @override
  Widget build(BuildContext context) {
    return Scaffold(
        appBar: AppBar(title: Text('주소록 데모')),
        body: _contacts != null
            ? ListView.builder(
                itemCount: _contacts.length,
                itemBuilder: _buildRow,
```

```
                )
              : Center(child: CircularProgressIndicator()));
  }

  Widget _buildRow(BuildContext context, int i) {
    Contact c = _contacts.elementAt(i);
    return ListTile(
      leading: (c.avatar != null && c.avatar.length > 0)
          ? CircleAvatar(backgroundImage: MemoryImage(c.avatar))
          : CircleAvatar(child: Text(c.initials())),
      title: Text(c.displayName ?? ""),
      onTap: () => Navigator.pushNamed(context, ContactDetailPage.routeName,   ❷
          arguments: c),
    );
  }
}
```

❶ 임포트 문입니다. ContactListPage 위젯과 ContactDetailPage 위젯은 기능적으로 완전히 분리되어 있으나 ContactDetailPage의 경로 이름(routeName 변수)을 참조하기 위해 임포트에 추가했습니다.

❷ 대부분의 내용은 contacts_demo_v1.dart와 동일하며 주소록 항목을 선택하면 ContactDetailPage에 선택된 주소록 객체를 넘기는 부분만 추가됐습니다.

Navigator.pushName() 메서드는 이름 있는 인자로 arguments를 지정할 수 있습니다. 플러터에서 이름 있는 인자의 경우 반드시 이름을 지정해야 합니다. 이 인자에는 내가 선택한 주소록 객체인 c를 넘깁니다. 앞서 push() 메서드보다 호출 부분이 간결해졌습니다.

ContactDetailPage 위젯의 소스코드는 다음과 같습니다.

예제 5-5 ContactDetailPage 위젯
navigation_state/lib/page_contact_detail.dart

```
import 'package:flutter/material.dart';
import 'package:contacts_service/contacts_service.dart';

class ContactDetailPage extends StatelessWidget {
  static const String routeName = '/contact';   ❶

  ContactDetailPage(this._contact);   ❷

  final Contact _contact;

  @override
```

```
  Widget build(BuildContext context) {
    return Scaffold(
      appBar: AppBar(title: Text(_contact.displayName ?? "")),   ❸
      body: ListView(
        children: <Widget>[
          ListTile(
            title: Text('Name'),
            trailing: Text(_contact.givenName ?? ""),
          ),
          ListTile(
            title: Text('Phones'),
            trailing: Text(
                _contact.phones.isNotEmpty ? _contact.phones.first.value : ""), ❹
          ),
          ListTile(
            title: Text('Emails'),
            trailing: Text(
                _contact.emails.isNotEmpty ? _contact.emails.first.value : ""),
          ),
        ],
      ),
    );
  }
}
```

❶ 외부에서 ContactDetailPage에 접근할 때 사용하는 routeName 상수를 선언합니다.

❷ ContactDetailPage 위젯은 Stateless 위젯으로 주어진 주소록 객체의 정보를 맴버 변수로 갖고 있습니다.

❸ 주소록 내용은 ListView로 표시합니다. 사용하는 정보로는 주소록의 이름(displayName), 전화번호(phones), 이메일 주소(emails)가 있으며 이것을 ListTile 위젯에 넣었습니다. 이름이 없는 경우에는 빈 문자열이 표시됩니다.

❹ 전화번호와 이메일은 존재하지 않을 수도 있고 여러 개를 가질 수도 있습니다. 여기에서는 이들이 존재하는 경우 첫 번째 것만 표시합니다.

ContactDetailPage 실행 예입니다. 모든 정보는 실제 폰에 있는 주소록을 활용하기 때문에 이 예제를 실행하기 앞서 주소록에 사전 정보를 넣어야 합니다.

그림 5-4 주소록 상세 화면

현재 이 예제에는 큰 문제가 있습니다. 예를 들어 플러터 주소록 앱을 실행한 후 폰에 있는 기본주소록 앱에서 정보를 변경하면 새로운 정보가 반영되지 않습니다. 그 이유는 `initState()` 메서드에 있습니다. 현재는 앱이 처음 실행될 때만 폰에 있는 주소록을 로딩하고 이후에는 갱신하지 않습니다. 어떻게 해야 할까요?

이에 대해서는 다음 절인 상태 관리에서 알아보도록 하겠습니다.

5.3 상태 관리

상태state라는 단어는 모든 프로그래머에게 친숙합니다. 가깝게는 지역변수를 상태라고 부르고 객체지향 프로그래밍에서는 다른 객체의 상태를 가져오는 게터(getter) 메서드로부터 상태를 가져올 수 있으며 데이터베이스와 같은 외부 시스템과 연동하기도 합니다.

플러터 공식 문서[2]에 따르면 앱의 상태는 크게 페이지 단위의 지역ephemeral 상태와 앱 상태로 구별됩니다. 안드로이드 개발자로서 앱 상태가 필요한 경우가 많았지만 UI 프레임워크 수준에서 앱 상태를 지원하는 것은 겪어보지 못했습니다.

다소 어려울 수 있지만 간단히 요약하면 프로그램의 어떤 상태가 (1)페이지에서만 유지되는가? 아니면 (2)앱 전반으로 유지되는가? 이렇게 구별하면 됩니다.

2 https://flutter.dev/docs/development/data-and-backend/state-mgmt/ephemeral-vs-app

플러터의 앱 상태 관리를 체험할 수 있는 가장 확실한 방법은 다음 사항이 유기적으로 연계되는지 알아보는 것입니다.

1 사용자 로그인 정보
2 앱 관련 환경 정보(예: 위치 정보, 센서 정보 등)
3 사용자의 행동 정보(예: 장바구니, 사용자 선택사항 등)

지금부터 하나씩 살펴보겠습니다.

여기에서는 provider 패키지를 중심으로 가장 기본적인 상태 관리 방식인 ChangeNotifier Provider에 대해 알아보겠습니다.

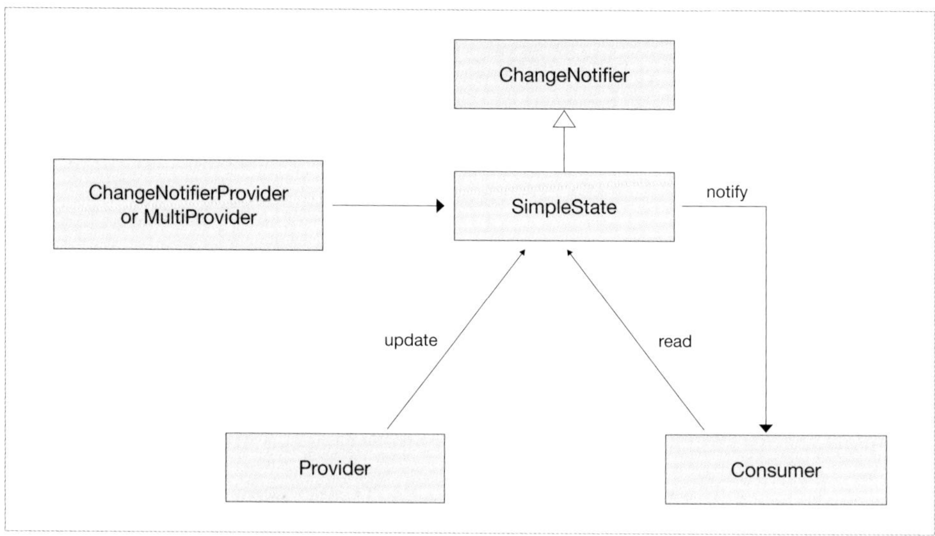

그림 5-5 플러터의 상태 관리 주요 클래스(provider 패키지)

먼저 4.3절에서 다룬 로그인 화면으로 돌아갑니다. 그 예제에서는 로그인 화면의 UI만 작성했고 이메일 주소와 비밀번호의 유효성을 검증하는 코드는 작성하지 않았습니다. 단지 취소 버튼을 눌렀을 때 앱을 종료하는 기능만 구현했습니다.

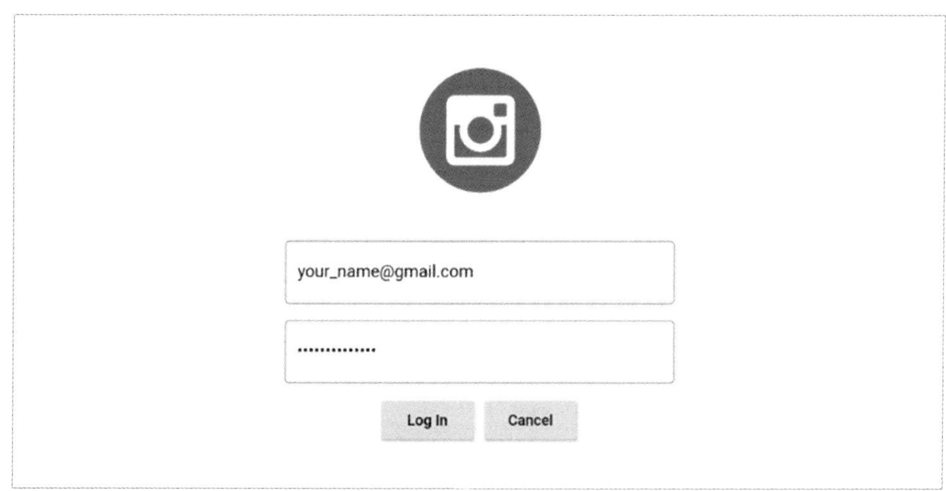

그림 5-6 4장에서 다룬 로그인 페이지

기능을 추가하기 전에 먼저 코드의 구조를 정리합니다. 이제는 앱과 각 페이지를 별도 파일로 분리합니다. `login_form_demo_v2` 앱 구조는 다음과 같습니다.

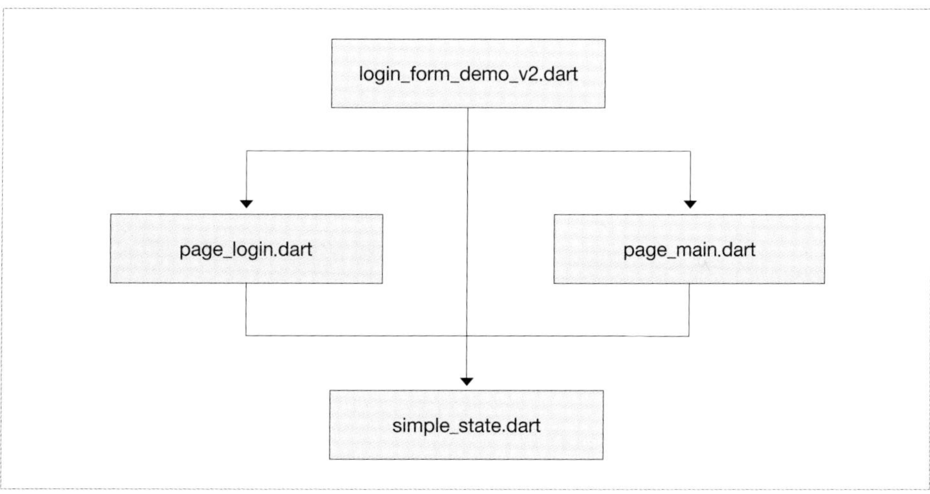

그림 5-7 로그인 폼 v2 앱 구조

먼저 앱 전체를 의미하는 StateLoginDemo 위젯입니다.

예제 5-6 로그인 폼 v2

navigation_state/lib/login_form_demo_v2.dart

```
import 'package:flutter/material.dart';
import 'package:provider/provider.dart';    ❶

import 'page_login.dart';
import 'page_main.dart';
import 'state_simple.dart';

void main() => runApp(
    ChangeNotifierProvider(  ❷
      builder: (context) => SimpleState(),
      child: StateLoginDemo(),
    ));

const String ROOT_PAGE = '/';
const String MAIN_PAGE = '/main';

class StateLoginDemo extends StatelessWidget {

  @override
  Widget build(BuildContext context) {
    return MaterialApp(
      title: '로그인 폼',
      debugShowCheckedModeBanner: false,
      initialRoute: ROOT_PAGE,
      routes: {  ❸
        ROOT_PAGE : (context) => LoginPage(),
        MAIN_PAGE: (context) => MainPage(),
      },
    );
  }
}
```

많은 내용이 추가됐습니다. 하나씩 살펴보겠습니다.

❶ 상태 관리를 위해서는 먼저 provider 패키지가 필요합니다.

```
import 'package:provider/provider.dart';
```

이 패키지를 사용하기 위해서는 pubspec.yaml의 dependencies 항목에 다음의 내용을 추가합니다.

```
provider: ^4.0.2
```

provider 패키지에서 제공하는 주요 클래스는 다음과 같습니다.

- ChangeNotifierProvider
- MultiProvider
- Provider
- Consumer

❷ ChangeNotifierProvider 클래스는 단일 모델을 제공하는 역할을 합니다. 만약 다수의 모델 클래스를 지정하려면 MultiProvider 클래스를 사용합니다. Provider는 앞서 지정한 모델에 접근하여 모델에 값을 갱신할 수 있도록 해줍니다. ChangeNotifierProvider를 앱의 최상단에 지정했으므로 앱 전체에서 SimpleState 모델을 접근할 수 있습니다. 마지막으로 Consumer 클래스는 Provider 클래스에 제공되는 모델 클래스를 읽어오는 클래스입니다. Provider가 변경되면 Consumer로 감싼 위젯은 자동으로 갱신됩니다.

그 다음 상태 변경을 알릴 수 있도록 앱의 최상단에 ChangeNotifierProvider 클래스를 준비합니다.

```
void main() => runApp(
    ChangeNotifierProvider(
      builder: (context) => SimpleState(),
      child: StateLoginDemo(),
    ));
```

❸ 페이지 경로(routes)를 지정합니다. 여기에서는 루트 페이지로 LoginPage 위젯을 메인 페이지로 MainPage 위젯을 지정했습니다.

SimpleState 클래스는 상태 관리의 대상 모델(model)을 의미합니다. 여기에서는 로그인할 이메일 주소를 담습니다. StateLoginDemo 위젯은 실행할 앱을 지정합니다.

SimpleState 클래스의 내용은 다음과 같습니다.

예제 5-7 SimpleState 클래스
navigation_state/lib/state_simple.dart

```
import 'package:flutter/material.dart';

class SimpleState extends ChangeNotifier {  ❶
  String _email;

  void setEmail(String email) {
    _email = email;
  }

  String get email => _email;
}
```

❶ ChangeNotifier 클래스를 상속할 뿐 그 외에는 특이한 내용이 없습니다. ChangeNotifier 객체에 접근하기 위해서는 다음에 나오는 Provider.of() 메서드를 호출해야 합니다. ChangeNotifier 클래스는 provider 패키지가 아니라 플러터 SDK에 포함된 기본 클래스입니다.

이제 달라진 로그인 페이지를 봅니다. 외관은 동일하지만 많은 부분이 바뀌었습니다.

예제 5-8 로그인 v2 앱의 로그인 화면
navigation_state/lib/page_login.dart

```
import 'package:flutter/material.dart';
import 'package:provider/provider.dart';  ❶

import 'dart:io';

import 'login_form_demo.dart';
import 'state_simple.dart';

class LoginPage extends StatefulWidget {  ❷
  @override
  State createState() => LoginPageState();
}

class LoginPageState extends State<LoginPage> {
  final TextEditingController _emailController =    ❸
      TextEditingController(text: 'your_name@gmail.com');
  final TextEditingController _passwordController =
      TextEditingController(text: 'input password');
```

```
void _onLogin(BuildContext context) {  ❹
  final String email = _emailController.text;
  final SimpleState state = Provider.of<SimpleState>(context);
  state.setEmail(email);

  Navigator.pushNamed(context, MAIN_PAGE);
}

void _onCancel() => exit(0);

@override
Widget build(BuildContext context) {
  return Scaffold(
      resizeToAvoidBottomPadding: false,
      body: Container(
        padding: EdgeInsets.fromLTRB(20, 120, 20, 120),
        child: Column(
          children: <Widget>[
            Hero(
                tag: 'heoro',
                child: CircleAvatar(
                  child: Image.asset('assets/logo.jpg'),
                  backgroundColor: Colors.transparent,
                  radius: 58.0, //unit: logical pixel?
                )),
            SizedBox(height: 45.0),
            TextFormField(
              keyboardType: TextInputType.emailAddress,
              decoration: InputDecoration(border: OutlineInputBorder()),
              controller: _emailController,
            ),
            SizedBox(height: 15.0),
            TextFormField(
              obscureText: true,
              decoration: InputDecoration(border: OutlineInputBorder()),
              controller: _passwordController,
            ),
            SizedBox(height: 10.0),
            Row(
              mainAxisAlignment: MainAxisAlignment.center,
              children: <Widget>[
                RaisedButton(
                  child: Text('Log In'),
```

```
                  onPressed: () => _onLogin(context),  ❹
                ),
                SizedBox(width: 10.0),
                RaisedButton(
                  child: Text('Cancel'),
                  onPressed: _onCancel,
                ),
              ],
            ),
          ],
        ),
      ));
  }
}
```

❶ Provider 클래스를 사용하므로 임포트에 추가합니다.

❷ LoginPage 위젯은 더이상 Stateless 위젯이 아닙니다. 이제 사용자가 이메일 주소와 비밀번호를 변경할 수 있기 때문에 상태가 있는 위젯으로 교체했습니다. 플러터의 장점은 Stateless 위젯과 Stateful 위젯 사이를 손쉽게 변경할 수 있다는 점입니다.

❸ 이메일 주소와 비밀번호를 담당하는 TextEditingController인 _emailController와 _passwordController를 각각 정의했습니다.

❹ 가장 핵심적인 내용은 controller에서 가져온 내용을 Provider의 모델에 값으로 넣는 방법입니다. 앞서 ChangeNotiferProvider에서 지정한 모델에 값을 지정할 수 있습니다.

```
void _onLogin(BuildContext context) {
    final String email = _emailController.text;
    final SimpleState state = Provider.of<SimpleState>(context);
    state.setEmail(email);

    Navigator.pushNamed(context, MAIN_PAGE);
}
```

로그인 버튼을 누르면 호출되는 함수로 먼저 `_emailController`에서 text 값을 가져옵니다. 그 다음 `Provider.of<SimepleState>`(context) 명령으로 `SimepleState` 모델 객체를 가져옵니다. 그리고 그 객체에 정의된 `setEmail`( ) 메서드를 호출합니다.

`Navigator` 클래스를 활용해 MAIN_PAGE로 이동합니다.

다음은 메인 페이지입니다. 여기에서는 Provider에서 제공되는 값을 읽어오는 것이 목적이기 때문에 간단하게 구성했습니다.

예제 5-9 로그인 v2 앱의 메인 화면

navigation_state/lib/page_main.dart

```
import 'package:flutter/material.dart';
import 'package:provider/provider.dart';

import 'state_simple.dart'; ❶

class MainPage extends StatelessWidget {

  @override
  Widget build(BuildContext context) {
    return Scaffold(
      body: Center(
        child: Consumer<SimpleState> ( ❷
          builder: (context, state, child) {
            return Text('로그인 완료: ${state.email}');
          },
        ),
      ),
    );
  }
}
```

❶ SimpleState 객체를 수신하기 때문에 임포트에 모델을 추가합니다.

❷ 모델의 값을 표시하기 위해서는 Consumer<SimpleState>와 같이 값을 전달받기 원하는 모델을 지정해야 합니다. 여기에서는 앞서 지정한 SimpleState 모델을 사용합니다. 이 위젯은 Stateless 위젯으로 모델 값이 변경되면 위젯이 새롭게 생성됩니다.

이 앱의 실행 결과는 다음과 같습니다.

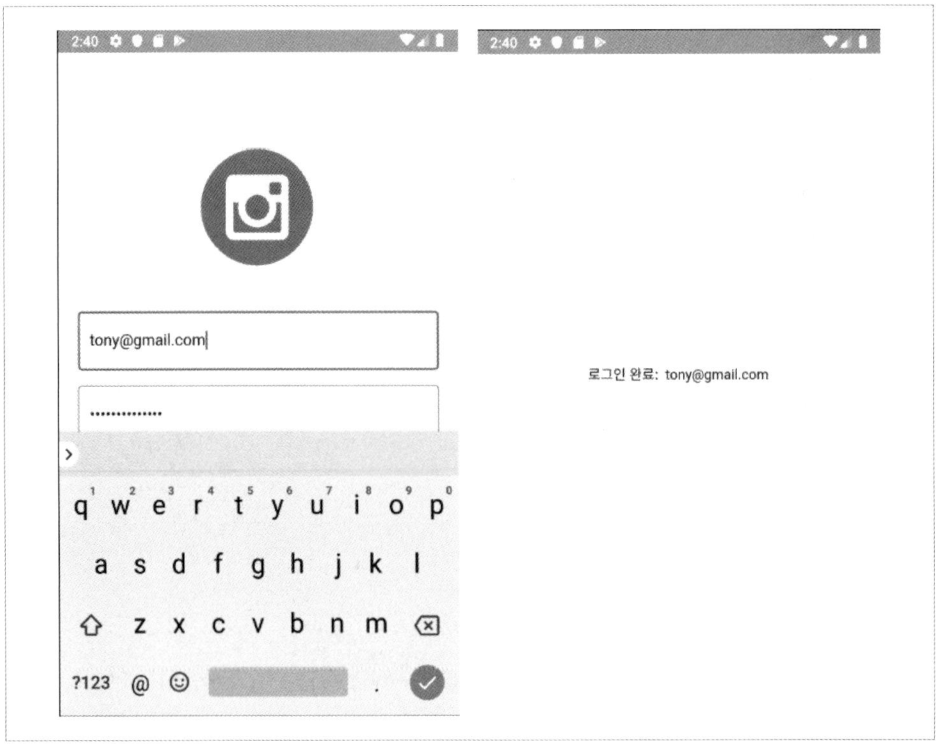

그림 5-8 login_form_demo_v2.dart 실행 결과

여기까지 플러터의 상태 관리에 대해 마칩니다. 플러터에는 Provider 외에도 Scoped Model이나 Redux, BLoC(Business Logic Component)와 같은 다양한 패턴을 지원하지만 대부분의 경우 Provider면 충분합니다.

5.4 마치며

이번 장을 통해 플러터 앱은 다수의 화면을 갖게 되었습니다. 다른 화면으로 이동하고 다시 돌아오는 방법, 정적으로 화면 경로를 구성하거나 동적으로 화면 경로를 구성하는 방법을 알아봤습니다. 상태 관리는 다소 어려운 주제입니다. 플러터에서 기본 제공하는 Provider의 개념과 활용을 살펴봤습니다. Provider를 통해 모델과 UI를 분리하는 습관을 들이면 앱을 더 견고하게 만들 수 있습니다.

CHAPTER 6

HTTP/JSON 프로그래밍

이 장의 내용

- 비동기 HTTP 호출
- JSON 데이터 파싱
- 공공 API 연동하기

지금까지는 단독실행형stand-alone 앱을 만들었습니다. 즉, 네트워크가 없어도 동작하는 앱입니다. 하지만 요즘 모바일 앱은 서버 혹은 서비스와 연동하는 것이 기본입니다. 가장 간단하게는 날씨 정보를 얻거나 실시간 주가 변동과 같이 끊임없이 변화하는 데이터를 다루는 것이 최신 모바일 앱의 경향입니다.

외부 서버와 연동하는 가장 손쉬운 방법은 HTTP(하이퍼텍스트 전송 프로토콜)를 이용하는 것입니다. 서버와 통신하기 위해서는 클라이언트(모바일 앱)와 서버 간 약속을 정해야 하는데 이를 일컬어 프로토콜protocol이라고 합니다. HTTP는 웹을 이루는 근간으로서 웹 브라우저에서 `www.naver.com`을 치면 내부적으로는 `http://www.naver.com`과 동일한 의미입니다. 이때 등장하는 것이 http입니다.

6.1 비동기 HTTP 호출

플러터는 HTTP와 통신하는 다양한 방법을 제공합니다. 여기에서는 플러터에서 손쉽게 쓸 수 있는 http 패키지를 알아보겠습니다.

처음 서버와 통신을 공부하게 되면 다양한 서버 데이터를 처리하는 연습이 필요합니다. 이

때 좋은 수단을 제공하는 것이 JSON Placeholder(https://jsonplaceholder.typicode.com/)입니다. 여기서 연습해보기를 권합니다. 가장 단순한 데이터는 다음 URL입니다.

```
https://jsonplaceholder.typicode.com/todos/1
```

웹 브라우저에 이 URL을 넣으면 [그림 6-1]과 같이 단순한 데이터가 나옵니다.

https://jsonplaceholder.typicode ×

jsonplaceholder.typicode.com/todos/1

앱 Game Pad 개발 [GLAUNCHER-49] [GLAUNCHEI

```
{
  "userId": 1,
  "id": 1,
  "title": "delectus aut autem",
  "completed": false
}
```

그림 6-1 Json Placeholder 사이트 예세

위의 정보를 가져오는 코드는 다음과 같습니다. 먼저 pubspec.yaml 파일로 이동하여 dependencies: 항목에 다음 내용을 추가합니다.

```
http: ^0.12.0+2
```

그리고 새로운 패키지를 가져오기 위해 상단에 있는 [Packages get]을 실행합니다.

이제 http 패키지를 사용할 수 있습니다.

예제 6-1 단순 HTTP 호출 예제

network_async/lib/http_basic_demo.dart

```
import 'package:http/http.dart' as http;  ❶

void main() async { ❷
  String url = 'https://jsonplaceholder.typicode.com/todos/1';
  var response = await http.get(url);  ❸
  print('status = ${response.statusCode}');
  print('response = ${response.body}');
}
```

❶ 먼저 http 패키지를 임포트합니다. 특이한 점은 as http가 붙는다는 것입니다. http 패키지의 http.dart 파일에는 HTTP 프로토콜에서 사용할 수 있는 get(), post() 등의 함수를 제공합니다. 이러한 함수의 이름은 너무 일반적이라서 짧은 프로그램에서는 상관없으나 그렇지 않은 경우 코드에서 다른 함수와 겹칠 수 있습니다. 따라서 as http라는 별명alias를 붙이면 의미 구별이 잘 됩니다.

❷ main() 함수에 붙어 있는 async입니다. async는 원래 다트 예약어로서 비동기로 동작하는 코드라는 의미입니다. main 함수에 async가 붙은 이유는 아래 있는 await 문장이 있기 때문입니다.

❸ await문은 다트로 비동기 프로그래밍을 쉽게 합니다. 여기에서 http.get() 메서드를 호출하고 결과가 나올 때까지 기다립니다.

만약 await문을 활용하는 main( ) 메서드에서 async 키워드를 제거하면 어떻게 될까요? 컴파일 오류가 발생합니다. 간단하니 한번 해보세요.

async 없이 await만 쓰면 발생하는 오류 메시지

```
Compiler message:
lib/http_basic_demo.dart:5:18: Error: 'await' can only be used in 'async' or
'async*' methods.
```

실행 결과는 다음과 같습니다.

```
I/flutter (10615): status = 200
I/flutter (10615): response = {
I/flutter (10615):   "userId": 1,
I/flutter (10615):   "id": 1,
I/flutter (10615):   "title": "delectus aut autem",
I/flutter (10615):   "completed": false
I/flutter (10615): }
```

status는 HTTP 결과 코드로 200은 OK를 의미합니다. 그리고 나머지는 response.body에서 나왔습니다. 웹 브라우저에서 예측한 결과와 같습니다. 이제는 이 결과를 분석해봅시다. response.body는 JSON 형식으로 이루어져 있습니다. 애초에 사이트 이름도 JSON Placeholder였습니다. JSON은 자바스크립트 객체 표현법(JavaScript Object Notation)으로 원래 웹에서 쓰던 기술이었으나 점차 다른 분야에서도 널리 사용하고 있습니다. 문법이 간단하고 리스트나 맵 같은 기본적인 자료구조도 표현할 수 있기 때문입니다.

다음은 위의 내용을 분석하는 예제 코드입니다.

예제 6-2 JSON 결과를 반환하는 HTTP 호출 예제
network_async/lib/http_simple_json_demo.dart

```
import 'package:http/http.dart' as http;
import 'dart:convert';  ❶

void main() async {
  String url = 'https://jsonplaceholder.typicode.com/todos/1';
  var response = await http.get(url);

  Map<String, dynamic> data = jsonDecode(response.body);  ❷
  print('userId : ${data['userId']}');
  print('id : ${data['id']}');
  print('title : ${data['title']}');
  print('complete : ${data['completed']}');
}
```

❶ JSON 데이터를 분석하기 위해서는 dart:convert 패키지를 임포트합니다. 그 다음 jsonDecode() 함수를 호출하면 적절한 데이터를 얻을 수 있습니다.

❷ data 변수의 타입이 Map<String, dynamic>인 것은 눈여겨봐야 합니다. 사실 우리는 서버 API를 호출하기 전에 이미 결과 형태를 알고 있었기 때문에 맵으로 변수를 선언했습니다.

❸ 기본 자료구조인 맵으로 데이터가 왔기 때문에 3장에서 배운 것처럼 data['userId']로 데이터를 가져올 수 있습니다.

예제의 실행 결과는 다음과 같습니다.

```
userId : 1
id : 1
title : delectus aut autem
complete : false
```

6.2 JSON 데이터 파싱

이번에는 실전에 가까운 JSON 데이터를 알아보겠습니다. 위의 JSON Placeholder에서는 고정된 JSON 데이터를 주지만 실제 프로젝트에서는 다양한 데이터를 다뤄야 합니다.

모바일 앱에서 HTTP 연동을 해볼 수 있는 가장 좋은 예는 공공 데이터를 활용하는 것입니다. 여기서는 서울시에서 제공하는 '지하철 실시간 도착정보'를 활용합니다. 어렵지 않으니 손쉽게 따라할 수 있습니다. 먼저 '서울열린데이터광장'(`http://data.seoul.go.kr/`)으로 이동합니다.

그림 6-2 서울열린데이터광장

검색창에 '서울시 지하철 실시간 도착정보'를 검색하거나, 메인 화면 중간에 위치한 인기 데이터 목록에서 '서울시 지하철 실시간 도착정보'를 클릭합니다(그림 6-3).

인기 데이터 (조회 | 다운로드)

분류	데이터	날짜
교통	서울시 지하철 실시간 도착정보	2015-02-28
교통	서울시 지하철 실시간 열차 위치정보	2015-02-28
환경	서울시 권역별 실시간 대기환경 현황	2013-03-15
교통	서울시 버스위치 정보 조회	2012-03-09
환경	서울시 미세먼지 예경보 현황	2012-09-07

그림 6-3 인기 데이터

회원 가입을 하고 인증키를 신청합니다.

그림 6-4 인증키 신청 버튼

특정 지하철역의 실시간 도착 정보를 얻을 수 있는 URL은 다음과 같습니다.

```
http://swopenapi.seoul.go.kr/api/subway/〈인증키〉/json/realtimeStation
Arrival/0/5/〈지하철역〉
```

예를 들어 인증키가 1111이고 지하철역이 광화문이라면 다음과 같습니다.

```
http://swopenapi.seoul.go.kr/api/subway/1111/json/realtimeStationArrival
/0/5/광화문
```

NOTE_ 인증키 발급 없이 잠시 사용할 수 있는 인증키

원래는 회원 가입을 하여 인증키를 받아야 합니다. 하지만 간단한 테스트용으로는 sample이라는 인증키를 사용할 수 있습니다. 하지만 sample 인증키는 언제 바뀔지 모르고 종종 결과가 나오지 않는 문제가 있어 실제 서비스에서는 사용하면 안 됩니다.

REST API이므로 위의 URL을 웹 브라우저에서 실행하면 다음과 같은 결과가 나옵니다.

```
{"errorMessage":{"status":200,"code":"INFO-000","message":"정상 처리되었습니
다.","link":"","developerMessage":"","total":4},"realtimeArrivalList":
[{"beginRow":null,"endRow":null,"curPage":null,"pageRow":null,"totalCount":4,"rowNum":1,"selectedCount":4
,"subwayId":"1005","subwayNm":null,"updnLine":"상행","trainLineNm":"방화행 - 서대문방
면","subwayHeading":"오른
쪽","statnFid":"1005000532","statnTid":"1005000534","statnId":"1005000533","statnNm":"광화
문","trainCo":null,"ordkey":"01002방화
0","subwayList":"1005","statnList":"1005000533","btrainSttus":null,"barvlDt":"240","btrainNo":"5560","bst
atnId":"26","bstatnNm":"방화","recptnDt":"2019-09-01 12:05:20.0","arvlMsg2":"4분 후 (을지로4
가)","arvlMsg3":"을지로4가","arvlCd":"99"},
{"beginRow":null,"endRow":null,"curPage":null,"pageRow":null,"totalCount":4,"rowNum":2,"selectedCount":4,
"subwayId":"1005","subwayNm":null,"updnLine":"상행","trainLineNm":"방화행 - 서대문방
면","subwayHeading":"오른
쪽","statnFid":"1005000532","statnTid":"1005000534","statnId":"1005000533","statnNm":"광화
문","trainCo":null,"ordkey":"02005방화
0","subwayList":"1005","statnList":"1005000533","btrainSttus":null,"barvlDt":"600","btrainNo":"5072","bst
atnId":"29","bstatnNm":"방화","recptnDt":"2019-09-01 12:05:20.0","arvlMsg2":"10분 후 (신금
호)","arvlMsg3":"신금호","arvlCd":"99"},
{"beginRow":null,"endRow":null,"curPage":null,"pageRow":null,"totalCount":4,"rowNum":3,"selectedCount":4,
"subwayId":"1005","subwayNm":null,"updnLine":"하행","trainLineNm":"마천행 - 종로3가방
면","subwayHeading":"왼
쪽","statnFid":"1005000532","statnTid":"1005000534","statnId":"1005000533","statnNm":"광화
문","trainCo":null,"ordkey":"11002마천
0","subwayList":"1005","statnList":"1005000533","btrainSttus":null,"barvlDt":"180","btrainNo":"5571","bst
atnId":"22","bstatnNm":"마천","recptnDt":"2019-09-01 12:05:10.0","arvlMsg2":"3분 후 (충정
로)","arvlMsg3":"충정로","arvlCd":"99"},
{"beginRow":null,"endRow":null,"curPage":null,"pageRow":null,"totalCount":4,"rowNum":4,"selectedCount":4,
"subwayId":"1005","subwayNm":null,"updnLine":"하행","trainLineNm":"상일동행 - 종로3가방
면","subwayHeading":"왼
쪽","statnFid":"1005000532","statnTid":"1005000534","statnId":"1005000533","statnNm":"광화
문","trainCo":null,"ordkey":"12005상일동
0","subwayList":"1005","statnList":"1005000533","btrainSttus":null,"barvlDt":"540","btrainNo":"5069","bst
atnId":"19","bstatnNm":"상일동","recptnDt":"2019-09-01 12:05:10.0","arvlMsg2":"9분 후 (마
포)","arvlMsg3":"마포","arvlCd":"99"}]}
```


그림 6-5 광화문역 실시간 지하철 도착 정보

앞서 본 JSON과는 다릅니다. 개발자가 눈으로 쉽게 파악할 수 있도록 다음 JSON Formatter & Validator(`https://jsonformatter.curiousconcept.com/`) 무료 사이트를 활용합니다. 편리한 기능을 제공하기 때문에 북마크에 추가하여 사용하면 좋습니다. 위의 내용을 사이트에 넣으면 다음과 같이 깔끔하게 정리됩니다.

Formatted JSON Data

```
{ ⊟
   "errorMessage":{ ⊟
      "status":200,
      "code":"INFO-000",
      "message":"정상 처리되었습니다.",
      "link":"",
      "developerMessage":"",
      "total":4
   },
   "realtimeArrivalList":[ ⊟
      { ⊟
         "beginRow":null,
         "endRow":null,
         "curPage":null,
         "pageRow":null,
         "totalCount":4,
```

그림 6-6 포매터로 정리된 JSON 결과

그 다음 처리에 대해 살펴보겠습니다. 먼저 상대적으로 단순한 처리 결과 부분부터 알아봅니다.

```
{ ⊟
  "errorMessage":{ ⊟
    "status":200,
    "code":"INFO-000",
    "message":"정상 처리되었습니다.",
    "link":"",
    "developerMessage":"",
    "total":4
  },
```

그림 6-7 '서울시 지하철 실시간 도착정보' 상태 부분

매번 API 호출을 통해 데이터를 처리하면 번거롭습니다. 따라서 기초적인 데이터 처리에서는 로컬에 위의 데이터를 복사한 다음 코딩을 하면 편리합니다.

예제 6-3 정적 JSON 데이터를 파싱하는 예제

network_async/lib/json_parsing_demo.dart

```
import 'dart:convert';

const String header = '''  ❶
{"errorMessage":
  {
    "status":200,
    "code":"INFO-000",
    "message":"정상 처리되었습니다.",
    "link":"",
    "developerMessage":"",
    "total":4
  }
}    ← 이 부분을 꼭 넣어야 합니다.
''';

void main() {
  var parsed = jsonDecode(header);  ❷
  Map<String, dynamic> errorMessage = parsed['errorMessage']; ❸

  print('status : ${errorMessage['status']}'); ❹
  print('code : ${errorMessage['code']}');
```

```
  print('message : ${errorMessage['message']}');
  print('total : ${errorMessage['total']}');
}
```

❶ header 변수에 JSON 데이터를 넣었습니다. header는 String 형이며 여러 줄에 표현되는 데이터이기 때문에 ''' 사용하여 감쌌습니다. 기존 ''와 ""보다 편리하니 여러 줄의 데이터를 변수에 넣을 때 좋습니다.

NOTE_ JSON은 괄호를 엄격하게 지켜야 합니다

만약 웹 브라우저에서 header 부분만 가져오면 괄호의 호응이 맞지 않을 수 있습니다. 아마도 많은 독자는 처음에 이렇게 데이터를 가져왔을 것입니다.

```
{"errorMessage":{"status":200,"code":"INFO-000","message":"정상 처리되었습니다.","link":"","developerMessage":"","total":4}
```

문제없는 것 같지만 JSON 온라인 포매터[1]에 넣으면 문제가 바로 나옵니다.

```
INVALID JSON (RFC 4627)
Validator Output
Error: Expecting closing } at end [Code 22, Structure 28]
Formatted JSON Data
{
   "errorMessage":{
      "status":200,
      "code":"INFO-000",
      "message":"정상 처리되었습니다.",
      "link":"",
      "developerMessage":"",
      "total":4
   }
```

그림 6-8 JSON 온라인 포매터 활용(괄호 누락)

마지막 중괄호(})가 빠졌습니다. 따라서 JSON 데이터를 실제 코드에 넣을 때는 반드시 포매터 사이트에서 무결성(validation)을 사전에 검증해야 합니다.

❷ parsed 변수에는 jsonDecode() 함수를 호출하여 문자열을 JSON 형식으로 변환합니다. 딱히 어떤 처리를 하지 않기 때문에 var 형으로 선언했습니다.

1 여기서 활용한 JSON 온라인 포매터 https://jsonformatter.curiousconcept.com/

❸ errorMessage 변수에는 실제로 내가 값을 읽을 데이터가 저장됩니다. 따라서 각 타입에 맞게 들어갈 수 있도록 Map<String,dynamic>으로 선언합니다.

❹ 파싱하여 맵에 저장한 status, code, message, total 데이터를 출력합니다.

예제 실행 결과는 다음과 같습니다.

```
status : 200
code : INFO-000
message : 정상 처리되었습니다.
total : 4
```

이제 공공 API를 플러터로 연동할 차례입니다.

6.3 공공 API 연동하기

위의 내용을 단순히 화면에 출력해보겠습니다.

예제 6-4 지하철 공공 API 활용 v1

network_async/lib/http_subway_demo_v1.dart

```
import 'package:flutter/material.dart';
import 'package:http/http.dart' as http;

void main() => runApp(SubwayDemo());

class SubwayDemo extends StatelessWidget {
  @override
  Widget build(BuildContext context) {
    return MaterialApp(
      title: '지하철 실시간 정보',
      home: MainPage(),
    );
  }
}

class MainPage extends StatefulWidget {
  @override
  MainPageState createState() => MainPageState();
```

```
}

class MainPageState extends State<MainPage> {
  static const String _urlPrefix = 'http://swopenapi.seoul.go.kr/api/subway/';
  static const String _userKey = 'sample';
  static const String _urlSuffix = '/json/realtimeStationArrival/0/5/';
  static const String _defaultStation = '광화문';

  String _response = '';  ❶

  String _buildUrl(String station) {  ❷
    StringBuffer sb = StringBuffer();
    sb.write(_urlPrefix);
    sb.write(_userKey);
    sb.write(_urlSuffix);
    sb.write(station);
    return sb.toString();
  }

  _httpGet(String url) async {
    var response = await http.get(_buildUrl(_defaultStation));  ❸
    String res = response.body;
    print('res >> $res');
    setState(() {  ❹
      _response = res;
    });
  }

  @override
  void initState() {  ❹
    super.initState();
    _httpGet(_buildUrl(_defaultStation));
  }

  @override
  Widget build(BuildContext context) {
    return Scaffold(
      appBar: AppBar(
        title: Text('지하철 실시간 정보'),
      ),
      body: Center(
        child: Text(_response),  ❺
      ),
```

```
    );
  }
}
```

❶ _response 멤버 변수입니다. HTTP 호출의 결과를 이 변수에 담아서 결과를 화면에 표시합니다. 플러터는 위젯을 직접 업데이트하지 않고 그 안의 데이터를 수정하면 그것을 참조하고 있는 위젯이 갱신되는 형태입니다.

❷ _buildUrl() 메서드입니다. 역 이름을 받아서 적절한 API의 URL을 생성합니다. 자바와 마찬가지로 StringBuffer 클래스를 사용하면 특정 형식의 문자열을 효율적으로 생성할 수 있습니다. 단순하게는 문자열을 이어 붙이는 것이지만 이 클래스를 습관적으로 사용하기를 추천합니다.

❸ _httpGet() 메서드입니다. HTTP 호출은 언제 결과가 반환될지 모르기 때문에 메서드를 선언할 때 async로 선언해야 합니다. 또한 실제 HTTP 호출할 때는 await 키워드를 붙여 호출 결과가 반환될 때까지 기다리도록 합니다. 결과가 나오면 setState() 함수를 호출하여 위젯을 갱신합니다.

❹ initState() 함수도 주목해야 합니다. 이 위젯이 실행될 때 HTTP 호출을 하고 호출 결과가 반환되면 위젯을 갱신하도록 합니다.

❺ HTTP 응답을 그대로 출력합니다.

실행 결과는 다음과 같습니다.

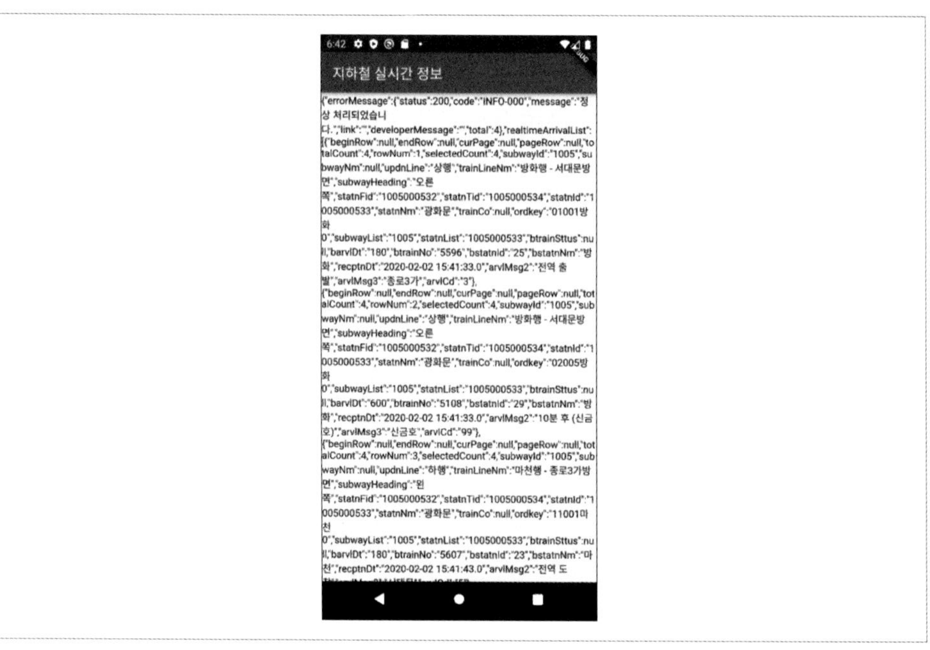

그림 6-9 지하철 공공 API v1 실행 화면

아직은 다음과 같은 부족한 점이 있습니다.

1 처음 실행할 때 API를 호출한 후에 다시 실행할 수 없다.

2 역 이름이 광화문으로 고정되어 있다(_defaultStation 변수).

3 무엇보다 결과를 분석하여 사용자에 원하는 정보를 제공하지 않는다.

이러한 문제를 하나씩 해결하도록 하겠습니다.

지하철 정보를 표시하기 위한 UI를 설계합니다. 앞서 errorMessage JSON을 분석할 때 total을 보면 4개로 나옵니다. 따라서 각각의 정보를 일목 요연하게 표시하기 위해 Card 위젯을 사용합니다. 앞서 4장에서 소개하지는 않았지만 카드형의 자료를 표시할 때 유용합니다.

이제는 두 번째 버전입니다. 단순히 JSON 텍스트를 표시하는 것이 아니라 결과를 파싱하여 원하는 정보만 표시합니다. 바로 파일에서 확인하겠습니다.

예제 6-5 지하철 공공 API 활용 v2

network_async/lib/http_subway_demo_v2.dart

```
import 'package:flutter/material.dart';
import 'page_subway_main.dart'; ❶

void main() => runApp(SubwayDemo());

class SubwayDemo extends StatelessWidget {
  @override
  Widget build(BuildContext context) {
    return MaterialApp(
      title: '지하철 실시간 정보',
      home: MainPage(),  ❷
    );
  }
}
```

❶ MainPage 위젯을 실행하기 위해 임포트에 추가합니다.

❷ SubwayDemo의 home 속성은 MainPage 위젯입니다.

다음은 page_subway_main.dart 파일입니다.

예제 6-6 지하철 공공 API 활용 v2 앱의 메인 화면

network_async/lib/page_subway_main.dart

```
import 'package:flutter/material.dart';
import 'package:http/http.dart' as http;
import 'dart:convert';

const String _urlPrefix = 'http://swopenapi.seoul.go.kr/api/subway/'; ❶
const String _userKey = 'sample';
const String _urlSuffix = '/json/realtimeStationArrival/0/5/';
const String _defaultStation = '광화문';

const int STATUS_OK = 200;

class MainPage extends StatefulWidget {
  @override
  MainPageState createState() => MainPageState();
}

class SubwayArrival { ❷
  int _rowNum;
  String _subwayId;
  String _trainLineNm;
  String _subwayHeading;
  String _arvlMsg2;

  SubwayArrival(this._rowNum, this._subwayId, this._trainLineNm,
this._subwayHeading, this._arvlMsg2);

  int get rowNum => _rowNum;
  String get subwayId => _subwayId;
  String get trainLineNm => _trainLineNm;
  String get subwayHeading => _subwayHeading;
  String get arvlMsg2 => _arvlMsg2;
}

class MainPageState extends State<MainPage> {

  int _rowNum;
  String _subwayId;
  String _trainLineNm;
  String _subwayHeading;
  String _arvlMsg2;
```

```
String _buildUrl(String station) {
  StringBuffer sb = StringBuffer();
  sb.write(_urlPrefix);
  sb.write(_userKey);
  sb.write(_urlSuffix);
  sb.write(station);
  return sb.toString();
}

_httpGet(String url) async {  ❸
  var response = await http.get(_buildUrl(_defaultStation));
  String responseBody = response.body;
  print('res >> $responseBody');

  var json = jsonDecode(responseBody);
  Map<String, dynamic> errorMessage = json['errorMessage'];

  if (errorMessage['status'] != STATUS_OK) {
    setState(() {
      final String errMessage = errorMessage['message'];
      _rowNum = -1;
      _subwayId = '';
      _trainLineNm = '';
      _subwayHeading = '';
      _arvlMsg2 = errMessage;
    });
    return;
  }

  List<dynamic> realtimeArrivalList = json['realtimeArrivalList'];
  final int cnt = realtimeArrivalList.length;

  List<SubwayArrival> list = List.generate(cnt,
      (int i) {
          Map<String, dynamic> item = realtimeArrivalList[i];
          return SubwayArrival(
            item['rowNum'],
            item['subwayId'],
            item['trainLineNm'],
            item['subwayHeading'],
            item['arvlMsg2'],);
      });

  SubwayArrival first = list[0];
```

```
    setState(() {
      _rowNum = first.rowNum;
      _subwayId = first.subwayId;
      _trainLineNm = first.trainLineNm;
      _subwayHeading = first.subwayHeading;
      _arvlMsg2 = first._arvlMsg2;
    });
  }

  @override
  void initState() {
    super.initState();
    _httpGet(_buildUrl(_defaultStation));
  }

  @override
  Widget build(BuildContext context) {
    return Scaffold(
      appBar: AppBar(
        title: Text('지하철 실시간 정보'),
      ),
      body: Center(
        child: Column(
          mainAxisAlignment: MainAxisAlignment.start,
          children: <Widget>[
            Text('rowNum : $_rowNum'),
            Text('subwayId : $_subwayId'),
            Text('trainLineNm : $_trainLineNm'),
            Text('subwayHeading : $_subwayHeading'),
            Text('arvlMsg2 : $_arvlMsg2'),
          ],
        ),
      ),
    );
  }
}
```

❶ 필요한 상수는 const로 선언합니다.

❷ SubwayArrival 클래스입니다. JSON 문자열에서 파싱한 각각의 정보를 담습니다. 세 번째 버전에서는 이들 정보를 Card 위젯으로 표시합니다.

```
class SubwayArrival {
  int _rowNum;
  String _subwayId;
  String _trainLineNm;
  String _subwayHeading;
  String _arvlMsg2;

  SubwayArrival(this._rowNum, this._subwayId, this._trainLineNm, this._
subwayHeading, this._arvlMsg2);

  int get rowNum => _rowNum;
  String get subwayId => _subwayId;
  String get trainLineNm => _trainLineNm;
  String get subwayHeading => _subwayHeading;
  String get arvlMsg2 => _arvlMsg2;
}
```

❸ HTTP 기반의 공공 API를 호출을 하고 그 결과를 업데이트합니다.

```
_httpGet(String url) async {
    var response = await http.get(_buildUrl(_defaultStation));
    String responseBody = response.body;
    print('res >> $responseBody');

    var json = jsonDecode(responseBody); ❶
    Map<String, dynamic> errorMessage = json['errorMessage'];

    if (errorMessage['status'] != STATUS_OK) { ❷
      setState(() {
        final String errMessage = errorMessage['message'];
        _rowNum = -1;
        _subwayId = '';
        _trainLineNm = '';
        _subwayHeading = '';
        _arvlMsg2 = errMessage;
      });
      return;
    }

    List<dynamic> realtimeArrivalList = json['realtimeArrivalList']; ❸
    final int cnt = realtimeArrivalList.length;
```

```
List<SubwayArrival> list = List.generate(cnt,  ❹
    (int i) {
      Map<String, dynamic> item = realtimeArrivalList[i];
      return SubwayArrival(
        item['rowNum'],
        item['subwayId'],
        item['trainLineNm'],
        item['subwayHeading'],
        item['arvlMsg2'],);
  });

SubwayArrival first = list[0];
setState(() {  ❺
  _rowNum = first.rowNum;
  _subwayId = first.subwayId;
  _trainLineNm = first.trainLineNm;
  _subwayHeading = first.subwayHeading;
  _arvlMsg2 = first._arvlMsg2;
});
}
```

❶ jsonDecode() 함수를 통해 JSON 정보를 파싱합니다. 처음에는 정상적인 정보인지 확인하기 위해 errorMessage 속성을 살펴봅니다.

❷ 만약 status 속성이 STATUS_OK(200)이면 정상이고 그 외에는 오류로 처리합니다. 만약 오류가 발생한 경우 _arvlMsg2에만 오류 메시지를 출력합니다.

❸ 정상적으로 데이터가 반환된 경우 'realtimeArrivalList' 속성에서 리스트를 반환합니다. 앞서 errorMessage 변수는 Map 객체인데 realtimeArrivalList 변수는 List 객체입니다. cnt 변수에는 리스트의 길이를 담습니다.

❹ List.generate() 메서드를 호출하여 각 정보를 바탕으로 앞서 정의한 SubwayArrival 객체를 생성합니다.

❺ 마지막으로 첫 번째 SubwayArrival 객체(여기에서는 [0])의 정보로 앱의 화면을 갱신합니다.

앱 화면 구성은 다음과 같습니다.

```
int _rowNum;
  String _subwayId;
  String _trainLineNm;
  String _subwayHeading;
String _arvlMsg2;

<중략>
```

```
  @override
  Widget build(BuildContext context) {
    return Scaffold(
      appBar: AppBar(
        title: Text('지하철 실시간 정보'),
      ),
      body: Center(
        child: Column(
          mainAxisAlignment: MainAxisAlignment.start,
          children: <Widget>[
            Text('rowNum : $_rowNum'),
            Text('subwayId : $_subwayId'),
            Text('trainLineNm : $_trainLineNm'),
            Text('subwayHeading : $_subwayHeading'),
            Text('arvlMsg2 : $_arvlMsg2'),
          ],
        ),
      ),
    );
  }
```

두 번째 버전의 앱을 실행하면 다음과 같은 결과를 얻을 수 있습니다.

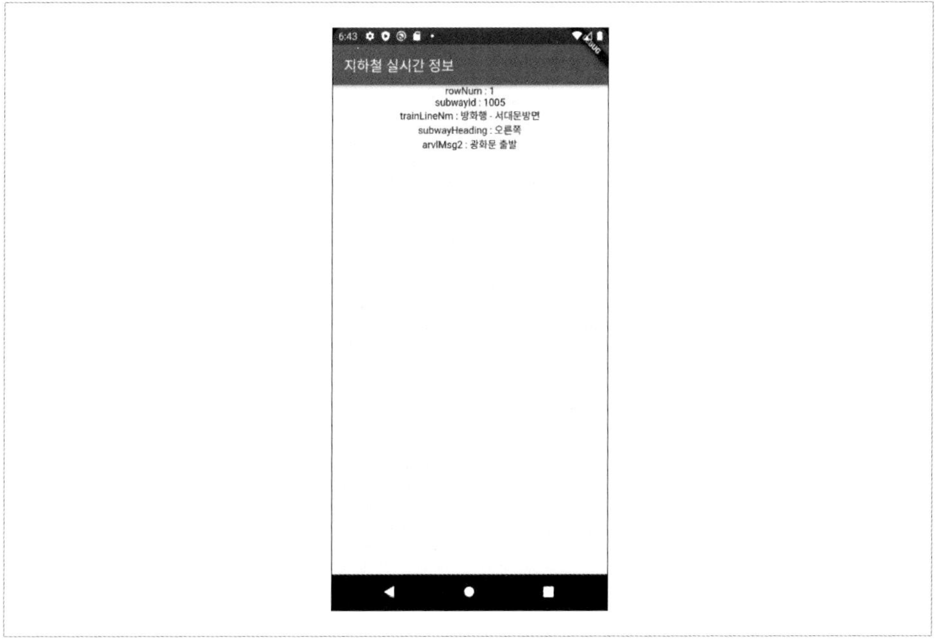

그림 6-10 지하철 공공 API 활용 v2 실행 화면

NOTE_ 503 에러가 뭐죠?

종종 실행 과정에서 다음과 같은 오류를 만납니다. json을 요청했지만 XML 결과가 나오는 것으로 10번 호출하면 1~2번 정도 나옵니다.

```
I/flutter (16257): res >> <!DOCTYPE HTML PUBLIC "-//IETF//DTD HTML 2.0//EN">
I/flutter (16257): <html><head>
I/flutter (16257): <title>503 Service Temporarily Unavailable</title>
I/flutter (16257): </head><body>
I/flutter (16257): <h1>Service Temporarily Unavailable</h1>
I/flutter (16257): <p>The server is temporarily unable to service your
I/flutter (16257): request due to maintenance downtime or capacity
I/flutter (16257): problems. Please try again later.</p>
I/flutter (16257): <hr>
I/flutter (16257): <address>Apache/2.2.26 (Red Hat Enterprise Web Server)
Server at swopenapi.seoul.go.kr Port 80</address>
I/flutter (16257): </body></html>
```

메시지를 읽어보면 서비스가 잠시 사용 불능 상태입니다. 공공 API 및 서버와 연동을 하게 되면 동시에 접속자가 몰리거나 일시적인 문제로 인해서 클라이언트(모바일 앱)의 결과를 처리하지 못할 수 있습니다.

실무 프로젝트라면 이러한 문제에 대해서도 예외 처리를 해야 합니다. JSON으로 결과가 나오지 않았다고 해서 무시하면 안 됩니다. 세 번째 버전에서는 이에 대해 예외 처리를 해봅니다.

마지막 세 번째 버전입니다. 다음과 같은 기능을 추가합니다.

1 지하철 역을 변경하여 조회하기

2 지하철 도착 정보를 카드로 표시하기

3 조회 중에는 프로그레스 바(progress bar)를 표시하기

[그림 6-11]은 세 번째 버전 앱의 파일 구조입니다. page_subway_main.dart 파일이 page_subway_info.dart 파일로 교체됐습니다.

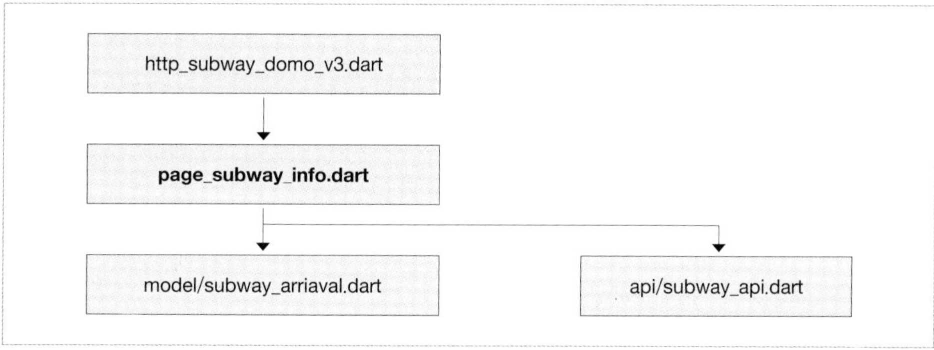

그림 6-11 지하철 공공 API 활용 v3 앱 구조

먼저 메인 파일입니다.

예제 6-7 지하철 공공 API 활용 v3

network_async/lib/http_subway_demo_v3.dart

```
import 'package:flutter/material.dart';
import 'page_subway_info.dart'; ❶

void main() => runApp(SubwayDemo());

class SubwayDemo extends StatelessWidget {
  @override
  Widget build(BuildContext context) {
    return MaterialApp(
      title: '지하철 실시간 정보',
      debugShowCheckedModeBanner: false,
      home: MainPage(),
    );
  }
}
```

❶ 임포트 문을 page_subway_info.dart 파일로 교체했습니다. 나머지는 동일합니다. 특히 SubwayDemo와 MainPage 클래스 이름도 같습니다.

이제 `page_subway_info.dart` 파일을 살펴볼 차례입니다.

예제 6-8 시하철 공공 API 활용 v3 앱 메인화면의 MainPage 클래스
network_async/lib/page_subway_info.dart

```
import 'package:flutter/material.dart';
import 'package:http/http.dart' as http;
import 'dart:convert';
import 'model/subway_arrival.dart'; ❶
import 'api/subway_api.dart' as api; ❷

class MainPage extends StatefulWidget {
  @override
  State createState() => MainPageState();
}
```

❶ 자료구조를 model 폴더에 있는 subway_arrival.dart 파일로 이동했습니다. 그 안에 있는 SubwayArrival 클래스 내용은 동일합니다.

❷ 공공 API 연동 부분을 api 폴더에 있는 subway_api.dart 파일로 이동했습니다. 내용은 동일하며 UI와 로직 부분을 분리하면 코드의 유지보수성이 좋아집니다.

[예제 6-9]는 page_subway_info.dart 파일의 MainPageState 클래스입니다. 먼저 관심 가져야 할 부분은 이 클래스의 맴버 변수와 _buildCards() 메서드입니다.

예제 6-9 MainPageState 클래스의 맴버 변수와 _buildCards() 메서드
network_async/lib/page_subway_info.dart

```
class MainPageState extends State<MainPage> {
  TextEditingController _stationController =
      TextEditingController(text: api.defaultStation);
  List<SubwayArrival> _data = []; ❶
  bool _isLoading = false; ❷

  List<Card> _buildCards() {
    print('>>> _data.length? ${_data.length}');

    if (_data.length == 0) { ❸
      return <Card>[];
    }

    List<Card> res = [];
    for (SubwayArrival info in _data) { ❹
      Card card = Card(
        child: Column(
```

```
        children: <Widget>[
          AspectRatio(
            aspectRatio: 18 / 11,
            child: Image.asset(
              'assets/icon/subway.png',
              fit: BoxFit.fitHeight,
            ),
          ),
          Expanded( ❺
            child: Padding(
              padding: EdgeInsets.fromLTRB(16.0, 12.0, 16.0, 8.0),
              child: Column(
                crossAxisAlignment: CrossAxisAlignment.center,
                children: <Widget>[
                  Text(
                    info.trainLineNm,
                    maxLines: 1,
                    overflow: TextOverflow.ellipsis,
                  ),
                  SizedBox(height: 4.0),
                  Text(
                    info.arvlMsg2,
                    maxLines: 1,
                    overflow: TextOverflow.ellipsis,
                  ),
                ],
              ),
            ),
          )
        ],
      ),
    );
    res.add(card); ❻
  }

  return res;
}
```

❶ 결과 데이터는 _data에 저장합니다.

❷ _isLoading 변수는 공공 API를 조회할 때 프로그레스 바를 띄우기 위해 사용합니다. _isLoading이 true면 원형 프로그레스 바를 띄우고, 결과 조회가 완료되면 _isLoading 변수를 false로 바꾸고 결과를 표시합니다.

❸ 만약 넘어온 데이터가 없는 경우 빈 리스트를 반환합니다.

❹ 데이터가 존재하는 경우 for문으로 데이터를 읽어서 화면을 구성합니다. Card 위젯을 생성하고 그 안에 Column 위젯을 넣습니다. 카드의 상단은 AspectRatio 위젯으로 18대 11의 화면 비율을 유지하고 그 안에 assets/icon/subway.png 이미지를 표시합니다. 이미시 크기를 맞추는 방법은 높이 우선(BoxFit.fitHeight)입니다.

❺ 카드 하단은 Expanded 위젯으로 나머지 공간을 확보합니다. 그 안에 Padding 위젯으로 상하좌우 각각 16.0, 12.0, 16.0, 8.0픽셀의 패딩을 확보하고 내부에는 Column 위젯으로 열차 이름(info.trainLineNm)과 도착 정보(info.arvlMsg2)를 표시합니다. 만약 정보가 넘치는 경우(overflow) 마지막을 점(TextOverflow.ellipsis)로 처리합니다.

❻ 마지막으로 생성된 각 카드를 res에 추가하여 다 모이면 반환합니다.

[예제 6-10]은 initState(), _onClick(), _getInfo() 메서드입니다.

예제 6-10 MainPageState 클래스의 initState(), _onClick(), _getInfo() 메서드
network_async/lib/page_subway_info.dart

```
@override
  void initState() { ❶
    super.initState();
    _getInfo();
  }

  _onClick() { ❷
    _getInfo();
  }

  _getInfo() async {
    setState(() => _isLoading = true); ❸

    String station = _stationController.text;
    var response = await http.get(api.buildUrl(station));
    String responseBody = response.body;
    print('res >> $responseBody');

    var json = jsonDecode(responseBody);
    Map<String, dynamic> errorMessage = json['errorMessage'];

    if (errorMessage['status'] != api.STATUS_OK) { ❹
      setState(() {
        final String errMessage = errorMessage['message'];
        print('error >> $errMessage');
```

```
      _data = const [];
      _isLoading = false;
    });
    return;
  }

  List<dynamic> realtimeArrivalList = json['realtimeArrivalList'];
  final int cnt = realtimeArrivalList.length;

  List<SubwayArrival> list = List.generate(cnt, (int i) {
    Map<String, dynamic> item = realtimeArrivalList[i];
    return SubwayArrival(
      item['rowNum'],
      item['subwayId'],
      item['trainLineNm'],
      item['subwayHeading'],
      item['arvlMsg2'],
    );
  });

  setState(() { ❺
    _data = list;
    _isLoading = false;
  });
}
```

❶ 앱이 시작되면 initState() 메서드가 호출됩니다. 여기에서는 _getInfo() 메서드를 호출하여 기본 지하철 역(광화문역) 정보를 읽어옵니다.

❷ _onClick 메서드는 [조회] 버튼을 누르면 호출됩니다. 마찬가지로 _getInfo() 메서드를 호출합니다.

❸ _getInfo() 메서드의 내부입니다. 데이터를 조회 중에는 _isLoading 변수를 true로 만듭니다. 그러면 원형 프로그래스 바가 표시됩니다. 프로그레스 바 표시에 대해서는 build() 메서드에서 설명합니다.

❹ 읽은 데이터에 오류가 있다면(api.STATUS_OK가 아니면) _data에 빈 값을 넣고 종료합니다.

❺ 만약 정상적인 데이터가 나오면 list 변수에 데이터를 담고 _data에 데이터를 넣고 _isLoading 변수를 false로 한 후에 setState() 메서드를 호출합니다.

마지막으로 데이터 표시 부분입니다. 앞서 만든 내용을 바탕으로 카드를 표시합니다.

예제 6-11 MainPageState 클래스의 build() 메서드

network_async/lib/page_subway_info.dart

```
@override
  Widget build(BuildContext context) {
    return Scaffold(
      resizeToAvoidBottomPadding: false,
      appBar: AppBar(
        title: Text('지하철 실시간 정보'),
      ),
      body: _isLoading ❶
          ? Center(child: CircularProgressIndicator())
          : Column(
              mainAxisAlignment: MainAxisAlignment.start,
              crossAxisAlignment: CrossAxisAlignment.start,
              children: <Widget>[
                Container(
                  padding: EdgeInsets.symmetric(horizontal: 20),
                  height: 50,
                  child: Row(
                    children: <Widget>[
                      Text('역 이름'),
                      SizedBox(
                        width: 10,
                      ),
                      Container(
                        width: 150,
                        child: TextField(
                          controller: _stationController,
                        ),
                      ),
                      Expanded(
                        child: SizedBox.shrink(),
                      ),
                      RaisedButton(
                        child: Text('조회'),
                        onPressed: _onClick,
                      ),
                    ],
                  ),
                ),
                SizedBox(
                  height: 10,
                ),
```

```
                Padding(
                  padding: EdgeInsets.fromLTRB(20, 0, 0, 0),
                  child: Text('도착 정보'),
                ),
                SizedBox(
                  height: 10,
                ),
                Flexible( ❷
                  child: GridView.count(
                    crossAxisCount: 2,
                    children: _buildCards(),
                  ),
                ),
              ],
            ),
  );
}
```

❶ _isLoading 변수가 true면 원형 프로그레스 바(CircularProgressIndicator())를 표시하고 로딩이 완료되어 _isLoading 변수가 false면 Column 위젯으로 내용을 표시합니다.

❷ 공공 API 호출 결과는 나머지 화면에 채울 수 있도록 Flexible 위젯을 사용했습니다. 그 안에는 GridView 위젯을 넣었습니다. 두 열(crossAxisCount)로 구성되어 있고 각 항목을 표시할 때는 _buildCards() 메서드의 반환값을 활용합니다.

세 번째 버전을 실행하면 [그림 6-12]와 같은 결과를 얻을 수 있습니다.

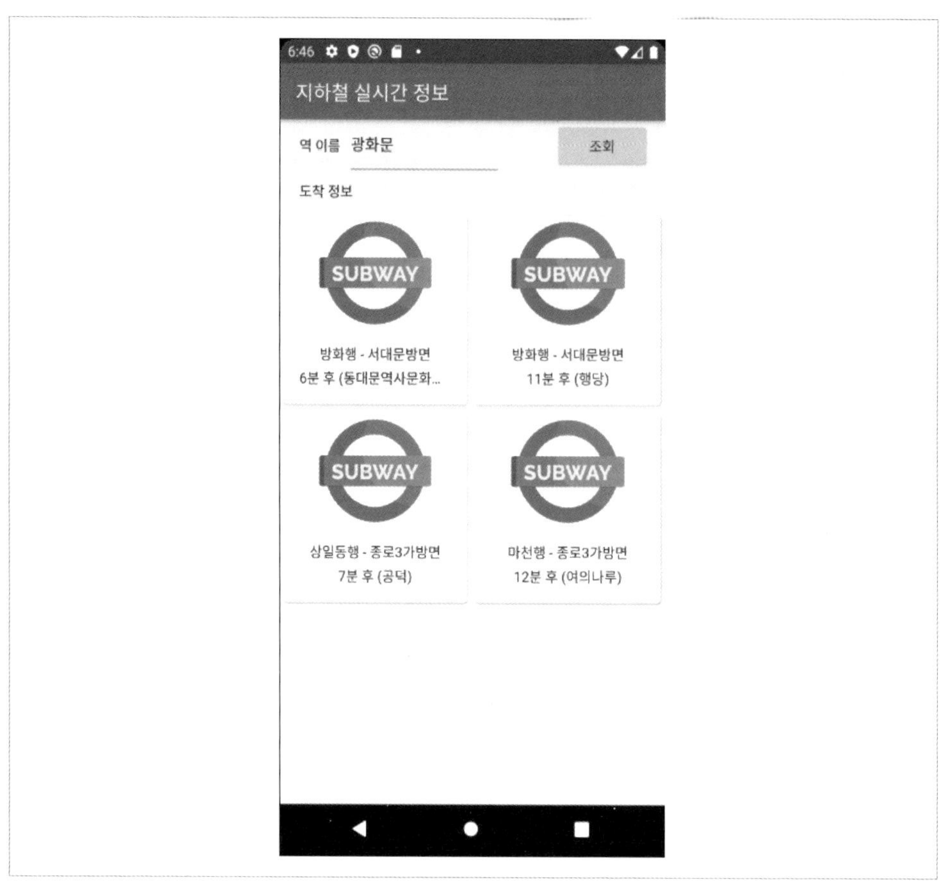

그림 6-12 지하철 공공 API 활용 v3 실행 결과(광화문역)

만약 광화문역을 강남역으로 변경하면 다음과 같이 표시됩니다.

그림 6-13 지하철 공공 API 활용 v3 실행 결과(강남역)

6.4 마치며

지금까지 HTTP를 활용한 비동기 프로그래밍과 JSON 파싱에 대해 알아봤습니다. 먼저 http 패키지를 임포트하여 단순 `HTTP GET` 명령을 호출했습니다. HTTP는 네트워크로 인해 비동기로 동작해야 하기 때문에 async와 await 키워드가 필요합니다.

다음은 공공 지하철 API 호출 예제를 단계적으로 만들어보았습니다. 첫 번째 버전에서는 HTTP 응답 결과를 단순히 화면에 표시하고 두 번째 버전에서는 JSON을 파싱하여 내가 원하는 정보로 가공합니다. 마지막 버전에서는 검색 창을 만들고 조회 결과를 카드 위젯으로 표시합니다.

CHAPTER 7

안드로이드 채널 프로그래밍

이 장의 내용

- 플랫폼 채널의 개념
- 배터리 정보 가져오기
- 현재 위치 가져오기

플러터는 크로스 플랫폼 개발을 가능하게 하지만 실제 앱을 만들다 보면 기기 내부 정보를 필요로 합니다. 예를 들어 4장에서 다룬 주소록 정보나 그 외 배터리 정보, 위치 정보, 센서 정보 등 모바일 앱은 기기의 다양한 정보를 필요로 합니다.

플러터를 기준으로 안드로이드, iOS 정보를 얻는 방법을 플러터에서는 플랫폼 채널이라고 부릅니다. 사실 `contacts_service` 패키지에서 봤듯이 대부분의 경우 잘 정의된 패키지를 사용하면 개발자가 플랫폼 채널을 다룰 일은 많지 않습니다. 하지만 패키지가 항상 빠르게 업데이트되는 것은 아니기 때문에 채널의 개념과 간단한 사용법 정도는 알아야 합니다. 이번 장에서는 상대적으로 단순한 배터리 잔량 정보와 좀 더 어려운 위치 정보 예제를 통해 채널 사용법을 배웁니다.

7.1 플랫폼 채널의 개념

공식 홈페이지에서 제공하는 플랫폼 채널 구조는 다음과 같습니다.

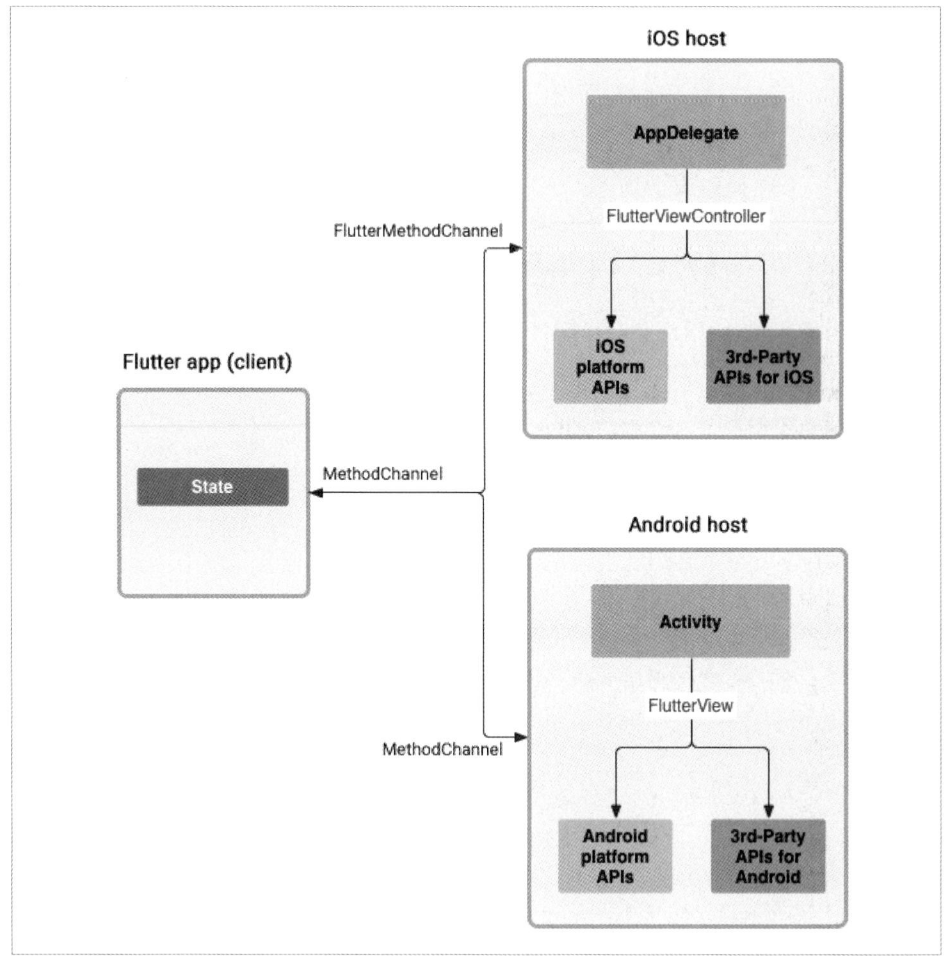

그림 7-1 iOS와 안드로이드의 플랫폼 채널 구조

채널 구조가 복잡해 보이지만 단순하게 요약할 수 있습니다.

1 iOS의 경우 AppDelegate에 채널을 정의한다.
2 안드로이드의 경우 Activity에 채널을 정의한다.
3 플러터 앱에서는 정의된 채널을 호출하거나 그 채널의 상태 변경점을 통지받는다.

채널을 호출한다고 표현했지만 실제로는 대상 채널로 메시지를 전달하는 방식입니다. 플러터는 다트 언어를 사용하고 안드로이드는 코틀린 혹은 자바를, iOS에서는 스위프트 혹은 오브젝티브 C를 사용하기 때문에 서로 다른 언어로 인한 데이터 타입 변환이 필요합니다. [표 7-1]은 다트 언어와 안드로이드의 주요 데이터 타입 변환 표입니다.

표 7-1 플랫폼 채널에서 다트 언어와 안드로이드 데이터 타입 변환

다트	안드로이드
Null	null
Bool	java.lang.Boolean
Int	java.lang.Integer
Double	java.lang.Double
String	java.lang.String
List	java.util.ArrayList
Map	java.util.HashMap

7.2 배터리 정보 가져오기

이번 절에서는 배터리 정보를 가져오는 예를 살펴봅니다. 플러터 앱에서 안드로이드 기기의 배터리 정보를 가져오기 위해서는 플랫폼 채널을 열어야 합니다.

먼저 정보를 표시하기 위한 간단한 UI를 만들어봅니다.

예제 7-1 배터리 정보 확인을 위한 UI 코드

platform_channels/lib/battery_channel_demo_v1.dart

```
import 'package:flutter/material.dart';

void main() => runApp(BatteryPage());

class BatteryPage extends StatefulWidget {
  @override
  State createState() => BatteryPageState();
}

class BatteryPageState extends State<BatteryPage> {
  _refresh() { ❶
    print('refresh battery level');
  }
```

```
  @override
  Widget build(BuildContext context) {
    return MaterialApp(
      title: '배터리 채널 데모 V1',
      debugShowCheckedModeBanner: false,
      home: Scaffold(
        appBar: AppBar(title: Text('배터리 채널 데모 V1')),
        body: Center(
          child: Column(
            mainAxisAlignment: MainAxisAlignment.center,
            children: <Widget>[
              Text('배터리 잔량: 모름'),
              RaisedButton(
                child: Text('가져오기'),
                onPressed: _refresh, ❶
              ),
            ],
          ),
        ),
      ),
    );
  }
}
```

❶ [갱신] 버튼을 누르면 _refresh() 메서드가 호출됩니다. 현재는 UI만 구성했기 때문에 로그만 출력합니다.

실행 화면은 [그림 7-2]와 같습니다.

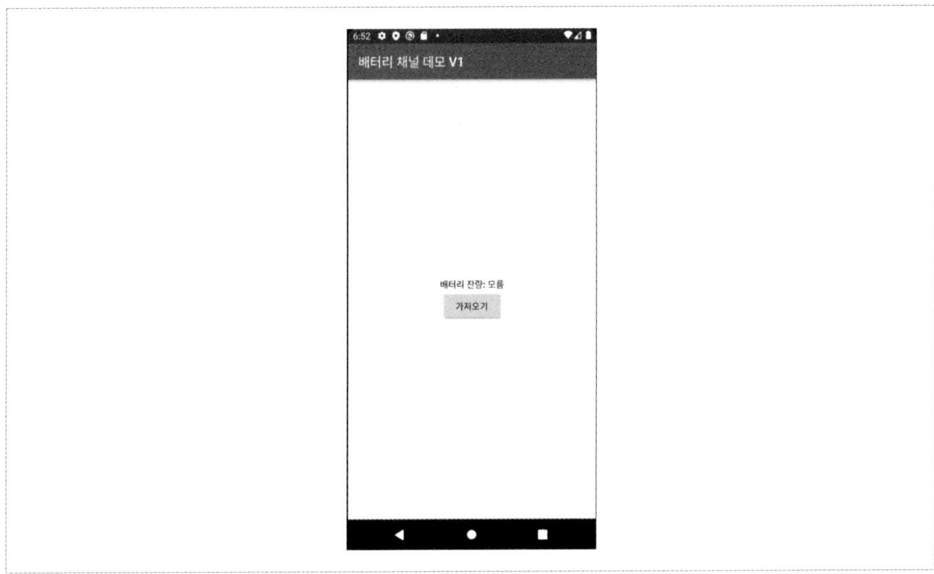

그림 7-2 배터리 정보 확인을 위한 UI 코드 실행 화면

다음은 android 폴더에서 플랫폼 채널을 정의해야 합니다. android 폴더에서 새로운 안드로이드 프로젝트를 엽니다. File > open 메뉴를 엽니다.

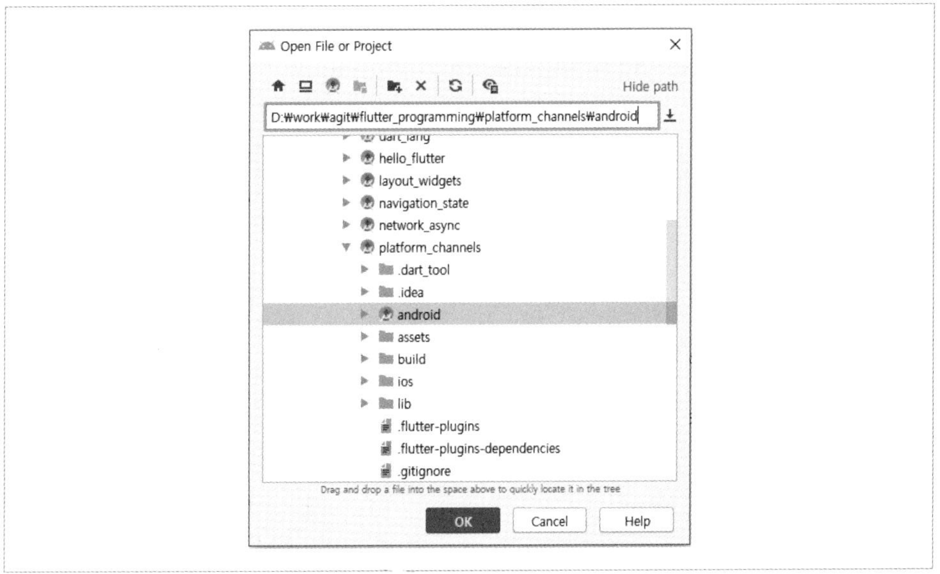

그림 7-3 platform_channel/android 프로젝트 열기

그 다음 android 폴더를 선택하면 새로운 프로젝트 창이 열립니다. 다음과 같이 app 모듈에 있는 MainActivity를 엽니다.

예제 7-2 배터리 잔량 확인을 위한 android 코드(플랫폼 채널 정의 전)
platform_channels/android/app/src/main/java/com/yudong80/platform_channels/MainActivity.java

```
package com.yudong80.platform_channels;

import androidx.annotation.NonNull;
import io.flutter.embedding.android.FlutterActivity;
import io.flutter.embedding.engine.FlutterEngine;
import io.flutter.plugins.GeneratedPluginRegistrant;

public class MainActivity extends FlutterActivity {  ❶
  @Override
  public void configureFlutterEngine(@NonNull FlutterEngine flutterEngine) {
    GeneratedPluginRegistrant.registerWith(flutterEngine);
  }
}
```

❶ 플러터 앱을 빌드하면 android 폴더에 MainActivity 클래스가 자동 생성됩니다.

이제 배터리 잔량을 알 수 있는 플랫폼 채널을 추가합니다.

예제 7-3 배터리 잔량 확인을 위한 android 코드(채널 추가/변경된 부분은 볼드체)
platform_channels/android/app/src/main/java/com/yudong80/platform_channels/MainActivity.java

```
package com.yudong80.platform_channels;

import android.os.BatteryManager;

import androidx.annotation.NonNull;
import io.flutter.embedding.android.FlutterActivity;
import io.flutter.embedding.engine.FlutterEngine;
import io.flutter.plugin.common.MethodChannel;
import io.flutter.plugins.GeneratedPluginRegistrant;

import static android.os.BatteryManager.BATTERY_PROPERTY_CAPACITY;

public class MainActivity extends FlutterActivity {
  private static final String METHOD_BATTERY = "getBatteryLevel";  ❶
  private static final String CHANNEL_BATTERY = "android/battery";
```

```
    @Override
    public void configureFlutterEngine(@NonNull FlutterEngine flutterEngine) {
      GeneratedPluginRegistrant.registerWith(flutterEngine);

      new MethodChannel(flutterEngine.getDartExecutor(), CHANNEL_BATTERY).
          setMethodCallHandler(❷
          (call, result) -> {
            if(METHOD_BATTERY.equals(call.method)) { ❸
              BatteryManager manager = (BatteryManager) getSystemService(BATTERY_
                  SERVICE);
              int battery = manager.getIntProperty(BATTERY_PROPERTY_CAPACITY);
              result.success(battery); ❹
            }
            result.notImplemented(); ❺
          }
      );
    }
  }
```

❶ 플러터 앱에서 호출할 채널명을 상수로 지정합니다. 한 개의 채널은 다수의 메서드를 포함할 수 있습니다. 이 예제에서는 CHANNEL_BATTERY 와 METHOD_BATTERY를 생성합니다.

❷ MethodChannel 객체를 통해 CHANNEL_BATTERY를 생성합니다.

❸ CHANNEL_BATTERY 안에 METHOD_BATTERY를 정의합니다. BatteryManager라는 안드로이드 시스템 서비스를 가져와서 현재 배터리 수준(BATTERY_PROPERTY_CAPACITY)을 가져옵니다.

❹ 만약 속성을 정상적으로 가져오면 result.success()를 호출하여 그 결과를 플러터 앱으로 반환합니다.

❺ METHOD_BATTERY 외에 정의하지 않은 메서드가 호출되면 result.notimplemented()를 호출하여 플러터 앱으로 오류를 반환합니다.

다음은 다시 플러터 앱으로 돌아갑니다. 다음은 MainActivity에 정의된 채널을 호출하는 방법입니다. 단순한 UI이므로 build() 메서드는 생략합니다.

예제 7-4 배터리 정보에 관한 채널 호출
platform_channels/lib/battery_channel_demo_v2.dart

```
import 'package:flutter/material.dart';
import 'package:flutter/services.dart'; ❶

void main() => runApp(BatteryPage());
```

```
class BatteryPage extends StatefulWidget {
  @override
  State createState() => BatteryPageState();
}

class BatteryPageState extends State<BatteryPage> {
  String _text = '배터리 잔량: 모름';

  static const String CHANNEL_BATTERY = 'android/battery'; ❷
  static const String METHOD_BATTERY = 'getBatteryLevel';
  static const MethodChannel batteryChannel = MethodChannel(CHANNEL_BATTERY);

  _refresh() async {
    print('refresh battery level');

    String _newText;
    try {
      final int result = await batteryChannel.invokeMethod(METHOD_BATTERY); ❸
      _newText = '배터리 잔량: $result %';
    } on PlatformException { ❹
      _newText = '배터리 잔량을 알 수 없습니다.';
    }

    setState(() { ❺
      _text = _newText;
    });
  }
```

❶ MethodChannel 클래스를 사용하기 위해 services.dart 파일을 임포트합니다.

❷ 앞서 정의한 채널과 메서드를 상수로 지정하고 batteryChannel 변수에 MethodChannel을 생성합니다.

❸ 채널에 정의된 메서드를 호출합니다. batteryChannel 변수에 invokeMethod를 호출하고 인수로 METHOD_BATTERY 상수를 넘깁니다.

❹ 만약 호출에 실패하면 PlatformException이 발생하고 적절한 오류 메시지를 출력합니다.

❺ 호출에 성공하면 setState() 메서드를 호출하여 배터리 잔량을 표시합니다.

예제를 실행하여 [가져오기] 버튼을 누르면 배터리 잔량을 알 수 있습니다.

그림 7-4 배터리 정보에 관한 채널 호출 실행 화면

여기에서 한 가지 특이한 점은 우리는 에뮬레이터에서 실행하고 있으므로 배터리 잔량이 항상 100%로 나옵니다. 안드로이드 기기에 넣으면 현재 배터리 잔량이 나옵니다. 만약 에뮬레이터에서 배터리 잔량을 임의로 조정할 수 있으면 대상 기기에 넣기 전에 미리 기능을 확인해볼 수 있습니다.

[그림 7-4] 에뮬레이터 우측의 도구 바에서 [More](•••)를 누르면 설정 화면이 나옵니다(그림 7-5). 설정 화면에서 Battery 항목을 클릭하고 배터리 잔량을 임의로 설정합니다.

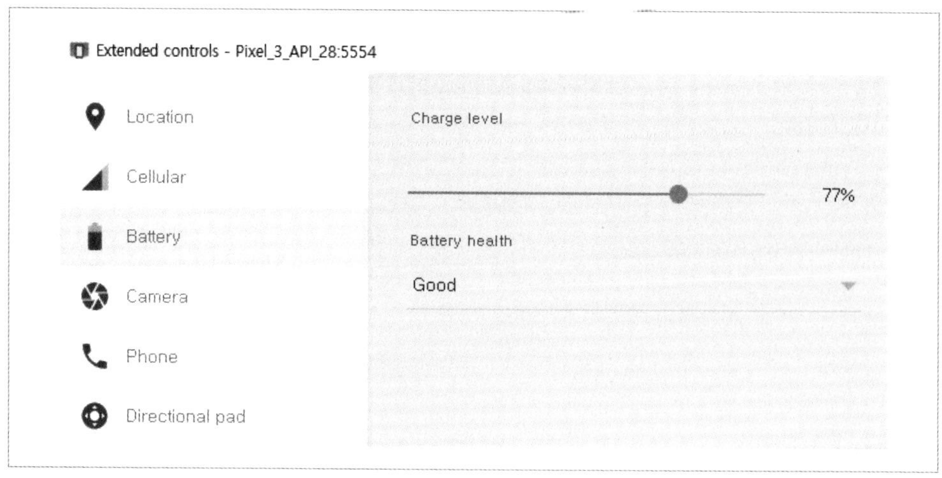

그림 7-5 에뮬레이터에서 배터리 잔량 강제 설정하기

그 다음 앱에서 [갱신] 버튼을 누르면 동일한 량으로 배터리 양이 변경됩니다.

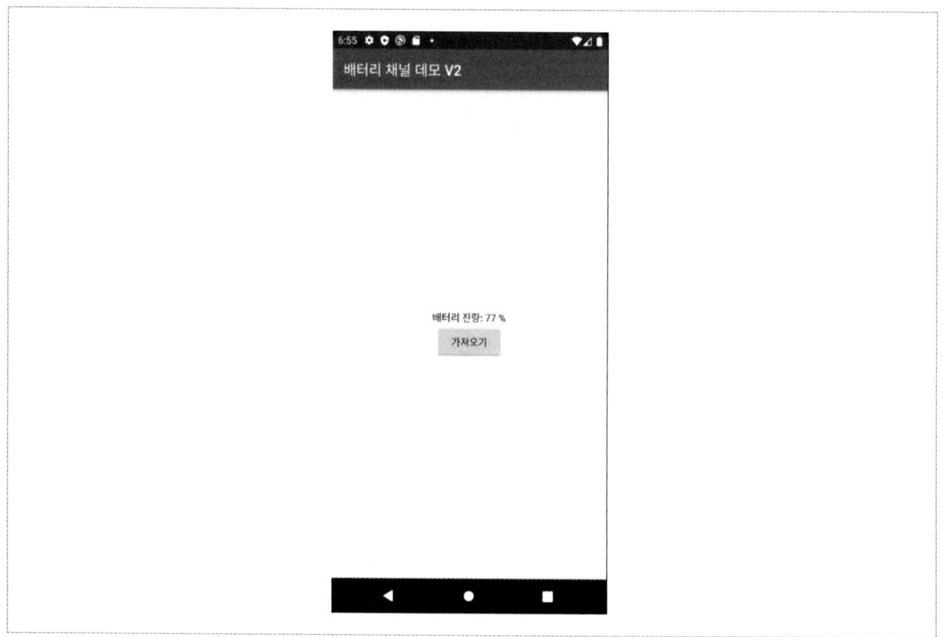

그림 7-6 배터리 정보에 관한 채널 호출 실행 화면(77% 설정 후)

7.3 현재 위치 가져오기

다음은 좀 더 어려운 현재 위치를 가져오는 예입니다. 배터리는 안드로이드 내장 BatteryManager를 통해 바로 얻을 수 있지만 현재 위치 정보를 얻기 위해서는 적절한 권한을 필요로 합니다. 또한 현재 위치를 얻는 방법도 다양합니다. 가장 널리 쓰이는 방법은 구글의 GMS 패키지를 활용하는 것입니다.

먼저 android 프로젝트로 이동하여 AndroidManifest.xml 파일을 엽니다. 4장에서 주소록 권한을 선언할 때 사용했습니다.

platform_channels/android/app/src/main/AndroidManifest.xml

```
<manifest xmlns:android="http://schemas.android.com/apk/res/android"
    package="com.yudong80.platform_channels">
    <uses-permission android:name="android.permission.ACCESS_FINE_LOCATION" /> ❶
    <uses-permission android:name="android.permission.ACCESS_COARSE_LOCATION" />
```

❶ 현재 위치를 얻기 위해 ACCESS_FINE_LOCATION과 ACCESS_COARSE_LOCATION 권한을 선언합니다.

그 다음 app 모듈의 build.gradle 파일에 GMS 패키지를 선언합니다.

platform_channels/android/app/build.gradle

```
dependencies {
    testImplementation 'junit:junit:4.12'
    androidTestImplementation 'androidx.test:runner:1.1.1'
    androidTestImplementation 'androidx.test.espresso:espresso-core:3.1.1'
    implementation 'com.google.android.gms:play-services-location:17.0.0 ❶
}
```

❶ 구글 GMS의 Location API를 추가합니다(Location API 최신 버전은 https://developers.google.com/android/guides/setup 참고).

그 다음 MainActivity에 두 번째 채널을 추가합니다. 채널 이름은 android/location으로 하고 메서드 이름은 getCurrentLocation입니다. 채널 이름과 메서드 이름은 원하는 대로 지으면 됩니다.

예제 7-5 현재 위치 확인을 채널과 메서드 정의(추가된 부분)

platform_channels/android/app/src/main/java/com/yudong80/platform_channels/MainActivity.java

```
public class MainActivity extends FlutterActivity {
    private static final String TAG = "PlatformChannels";

    private static final String METHOD_CURRENT_LOCATION = "getCurrentLocation"; ❶
    private static final String CHANNEL_LOCATION = "android/location";

    private FusedLocationProviderClient fusedLocationClient;

    @Override
    public void configureFlutterEngine(@NonNull FlutterEngine flutterEngine) {
        Log.d(TAG, "configureFlutterEngine()");
        GeneratedPluginRegistrant.registerWith(flutterEngine);
        fusedLocationClient = LocationServices.getFusedLocationProviderClient(th
            is); ❷

        new MethodChannel(flutterEngine.getDartExecutor(), CHANNEL_LOCATION).
            setMethodCallHandler(
                (call, result) -> {
                    Log.d(TAG, "location_channel :: method " + call.method);
                    if (METHOD_CURRENT_LOCATION.equals(call.method)) {
                        getCurrentLocation(result); ❸
                    }
                }
        );
    }

    private void getCurrentLocation(MethodChannel.Result result) {  ❹
        fusedLocationClient.getLastLocation()
                .addOnSuccessListener(this, location -> {
                    if (location != null) {
                        String res = "(" + location.getLatitude () + ", " +
                            location.getLongitude() + ")";
                        Log.d(TAG, "location? " + res);
                        result.success(res); ❺
                    }
                });
    }
}
```

❶ 먼저 채널 이름(CHANNEL_LOCATION)과 메서드 이름(METHOD_CURRENT_LOCATION)을 상수로 선언합니다.

❷ 현재 위치를 얻을 FusedLocationProviderClient 클래스의 변수인 fusedLocationClient를 선언합니다. configureFlutterEngine() 메서드가 호출되면 fusedLocationClient 변수를 초기화합니다.

❸ 로케이션 채널을 생성하고 getCurrentLocation[1] 메서드가 호출됐을 때 실제 자바 메서드인 getCurrentLocation() 메서드가 호출합니다.

❹ getCurrentLocation 메서드에서는 fusedLocationClient.getLastLocation() 메서드를 호출하여 실제 현재 위치(위도, 경도)를 가져옵니다. 현재 위치를 가져오면 OnSuccessListener 콜백이 호출되어 location 변수로 넘어갑니다.

❺ result 변수에 success 메서드를 호출하면 결과가 반환됩니다.

현재 위치를 가져오는 플러터 앱 코드입니다. AndroidManifest.xml 파일에 위치 권한을 추가했기 때문에 permission_handler 패키지를 pubspec.yaml 파일에 추가합니다.

platform_channels/pubspec.yaml

```
dependencies:
  flutter:
    sdk: flutter

  cupertino_icons: ^0.1.2
  permission_handler: ^4.2.0 ❶
```

❶ permisson_handler 패키지 4.2.0을 추가합니다. 추가한 후 상단의 Packages get 명령을 실행합니다.

예제 7-6 현재 위치 채널 예제(첫 번째 버전)

platform_channels/lib/location_channel_demo_v1.dart

```
import 'package:flutter/material.dart';
import 'package:flutter/services.dart';
import 'package:permission_handler/permission_handler.dart'; ❶

void main() => runApp(LocationPage());

class LocationPage extends StatefulWidget {
  @override
  State createState() => LocationPageState();
}

class LocationPageState extends State<LocationPage> {
```

1 문자열 기호인 " "로 메서드 이름을 표시하는 이유는 플러터에서 채널을 통해 넘어오는 메서드의 이름이 문자열이기 때문이다.

```
String _text = '현재 위치: 모름';

static const String CHANNEL_LOCATION = "android/location"; ❷
static const String METHOD_CURRENT_LOCATION = "getCurrentLocation";
static const MethodChannel locationChannel = MethodChannel(CHANNEL_LOCATION);

@override
void initState() {
  super.initState();
  _checkPermissions();
}

_checkPermissions() async {
  await PermissionHandler().requestPermissions([PermissionGroup.location]);
}

_refresh() async {
  print('refresh current location');

  String _newText;
  try {
    final String result = await locationChannel.invokeMethod(METHOD_CURRENT_
      LOCATION); ❸
    _newText = '현재 위치는 $result ';
  } on PlatformException {
    _newText = '현재 위치는 사용 불가합니다.';
  }

  setState(() { ❹
    _text = _newText;
  });
}
```

❶ 위치 권한을 요청하기 위해 permission_handler 패키지를 임포트합니다.

❷ 미리 정의한 채널과 메서드를 상수로 선언하고 locationChannel 변수에 MethodChannel 객체를 생성합니다.

❸ locationChannel 변수로 현재 위치 채널을 호출합니다. 현재 위치를 바로 얻을 수 있는 것이 아니기 때문에 await문을 사용하여 비동기로 가져옵니다.

❹ 결과가 나오면 _newText 변수를 갱신하고 화면에 표시합니다.

예제를 실행한 결과는 [그림 7-7]과 같습니다.

그림 7-7 현재 위치 채널 예제(첫 번째 버전) 실행 화면

현재 위치 정보를 얻기 위해서 이렇게 매번 `MainActivity.java`에 개별적인 채널을 정의해야 한다면 무척 번거로울 것입니다. 플러터에는 이런 것을 편리하게 할 수 있는 다양한 패키지를 제공합니다.

위와 동일한 내용을 `geolocator` 패키지를 사용하여 변경해보겠습니다. 이 패키지도 내부적으로는 앞서 했던 것과 마찬가지로 채널과 메서드를 정의하고 있으며 구글 GMS 패키지를 사용하고 있습니다. 예를 들어 `geolocator` 패키지 5.1.5 버전은 내부적으로 GMS 패키지의 Location API 16.0.0 버전으로 구현되어 있습니다.

platform_channels/pubspec.yaml

```
dependencies:
geolocator: ^5.2.0 ❶
```

❶ geolocation 5.2.0 버전을 추가합니다(패키지 최신 버전은 `https://pub.flutter -io.cn/packages/geolocator` 참고).

geolocator 패키지로 현재 위치를 구현한 예제는 다음과 같습니다.

예제 7-7 현재 위치 채널 데모(두 번째 버전)

platform_channels/lib/location_channel_demo_v2.dart

```
import 'package:flutter/material.dart';
import 'package:flutter/services.dart';
import 'package:permission_handler/permission_handler.dart';
import 'package:geolocator/geolocator.dart'; ❶

void main() => runApp(LocationPage());

class LocationPage extends StatefulWidget {
  @override
  State createState() => LocationPageState();
}

class LocationPageState extends State<LocationPage> {
  String _text = '현재 위치: 모름';

  @override
  void initState() {
    super.initState();
    _checkPermissions();
  }

  _checkPermissions() async {
    await PermissionHandler().requestPermissions([PermissionGroup.location]);
  }

  _refresh() async {
    print('refresh current location');

    String _newText;
    try {
      Position position = await Geolocator().getCurrentPosition(desiredAccuracy:
LocationAccuracy.best); ❷
      String result = "(${position.latitude}, ${position.longitude})";
      _newText = '현재 위치는 $result ';
    } on PlatformException {
      _newText = '현재 위치를 사용할 수 없습니다.';
    }

    setState(() {
```

```
      _text = _newText;
    });
  }
```

❶ geolocator 패키지를 임포트문에 추가했습니다.

❷ Gelocator().getCurrentPosition() 메서드를 호출하여 현재 위치를 얻습니다. android 폴더에 있는 MainActivity.java 파일을 변경할 필요가 없기 때문에 편리합니다.

Geolocator 클래스의 getCurrentPosition() 메서드를 호출할 때 정확도는 LocationAccuracy.best를 지정했습니다. 패키지에서 제공하는 위치 정확도의 종류는 다음과 같습니다.

표 7-2 gelocator 패키지에서 제공하는 위치 정확도

종류	안드로이드	iOS
lowest	500m 이내	3000m 이내
low	상동	1000m 이내
medium	상동	100m 이내
high	0~ 100m 사이	10m 이내
best	0~ 100m 사이	0m 이내
bestForNavigation	best와 동일함	내비게이션을 위한 최적화

예제 실행 결과는 [그림 7-8]과 같습니다. 첫 번째 버전과 동일합니다.

그림 7-8 현재 위치 채널 데모(두 번째 버전) 실행 화면

7.4 마치며

지금까지 플랫폼 채널의 개념과 그 사례로 배터리 잔량 정보와 현재 위치 정보를 얻는 방법을 알아봤습니다. 플랫폼 채널은 개별 플랫폼에 코딩해야 하기 때문에 부득이한 경우가 아니면 외부 패키지를 활용하는 것이 좋습니다.

예를 들어 현재 위치 정보는 geolocator 패키지를 활용했습니다. 위치 정보의 경우 위치 권한을 사용자에게 승인받아야 합니다. 본문에서 언급하지는 않았지만 배터리 정보는 battery 패키지[2]가 별도 제공됩니다.

2 https://pub.dev/packages/battery

CHAPTER 8

테스트

이 장의 내용

- 다트 테스트
- 위젯 테스트
- 통합 테스트

소프트웨어 품질은 테스트에서 결정됩니다. 개발 부서에서는 정해진 스펙에 맞게 기능을 구현하고 품질 부서에서는 사용자 관점에서 검증합니다. 하지만 일회성 이슈나 특정 조건에서만 발생하는 오류의 경우 품질 부서에서 발견하기란 쉽지 않습니다. 테스트 주도 개발Test-driven Development, TDD이라는 개발 방법론이 있을 만큼 코드가 정상 동작하는지 검증하는 테스트 코드는 매우 중요합니다.

이 장에서는 다트로 구현된 로직을 검증하는 test 패키지와 플러터 기반으로 UI와 통합 테스트integrated test를 할 수 있는 `flutter_test` 패키지를 배웁니다. 앞서 작성했던 예제들이 정상 동작하는지 테스트하고 필요한 경우 테스트를 만족하는 예제를 추가로 작성합니다.

8.1 다트 테스트

다트 테스트는 UI가 없는 순수 로직을 테스트합니다. 다음은 3장에서 만든 ATM 예제입니다. `Account` 클래스는 계좌 생성, 잔고 확인, 계좌 인출, 계좌 이체 기능을 제공합니다.

예제 8-1 atm_v1.dart 파일의 Account 클래스
dart_lang/lib/atm_v1.dart

```
class Account {
  String accountNumber;
  int balance;

  Account(this.accountNumber, this.balance); ❶

  bool withdraw(int amount) { ❷
    if(balance > amount) {
      balance -= amount;
      return true;
    }

    return false;
  }

  bool deposit(int amount) { ❸
    balance += amount;
    return true;
  }

  bool transfer(Account dest, int amount) { ❹
    if (balance > amount) {
      balance -= amount;
      dest.deposit(amount);
      return true;
    }

    return false;
  }
}
```

❶ 계좌 생성 기능. 계좌 번호(accountNumber)와 기초 잔고(balance)를 입력합니다.

❷ 계좌 인출 기능. 금액(amount)을 인자로 받습니다.

❸ 계좌 입급 기능

❹ 계좌 이체 기능. 대상 계좌(dest)와 금액(amount)을 인자로 받습니다.

이러한 기능은 어떻게 테스트할 수 있을까요? 먼저 계좌 생성 기능입니다. 계좌를 생성할 때는 계좌 번호(accountNumber)와 기초 잔고(balance)를 입력합니다. 만약 계좌를 생성한 후

계좌 번호와 기초 잔고가 변하지 않았다면 정상적으로 계좌가 생성된 것입니다.

이렇게 테스트 사례를 정의하는 것을 전문 용어로 테스트 케이스test case라고 합니다. 테스트 케이스는 바로 코딩을 하는 것이 아니라 코드를 보고 기본 동작과 취약점 등을 사전에 분석할 수 있어야 합니다.

다트 테스트는 http 패키지를 사용합니다. 기본 제공이 아니므로 http 패키지 홈페이지[1]로 이동하거나 구글에서 검색합니다(그림 8-1).

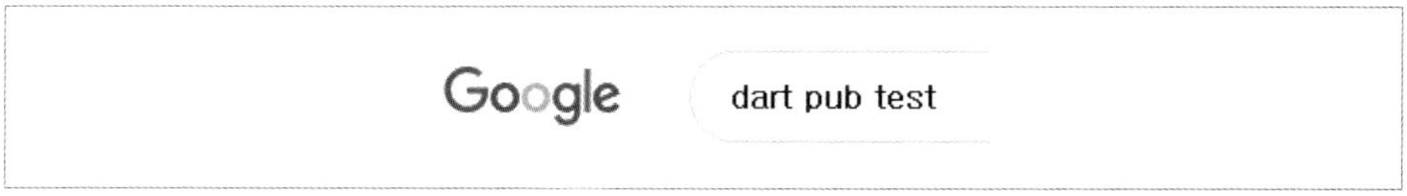

Google dart pub test

그림 8-1 test 패키지 검색하기

이번 장에서는 별도 프로젝트를 만들지 않고 테스트 대상이 있는 프로젝트를 활용합니다. dart_lang 프로젝트로 이동하여 pubspec.yaml 파일을 수정합니다.

dart_lang/pubspec.yaml

```
dev_dependencies:
  flutter_test:
    sdk: flutter
  test: ^1.9.4 ❶
```

❶ 최신 버전인 1.9.4를 지정합니다.

이제 테스트 케이스를 작성합니다. 테스트 케이스는 소스 코드와는 다르게 test 폴더에 넣습니다. 파일명도 _test를 붙이는 것이 일반적입니다. 다음은 계좌 생성 테스트 케이스입니다.

예제 8-2 계좌 생성 테스트 케이스

dart_lang/test/atm_v1_test_single.dart

```
import 'package:test/test.dart'; ❶
import 'package:dart_lang/atm_v1.dart'; ❷
```

1 https://pub.dev/packages/test

```
void main() {
  test('계좌 생성 테스트', () { ❸
    String accountName = '117-123-1'; ❹
    int amount = 20000;

    Account account = Account(accountName, amount); ❺

    expect(account.accountNumber, equals(accountName)); ❻
    expect(account.balance, equals(amount));
  });
```

❶ 먼저 test 패키지를 임포트합니다.

❷ 테스트 대상 클래스(target class)인 atm_v1.dart 파일을 임포트합니다. 테스트 케이스는 lib 폴더가 아닌 test 폴더에 위치하므로 임포트할 때 패키지명(package: dart_lang)을 함께 넣어야 합니다.

❸ 테스트 케이스를 정의할 때는 test() 함수를 호출합니다. 첫 번째 인자는 테스트 케이스 설명(description)입니다. 테스트 케이스 이름이나 테스트 케이스 ID 등을 넣어도 좋습니다. 두 번째 인자는 실제 테스트 내용입니다. 인자 없는 함수를 넣습니다. setState() 호출과 동일한 형태라고 생각하면 됩니다.

❹ 테스트 케이스는 크게 '준비(arrange) – 실행(act) – 단언(assert)'으로 구성되어 있습니다.[2] 여기는 테스트할 대상을 준비하는 단계입니다. 테스트 케이스는 이렇듯 세 단계로 구분하면 테스트 작성자와 검증원 모두에게 유용합니다.

❺ 테스트 실행 단계입니다. 앞서 준비한 accountName과 amount 변수로 계좌를 생성했습니다.

❻ 테스트 단언 단계입니다. 생성한 계좌의 계좌 번호와 잔고가 앞서 입력한 값과 동일한지 확인합니다. expect() 함수를 호출합니다. 첫 번째 인자는 테스트 대상이고 두 번째 인자는 equals 매처에 기댓값을 넣습니다. 예를 들어 첫 번째 expect() 함수 호출은 account 객체의 accountNumber 변수가 앞서 입력한 accountName과 같은지 비교합니다.

테스트 케이스를 실행하는 방법은 테스트 케이스 파일을 우클릭하여 Run을 선택합니다. 실행 결과는 다음과 같습니다.

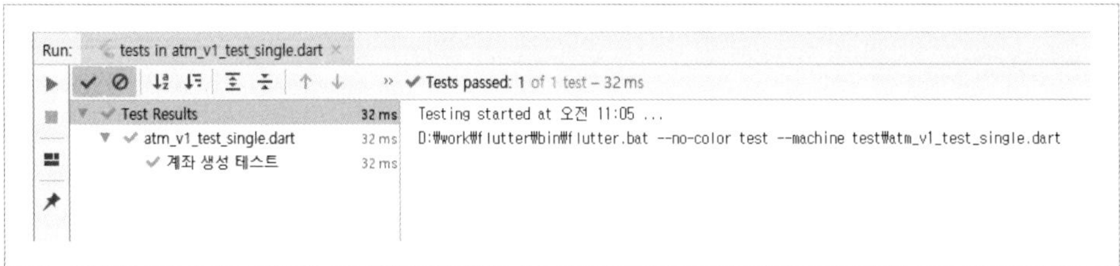

그림 8-2 atm_v1_test_single.dart 파일 테스트 케이스 실행 결과

2 『자바와 Junit을 활용한 실용주의 단위 테스트』 (길벗, 2019)

계좌 생성 테스트가 성공하였습니다. 특정 언어와 관계없이 테스트 케이스가 성공하는 경우 녹색으로 표시되고 실패하는 경우 적색으로 표시됩니다. 테스트는 항상 녹색(성공)을 유지해야 합니다. 테스트 결과에는 실행 시간도 표시됩니다(계좌 생성 테스트는 32ms가 걸렸습니다). 전체 테스트가 빠르게 실행돼야 향후 대상 클래스의 변경사항이 생겨도 기존 로직에 문제가 없는지 지속적으로 확인할 수 있습니다.

다음은 나머지 테스트 케이스입니다. 계좌 인출, 입금, 이체 기능을 테스트합니다.

예제 8-3 atm_v1.dart 파일의 전체 테스트 케이스

dart_lang/lib/atm_v1_test_all.dart

```
import 'package:test/test.dart';
import 'package:dart_lang/atm_v1.dart';

void main() {
  test('계좌 생성 테스트', () {
    String accountName = '117-123-1';
    int amount = 20000;

    Account account = Account(accountName, amount);

    expect(account.accountNumber, equals(accountName));
    expect(account.balance, equals(amount));
  });

  test('계좌 인출 테스트', () { ❶
    String accountName = '117-123-1';
    int amount = 20000;
    int withdraw = 7000;

    Account account = Account(accountName, amount);
    account.withdraw(withdraw);

    expect(account.balance, equals(amount - withdraw));
  });

  test('계좌 입금 테스트', () { ❷
    String accountName = '117-123-1';
    int amount = 20000;
    int deposit = 7000;
```

```
    Account account = Account(accountName, amount);
    account.deposit(deposit);

    expect(account.balance, equals(amount + deposit));
  });

  test('계좌 이체 테스트', () {  ❸
    Account account1 = Account('117-123-1', 20000);
    Account account2 = Account('117-123-2', 5000);

    account1.transfer(account2, 5000);

    expect(account1.balance, equals(20000 - 5000));
    expect(account2.balance, equals(5000 + 5000));
  });
}
```

❶ 계좌 인출 테스트에서는 account 객체의 withdraw() 메서드를 호출한 후 계좌 잔고가 정상적으로 감소했는지 확인합니다.

❷ 계좌 입금 테스트는 반대로 계좌에 돈을 입금한 후 잔고는 정상적으로 증가했는지 확인합니다.

❸ 계좌 이체 테스트는 대상 계좌의 잔고는 줄어들고 그 만큼 이체 계좌의 잔고가 늘어났는지 확인합니다.

테스트 케이스 실행 결과는 다음과 같습니다.

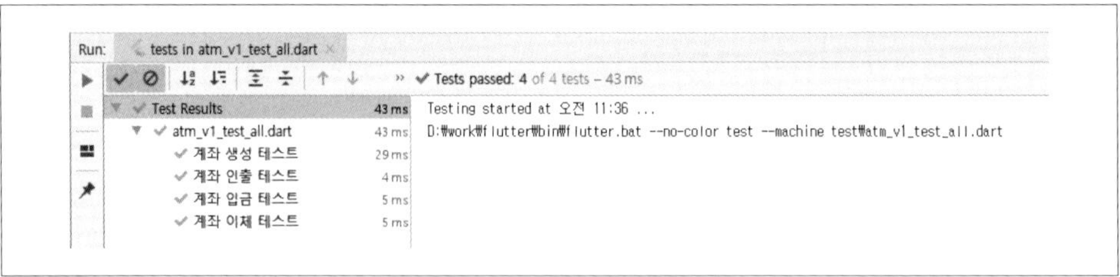

그림 8-3 atm_v1_test_all.dart 테스트 케이스 실행 결과

테스트 코드와 일반 코드의 차이점을 [표 8-1]에 요약했습니다. 테스트 코드는 다트 테스트와 위젯 테스트를 모두 포함합니다.

표 8-1 테스트 코드와 일반 코드의 차이점

	테스트 코드	일반 코드
코드 위치	test 폴더	lib 폴더
패키지	test(로직 테스트) flutter_test(위젯 테스트)	특이사항 없음
pubspec.yaml 의존성 위치	dev_dependencies:	dependencies:
파일명	테스트 대상 파일 이름에 _test를 붙임	특이사항 없음

8.2 위젯 테스트

다음은 플러터로 만든 앱을 테스트합니다. 다트 코드를 테스트할 때는 특정 메서드를 호출하고 그 반환값이 기댓값(expected)과 같은지 확인합니다. 하지만 UI가 있는 플러터 앱은 먼저 화면을 표시하고 텍스트 입력이나 네트워크를 통해 서버에서 원하는 데이터를 가져온 다음 최종적으로 사용자가 기대하는 행동을 하는지 비교해야 합니다. 앞선 다트 테스트보다 난이도가 높습니다. 위젯 테스트는 `flutter_test` 패키지를 사용합니다. 플러터 SDK에 내장되어 있기 때문에 별도로 설정하지 않습니다.

5장에 있는 로그인 폼 두 번째 버전을 테스트합니다. `navigation_state` 프로젝트로 이동합니다.

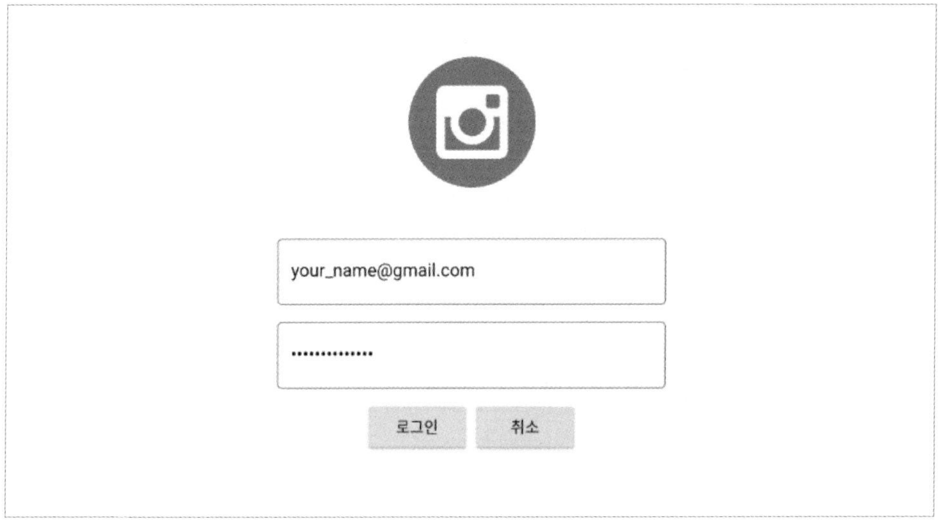

그림 8-4 login_form_demo_v2.dart 첫 화면

다트 테스트와 같이 단계적으로 테스트 케이스를 작성합니다. 먼저 로그인 폼이 정상적으로 화면에 표시되는지 확인합니다. 화면 중앙에는 2개의 TextFormField 위젯이 있고 하단에는 2개의 버튼이 있습니다.

예제 8-4 login_form_demo_v2 위젯 테스트
navigation_state/test/login_form_demo_v2_test.dart

```
import 'package:flutter/material.dart';
import 'package:flutter_test/flutter_test.dart'; ❶

import 'package:navigation_state/login_form_demo_v2.dart' as target; ❷

void main() {
  testWidgets("로그인 화면 표시 테스트", (WidgetTester tester) async { ❸
    Widget form = target.loginFormApp;

    await tester.pumpWidget(form); ❹

    expect(find.byKey(Key('email')), findsOneWidget); ❺
    expect(find.byKey(Key('password')), findsOneWidget);
    expect(find.widgetWithText(RaisedButton, '로그인'), findsOneWidget); ❻
    expect(find.widgetWithText(RaisedButton, '취소'), findsOneWidget);
  });
}
```

❶ flutter_test 패키지를 임포트합니다.

❷ 대상 위젯을 임포트합니다. 테스트 케이스와 구별하기 위해 as target을 붙입니다. 이제 대상 위젯에 접근할 때는 target을 붙여야 합니다.

❸ testWidgets() 함수를 실행합니다. 화면에 표시하는 것은 즉시 가능한 것이 아니기 때문에 이 함수의 두 번째 인자는 async를 붙여야 합니다. 테스트 환경에 접근할 때는 WidgetTester 객체인 tester 변수를 활용합니다.

❹ WidgetTester 클래스의 pumpWidget() 메서드는 위젯을 화면에 표시합니다. 실제 검증원 눈에 보이는 것은 아니고 내부 테스트 환경에 표시합니다. 실제 대상 기기에 표시하는 것은 통합 테스트라고 하며 다음 절에서 다룹니다.

❺ 위젯을 찾는 방법은 크게 key로 찾거나 위젯에 표시된 텍스트로 찾습니다. 이메일과 비밀번호 TextFormField 위젯은 내용이 언제든 변할 수 있기 때문에 Key로 찾습니다. page_login.dart 파일에는 두 위젯의 키를 확인할 수 있습니다.

```
TextFormField( key: Key('email'),
TextFormField( key: Key('password'),
```

> 마지막으로 findsOneWidget은 이 위젯이 1개만 존재한다는 것을 단언합니다. 만약 해당 위젯이 없어야 하는 경우는 findsNothing을 넣으면 되고 다수의 위젯이 필요한 경우는 findsNWidgets으로 교체하면 됩니다.

테스트 케이스를 실행 결과는 다음과 같습니다. 실행 방법은 다트 테스트와 동일합니다.

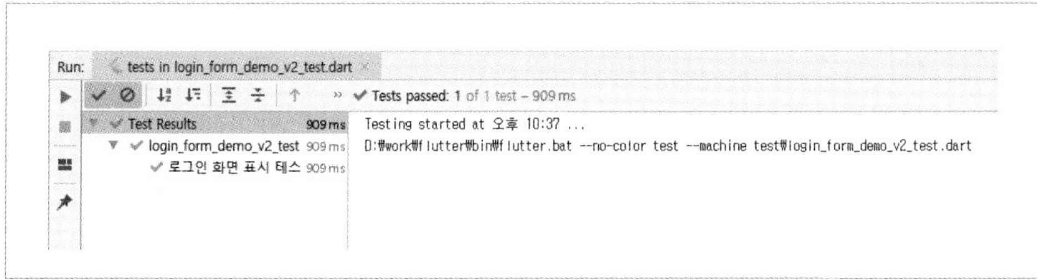

그림 8-5 login_form_demo_v2 위젯 테스트 실행 화면

다트 테스트의 실행 시간은 수십 밀리초(ms)인데 반해 위젯 테스트는 단지 가상의 테스트 환경을 사용했음에도 831ms가 소요됐습니다. 따라서 다트 테스트로 대신할 수 있는 로직은 최대한 test 패키지를 활용하는 것이 좋습니다.

다음은 통합 테스트입니다. 이번에는 실제 대상 기기에 화면이 표시됩니다.

8.3 통합 테스트

위젯을 화면에 표시하는 것만으로는 만족할 수 없습니다. 로그인 폼은 사용자가 이메일과 주소를 입력하고 [로그인] 버튼을 눌러 다음 화면으로 넘어가는 것까지 확인해야 테스트가 완료되기 때문입니다. 통합 테스트는 실제 기기에서 사용자가 기능을 동작하는 것을 그대로 재현할 수 있습니다.

통합 테스트를 위해서는 `flutter_driver`와 test 패키지를 사용합니다. `navigation_state` 프로젝트의 `pubspec.yaml` 파일을 변경합니다.

navigation_state/pubspec.yaml

```
dev_dependencies:
  flutter_test:
    sdk: flutter
flutter_driver: ❶
    sdk: flutter
test: ^1.9.4 ❷
```

❶ flutter_driver 패키지도 SDK에 내장되어 있으므로 별도 버전은 명시하지 않습니다.

❷ 통합 테스트 시 test 패키지에 있는 test() 함수 등을 활용합니다.

통합 테스트는 크게 앱을 flutter_driver 패키지로 실행하는 파일과 실행된 앱을 테스트하는 파일을 나누어 관리합니다. 다음은 로그인 폼 두 번째 버전을 실행하는 예제입니다.

예제 8-5 login_form_demo_v2 드라이버 실행 파일
navigation_state/test_driver/login_form_demo_v2_app.dart

```
import 'package:flutter_driver/driver_extension.dart'; ❶
import 'package:navigation_state/login_form_demo_v2.dart' as target; ❷

void main() {
  enableFlutterDriverExtension(); ❸
  target.main(); ❹
}
```

❶ flutter_driver 패키지의 driver_extension.dart 파일을 임포트합니다.

❷ 테스트 대상 다트 파일을 임포트합니다. 대상은 target이라는 별명을 부여했습니다.

❸ target을 실행하는 데 필요한 플러터 드라이버 확장 기능을 활성화합니다.

❹ 테스트 대상의 main() 함수를 실행합니다.

다음은 실행된 앱을 테스트하는 코드입니다. 이 파일은 앞선 드라이버 실행 파일과 연계되어 있으므로 드라이버 실행 파일 이름(login_form_demo_v2_app.dart)에 접미사 _test를 붙여야만 인식합니다.

navigation_state/test_driver/login_form_demo_v2_app_test.dart

```
import 'package:flutter_driver/flutter_driver.dart'; ❶
import 'package:test/test.dart';
```

```
void main() {
  group('통합 테스트 > ', () { ❷
    FlutterDriver driver;

    setUpAll(() async { ❸
      driver = await FlutterDriver.connect();
    });

    test('로그인 테스트', () async {
      const email = 'flutter@gmail.com';
      const ps = '1234';

      //1. 이메일을 입력
      await driver.tap(find.byValueKey('email')); ❹
      await driver.enterText(email);
      await driver.waitFor(find.text(email));

      //2. 비밀번호를 입력
      await driver.tap(find.byValueKey('password'));
      await driver.enterText(ps);

      //3. 로그인 버튼을 누름
      await driver.tap(find.byValueKey('login')); ❺

      //4. 로그인 완료 확인
      await driver.waitFor(find.text('로그인 완료: $email')); ❻
    });

    tearDownAll(() async { ❼
      driver?.close();
    });
  });
}
```

❶ flutter_driver와 test 패키지를 임포트합니다.

❷ 여러 테스트를 실행하기 위해 group() 함수를 호출합니다. group() 함수에는 다수의 test() 함수를 포함할 수 있습니다.

❸ setUpAll() 함수에서 FlutterDriver 클래스의 connect() 메서드를 호출하여 플러터 드라이버를 연결합니다. 비동기로 동작하기 때문에 await문이 필요합니다.

❹ tap() 메서드를 호출하면 이메일 텍스트 필드를 클릭하여 포커스를 얻습니다. 그 다음 enterText() 메서드를 호출하여 내가 원하는 이메일 정보를 입력합니다.

❺ 로그인 버튼을 누릅니다.

❻ 로그인 완료 화면으로 이동하는지 확인합니다. 로그인 완료 화면에는 로그인한 이메일 주소를 표시합니다.

❼ 마지막으로 연결한 플러터 드라이버를 해제합니다. driver 객체가 null이 아닐 때만 close() 메서드를 호출합니다.

아직 안드로이드 스튜디오에는 통합 테스트를 실행할 수 있는 기능이 제공되지 않기 때문에 통합 테스트는 명령 창에서 실행해야 합니다. 다음 명령을 명령 창에 입력합니다.

```
flutter drive --target=test_driver/login_form_demo_v2_app.dart
```

drive 명령에 --target 인자를 넣으면 됩니다. 실행할 때는 앱을 실행하는 파일(login_form_demo_v2_app.dart)만 지정하고 실제 테스트하는 파일(login_form_demo_v2_app_test.dart) 이름은 규칙에 맞게 입력해야 합니다. 만약 파일 이름이 맞지 않으면 다음과 같은 오류가 발생합니다.

```
Test file not found: D:\work\agit\flutter_programming\navigation_state\test_
driver\login_form_demo_v2_app_test.dart
```

이제 통합 테스트 실행 결과입니다. 에뮬레이터에 실제 앱이 실행되고 이메일과 비밀번호를 입력하는 것이 자동으로 실행되기 때문에 매우 흥미롭습니다.

```
$ flutter drive --target=test_driver/login_form_demo_v2_app.dart
Using device Android SDK built for x86.
Starting application: test_driver/login_form_demo_v2_app.dart
Installing build\app\outputs\apk\app.apk...                          2.1s ❶
Running Gradle task 'assembleDebug'...
I/flutter ( 4238): Observatory listening on http://127.0.0.1:37054/-otUl7C9T8g=/
Running Gradle task 'assembleDebug'...                               6.6s
√ Built build\app\outputs\apk\debug\app-debug.apk.
I/flutter ( 4833): Observatory listening on http://127.0.0.1:37241/XuRNeWxXnJI=/
00:00 +0: 통합 테스트 > (setUpAll) ❷
[info ] FlutterDriver: Connecting to Flutter application at http://127.0.0.1:51073/
XuRNeWxXnJI=/
[trace] FlutterDriver: Isolate found with number: 1088767834406255
[trace] FlutterDriver: Isolate is paused at start.
[trace] FlutterDriver: Attempting to resume isolate
```

```
[trace] FlutterDriver: Waiting for service extension
[info ] FlutterDriver: Connected to Flutter application.
00:02 +0: 통합 테스트 > 로그인 테스트 ❸
00:04 +1: 통합 테스트 > (tearDownAll) ❹
00:04 +1: All tests passed! ❺
```

❶ 실행할 앱을 대상 기기에 설치합니다.

❷ 통합 테스트의 setUpAll() 메서드를 실행합니다.

❸ 로그인 테스트를 실행합니다.

❹ 통합 테스트의 tearDownAll() 메서드를 실행합니다.

❺ 모든 테스트를 통과했습니다.

8.4 마치며

지금까지 플러터 앱과 다트 파일을 테스트하는 다양한 방법을 알아봤습니다. 다트 테스트는 UI가 없는 다트 함수, 클래스와 메서드 등을 빠르게 테스트할 수 있습니다.

플러터 앱을 테스트하는 방법으로는 위젯 테스트와 통합 테스트가 있습니다. 위젯 테스트는 가상 테스트 환경에 위젯을 표시하고 그 동작을 확인할 수 있습니다. 만약 실제 사용자가 실행하는 것처럼 앱의 기능을 테스트할 때는 통합 테스트를 활용합니다.

INDEX

INDEX

INDEX